U0909191

|光明社科文库|

基于移动端的英语词汇深度学习研究

王　峥◎著

光明日报出版社

图书在版编目（CIP）数据

基于移动端的英语词汇深度学习研究 / 王峥著. --北京：光明日报出版社，2019.3（2023.1重印）

ISBN 978-7-5194-5124-0

Ⅰ.①基… Ⅱ.①王… Ⅲ.①英语—词汇—教学研究 Ⅳ.①H313

中国版本图书馆 CIP 数据核字（2019）第 040852 号

基于移动端的英语词汇深度学习研究

JIYU YIDONGDUAN DE YINGYU CIHUI SHENDU XUEXI YANJIU

著　　者：王　峥

责任编辑：庄　宁　　　　责任校对：赵鸣鸣

封面设计：中联学林　　　责任印制：曹　净

出版发行：光明日报出版社

地　　址：北京市西城区永安路 106 号，100050

电　　话：010-63131930（邮购）

传　　真：010-67078227，67078255

网　　址：http://book.gmw.cn

E - mail：gmrbcbs@gmw.cn

法律顾问：北京市兰台律师事务所龚柳方律师

印　　刷：三河市华东印刷有限公司

装　　订：三河市华东印刷有限公司

本书如有破损、缺页、装订错误，请与本社联系调换，电话：010-67019571

开　　本：170mm×240mm

字　　数：261 千字　　　　印　　张：16

版　　次：2019 年 3 月第 1 版　　印　　次：2023 年 1 月第 2 次印刷

书　　号：ISBN 978-7-5194-5124-0

定　　价：85.00 元

前 言

借助移动学习技术，基于移动端的英语词汇学习因其泛在化、个性化、互动性与可访问性等特点日益成为英语词汇学习的重要形式之一。但是，移动学习在带给学习者信息获取便利的同时，也造成了信息冗余与学习碎片化问题：学习者对碎片化的信息应接不暇，难以集中精力对信息有用性做出合理判断，缺乏深度思考与知识整合能力。目前的英语词汇移动学习能否在帮助学习者利用碎片化时间进行学习的基础上提供他们词汇知识深度学习、知识整合与运用的机会尚无有针对性的研究。

为填补这一研究空白，本研究首先采用文献法回顾了现有英语词汇移动学习的相关研究，发现现有研究对词汇学习的关注点主要在词汇量的扩展上，而很少着眼于词汇知识深度与组织度。这一潜在问题尚未受到重视。为改变这一现状，避免学习的碎片化，提高移动端英语词汇学习的效果，本研究试图探讨利用移动端进行英语词汇深度学习的可行性。为此，本研究提出了以下两个研究问题：

问题1　英语词汇深度学习的内涵是什么？

问题2　目前的英语词汇移动学习软件从哪些方面可以促进英语词汇深度学习？

为回答问题1，本研究首先回顾了二语词汇习得领域的主要研究发现，以获取对二语词汇习得的基本认识，随后回顾了学习科学中深度学习的概念缘起与发展，对比了深度学习与浅层学习的差异，并给出了深度学习的工作定义：深度学习是指学习者主动探究新知识并动用包括元认知在内的高阶思维技能实现知识建构的过程。针对这一定义以及先前研究对深度学习的认识，本研究进一步阐述了深度学习的三个维度，即主动性、知识建构与高阶思维。在此基础上，本研究重构了词汇能力框架，做出对英语词汇深度学习内涵的界定：英语词汇深度学习是学习者运用包括元认知在内的高阶思维技能主动建构英语词汇知识以提升词汇量（词汇知识宽度）、词汇知识深度、词汇组织度与语义自主性的过程。本质上，这也是搭建、优化英语心理词汇网络的过程。英语词汇深度学习的目的是提高英语词汇知识的运用能力。

问题 2 细化为以下 4 个子问题：

问题 2.1　目前的英语词汇移动学习软件在促进英语词汇深度学习方面具有哪些优势与不足？

问题 2.2　学习者目前在词汇移动学习上有多大的投入度？

问题 2.3　学习者使用英语词汇学习软件最主要的目的是什么？

问题 2.4　从学习者的视角来看，目前此类学习软件从多大程度上促进了英语词汇深度学习的发生？

为此，基于回答问题 1 所获得的对英语词汇深度学习内涵的认识，研究者利用从 Nation（1990）的二语词频表中选取的 12 个英语词对 5 个有代表性的词汇移动学习软件进行了实际使用，考察了这些移动学习软件在英语词汇深度学习方面的优势与不足，发现移动学习在学习管理、学习动机激发、对词汇知识进行多元表征、超文本性、知识可视化、社会学习网络等方面有助于英语词汇深度学习。同时，目前的学习软件存在的问题有：（1）个性化不足，体现在学习内容没有根据学习者的具体需求与水平相应变化；没有给学习者提供自选材料的机会；诊断性反馈较少；（2）学习材料对词汇知识的涵盖面不够、组织与呈现达不到词汇知识建构的要求；（3）没有提供学习元词汇知识的机会；（4）产出性技能考察较少；（5）复习手段单一，较少涉及词汇知识宽度以外的其他词汇能力维度。

以上研究发现回答了问题2.1，提升了我们对移动端英语词汇深度学习具体实现途径的认识。在此基础上，本研究编制了基于移动端的英语词汇深度学习调查问卷以期回答问题2.2－2.4，即了解学习者目前对英语词汇移动学习的投入度、最主要的学习目的以及移动学习软件在哪些方面促进了英语词汇深度学习的发生。问卷经过前测并加以修订后正式发放给四所高校的本科生，发出问卷520份，得到合格问卷463份。通过对问卷数据的描述性分析，我们发现：

（1）受访的学习者花在移动词汇学习上的时间占其词汇学习总时间的近一半，这说明移动学习已成为英语词汇学习的重要方式。

（2）共有超过7成的受访者把理解不同语境中的词义或灵活使用词汇作为移动学习的最终目的，而仅把词汇量增加作为最终目标的受访者不足3成。这说明学习者有切实提高词汇知识运用能力的需求。

（3）与使用纸质单词书或教材进行词汇学习相比，基于移动端的英语词汇学习在提高学习者词汇量、增强其学习主动性方面有一定优势。学习者在移动学习平台上有一定的自主选择机会，可参与学习管理。其每一次对移动设备的操作都可以获得反馈，学习材料的多模态化使学习增添了维度，从而更逼近于真实语言环境，网络学习社区作为虚拟的学习共同体使学习者在其中进行合作式学习、观察式学习，学习轨迹记录使学习者了解自己的过往成绩，这些传统词汇学习所没有的形式都可能激发学习主动性，将学习转化为内在动机，从而增加词汇学习的趣味性与实用价值。但是，受访的学习者认为，在词汇知识深度、词汇组织度、元词汇知识、接受性—产出性技能、语义自主性等词汇能力维度上，现有英语词汇移动学习软件发挥的作用极为有限。

结合对两个研究问题的认识，本研究对基于移动端开展英语词汇深度学习提出以下建议：

在特定的词汇范围内，构建英语词汇知识本体库。基于本体库，围绕词语的各维度知识和词语间语音、语义等关系进行系统、全面的学习材料组织，利用移动学习技术多模态呈现学习材料、可视化表征词汇知识，使学习者在基于移动端的词汇学习平台通过观察、发现、合作等方式主动调用包括元认知在内的高阶思维技能进行学习，为学习者的学习行为提供记录、反馈与激励，使学习者自主搭建与优化英语心理词汇网络，提升其英语词汇的接受性与产出性技能。

本研究有以下创新之处：

(1) 丰富了二语词汇习得理论。本研究采取整合性视角将移动学习与二语词汇习得理论、深度学习相关理论相结合。移动学习不仅为学习提供了技术手段，也因其泛在性、可访问性、超文本性与超媒体性等特征提升了学习者与知识之间、学习者与学习者之间互动的维度。而深度学习的视角使得动机激发、知识建构、高阶思维技能运用等学习科学领域的概念及其相应策略与二语词汇习得理论相结合，以此丰富了二语词汇习得理论。

(2) 重构了元词汇知识概念。本研究利用建构主义理论的知识建构观提出元词汇知识作为对词汇知识的认识，是学习者自主、深入掌握词汇知识所需的图式化的知识框架，对词汇知识学习有指导、统摄作用。在此认识基础上，本研究提出应基于移动端提高学习者对语音、词形、句法、形态、语义等知识规律的理解水平，通过请学习者参与词汇知识的标识以促使其元词汇知识外显化、精致化，形成词汇知识建构所需的图式。

(3) 提出了基于移动端的英语词汇深度学习途径。本研究较为系统地探讨了词汇移动学习软件在词汇深度学习方面可发挥的作用，为建立立体化英语词汇网络学习平台提供了具体的操作建议。

本研究的局限性是：对词汇移动学习软件在词汇深度学习支持度方面的研究，虽建立在选词所对应的客观语料及就选词与词汇学习软件所进行的互动之上，并提供了必要的统计数据，但建立在研究者本人的参与观察基础上的判断、评论避免不了研究者的主观性。此外，本研究在使用调查问卷进行量化研究后，未能就尚未获得十分清晰理解的问题进行深度访谈，而获取学习者较为详尽的学习软件使用体验与评价能够加深我们对研究问题的理解。

为加深对基于移动端的英语词汇深度学习的理论与实践认识，今后拟对词汇移动学习软件在促进英语词汇深度学习方面的有效性进行类实验研究，探明学习者因素（如学习需求、学习风格、先前词汇能力、学习投入度）与词汇移动学习条件（包括移动学习的技术条件与词汇学习材料的组织）之间的作用关系。在此基础上，尝试优化英语词汇学习软件的架构，使之更能够促进学习者的英语词汇深度学习效果。

关键词：二语词汇习得；移动学习；深度学习；心理词库；意义建构

目　录
CONTENTS

第一章 绪 论

1.1 研究背景

当今世界，互联网引领了新一轮科学技术革命，网络将经济、政治、社会等各个方面联结起来，人们的生产、生活、学习方式由此发生着深刻的变化。在无线通信、移动设备、传感器等网络信息技术的助推下，以社交媒体为首的新型信息传播与人际沟通平台借助手机这一载体产生了以几何级数增长的新信息，使人们可以随时随地接收、交换海量信息。人际沟通摆脱了物理空间的束缚，国际交流愈发频繁，这也使得人们对英语这门国际重要通用语言的学习需求大幅增加。

词汇是语言的基本单位，掌握英语沟通技能的重要途径是词汇学习。在这样一个学习呈泛在化趋势的时代，学习者越来越青睐通过手机等移动终端进行学习。一项针对00后学习者的调查显示，有65%的00后都会选择把手机当作学习工具（《2016年中国00后互联网学习行为报告》）。这在一定程度上表明未来的学习者将越来越倚重移动学习的方式进行英语词汇学习。事实上，从英语词汇学习软件的用户占有率来看，中国年轻一代学习者的词汇学习工具已不再是传统的纸质词典、单词书以及20世纪末21世纪初极为流行的电子词典，而是市场上种类繁多的英语词汇学习软件。此类软件具备了泛在学习的可获取性、即时性、交互性等特征，且便于携带、记录，方便学习管理，因此受到青睐。

比较理想的情况是，英语词汇学习软件应能够帮助学习者构建系统的词汇知识，进而引导学习者学以致用，满足其英语交际需求。但是，目前的此类软件存在着词汇知识结构度低、知识呈现不符合词汇习得规律的问题，不利于学习者对词汇的深度理解、掌握与应用。事实上，此类问题普遍存在于现阶段的泛在学习（Ubiquitous Learning）之中。一方面，信息渠道与种类多样，信息间缺乏联系，碎片化倾向日趋明显，且信息良莠不齐，致使信息组织结构度与真实性得不到保证；另一方面，学习者浸没在知识的汪洋之中，对扑面而来的信息与感官刺激“轰炸”应接不暇，常常浸没在与学习无关的资源中，仅仅从事多任务的信息查询与浅层次阅读，把大部分心理资源投入到对信息的接收与浅表感知，难以投入时间、运用认知策略对信息进行甄别、评判、取舍与应用，长此以往易“造成文字感悟力低和抽象思维能力弱化，难以适应知识经济时代对知识创生的要求”（康淑敏，2016）。“当学习者在不同的媒介（电子文档、电子书、电子课本）、不同的载体（电脑、手机、平板电脑）、不同的任务之间跳转，人们开始担忧这样的学习恐怕缺乏对内容的深入思考，不能将信息做广泛联系，学习仅仅停留在了获取知识的浅层面，而缺少了对知识的汇集、过滤、归纳、反馈和创新（顾小清等，2015）”。“移动环境下的学习不同于传统环境下的学习，也不同于数字化学习环境中的学习，移动学习表现出高度的碎片化特征，系统性不强，容易停留在浅层学习，如何将碎片化学习所获得的知识进行重整已实现知识的系统性，达到深层学习，这是移动学习需要探究的问题”（刘敏娜，张倩苇，2016）。那么，基于移动端进行英语词汇学习是否也会出现学习的碎片化现象？移动学习能否帮助学习者实现英语词汇知识的系统化掌握与词汇能力的有效提升？这些是值得研究探讨的问题，但是目前的移动学习领域与二语词汇习得领域尚未对移动技术下的词汇深度学习进行系统研究。

1.2 研究目的

为探究和回答存在的问题与现象，本研究首先采用文献法回顾现有英语词汇移动学习的相关研究，发现目前对词汇移动学习的关注点主要在词汇量的扩展上，而很少着眼于词汇的习得过程与方法。这说明词汇浅层学习的问题仍未得到重视。为改变这一现状，避免学习的碎片化，提高移动端英语词汇学习的效果，本研究试图以英语词汇习得理论为基础，以深度学习为手段，以提高英语词汇能力为目的，利用移动学习技术在学习资料整合、选取与呈现、人机互动、社会学习网络搭建、个性化学习、可视化、学习管理等方面的优势，探讨在移动终端实现英语词汇深度学习的可行性。为此，本研究提出了以下两个研究问题：

问题1　英语词汇深度学习的内涵是什么？

问题2　目前的英语词汇学习类移动端从哪些方面可以促进英语词汇深度学习？

1.3　研究意义

本研究的理论意义在于可以为二语词汇习得研究增加移动学习视角与深度学习视角，丰富二语词汇习得理论。本研究采取整合性视角将移动学习与二语词汇习得、深度学习相结合。移动学习不仅为学习提供了技术手段，也因其泛在性、可访问性、超文本性与超媒体性等特征提升了学习者与知识、学习者之间互动的维度。而深度学习的视角使得动机激发、知识建构、高阶思维技能运用等学习科学领域的概念，及其相应策略与二语词汇习得理论相结合，以此丰富二语词汇习得理论。

本研究的实践意义在于可以为提高基于移动端的英语词汇学习的有效性提供具体的建议。一方面，本研究从词汇深度学习的视角，审视主要移动词汇学习软件在促进词汇深度学习方面的优势与不足，从中获取词汇深度学习实现途径的思路；另一方面，本研究调查学习者进行词汇移动学习的目的与需求，以及其对目前的移动端在哪些方面可以实现英语词汇深度学习的看法。综合研究者与学习者的视角，以加深在移动终端实现英语词汇深度学习可行性的认识，并在此基础上提出切实可行的建议，以推动英语词汇移动学习的效果，帮助学习者提高英语词汇能力。

1.4 研究方法与流程

为达到研究目的，本研究采取文献法、文本分析法、访谈法与问卷调查法。首先，通过文献法梳理现有英语词汇移动学习相关研究与二语词汇习得领域相关研究，了解研究现状，提出研究问题。

随后，利用文献法梳理学习科学领域对深度学习概念的认识，提出深度学习在本研究中的工作定义，进而结合二语词汇能力框架阐述英语词汇深度学习的内涵，以完成对研究问题 1 的回答。

此后，我们将问题 2 细化为以下 4 个子问题：

问题 2. 1　目前的移动学习软件在英语词汇深度学习方面具有哪些优势与不 足?

问题 2. 2 学习者目前在移动词汇学习上有多大的投入度?

问题 2. 3 学习者使用英语词汇学习软件最主要的目的是什么?

问题 2. 4 从学习者的视角来看，目前此类学习软件可以从多大程度上促进英语词汇深度学习的发生?

针对问题 2. 1，我们基于回答问题 1 所获得的对英语词汇深度学习内涵的认识，从 Nation（1990）二语词频表中选取 12 个英语词（2000 级别、3000 级别、5000 级别、10000 级别各 3 个，词性分别为名词、动词、形容词），对 5 个有代表性的词汇学习软件进行实际使用，考察了这些移动学习软件在英语词汇深度学习方面的优势与不足。

通过回答问题 2. 1，我们获取描述与观测移动端英语词汇学习过程与结果的具体角度，结合这些角度将问题 2. 2 至 2. 4 转化为访谈提纲，对研究者所执教的班级中部分学习者进行访谈，旨在初步了解问题回应范围，以编订调查问卷。调查问卷编定后进行试测，并根据参与者对条目可理解度、措辞准确度等方面的建议进一步修改问卷，最终发放正式问卷。因为本研究目的在于考察大学生基于移动端进行英语词汇深度学习的情况，而目前的词汇移动学习主要是一种自主学习，与课程设置、课堂教学的关联度较低，因此我们在选取被试来源上，更多关注的因素是移动设备持有率、英语词汇水平与英语总体水平。考虑到移动设备在大学生群体中的普及率已不受经济条件与地域的限制，而英语水平可以得到水平考试或移动学习软件的测量，因此在选取被试时，我们并未将地域、学校类型等社会文化因素作为样本选取的重要指标。本研究的样本选取需要考虑的因素是被试的参与愿望与答卷的信度。为此我们选取了与研究者有学术交往的二语习得领域研究者，请他们将问卷转发给其所教授的学生，利用教师与学生的相互信任关系提高问卷的填写质量。我们选取上海市的三所高校，其中一所为语言类211高校，一所为理工类211高校，一所为经贸类地方高校，并选取东北一所理工类985高校。

本次问卷调查共发放问卷520份，经筛查，共得到合格问卷463份，合格率约为89.04%。数据收集后进行统计分析、讨论，以回答问题2.2至2.4，并与问题2.1所获数据进行比照、交叉验证、互为补充，以求从研究者与学习者两个角度获取对研究问题2的较为全面的认识。

本研究在结论部分对问题1与问题2的研究结果进行整合讨论，以得出基于移动端的英语词汇深度学习的特点及促进英语词汇深度学习的路径。

1.5 本书框架

本书共分为六章。

第一章为绪论，介绍研究背景、研究目的、研究意义、研究方法与流程，以及本书框架。

第二章为文献综述，回顾移动学习的定义及特点，并通过梳理移动学习的各种界定方式以较为全面地理解移动学习的本质与特征，在此基础上，从移动词汇学习有效性、移动词汇学习模式、移动学习平台设计等三个角度回顾已有的基于移动终端的英语词汇学习研究，以了解相关领域的研究现状，从中发现探究本研究主题的思路，并发现目前研究的不足以聚焦待解决的问题。随后，该章综述二语词汇习得研究涉及的主要方面，以观照目前移动词汇学习研究在对词汇知识与能力的认识上的不足，为提出并阐释本研究主题进行铺垫。

第三章为英语词汇深度学习的内涵，从学习科学的视角探讨深度学习的概念界定与内涵，为在英语词汇知识这一专门知识领域开展深度学习提供学习心理学基础。随后探讨英语词汇深度学习的目的，即提高英语词汇能力，阐明英语词汇能力的维度及维度间的关系，将英语词汇深度学习目标系统化。最后，探讨英语词汇深度学习的心理过程。通过结合英语词汇能力发展的规律探讨英语词汇深度学习的目的与过程，以获得对英语词汇深度学习内涵的理解，为基于移动端的英语词汇深度学习研究提供理论基础。

第四章为主要英语词汇学习软件述评，考察现有主要英语词汇移动学习软件在词汇知识的内容、组织、呈现方式及与学习者互动模式方面的异同及各自的优势与不足，增进对基于移动端的英语词汇深度学习具体实现途径的认识。

第五章为学习者视角下的英语词汇移动学习效果研究，透过学习者的视角了解目前移动端学习软件在哪些方面、从多大程度上能够帮助学习者实现词汇深度学习。

第六章为结论，回顾整个研究过程，指出本研究的创新点、对移动端英语词汇深度学习的建议、研究局限，并对未来研究进行展望。

第二章 文献综述

2.0 引 言

基于移动终端的英语词汇学习从形式上是一种移动学习。本章首先回顾了移动学习的定义及特点，通过梳理移动学习的各种界定方式以较为全面地理解移动学习的本质与特征，在此基础上，从移动词汇学习有效性、移动词汇学习模式、移动学习平台设计等三个角度回顾已有的基于移动终端的英语词汇学习研究，以了解相关领域的研究现状，从中发现探究本研究主题的思路，并发现目前研究的不足以聚焦待解决的问题。随后，本章综述了二语词汇习得研究涉及的主要方面，以观照目前移动词汇学习研究在对词汇知识与能力的认识上的不足，为提出并阐释本研究主题进行铺垫。

2.1 基于移动端的英语词汇学习研究相关综述

2.1.1 移动学习的定义与特征

2.1.1.1 移动学习的定义

移动技术既影响了知识的生产、储存、分配、传送和消费，也影响了学习者和学习方式（约翰·特拉克斯勒，2014）。技术的变革必然导致学习方式的变化。移动学习使学习突破了时空限制，任何时间、任何地点都可以实现学习（Kukulaska - Hulme & Traxler，2005；Wang et al.，2009；El - Hussein & Cronje，2010）。就移动性而言，移动学习是“一种学习模式，其中学习者可以在不同物理和虚拟位置上移动，参与并与其他人、信息和系统进行交互”（Krotov，2015），涉及技术的移动性、学习者的移动性、信息流的移动性（Sharples，2005）。

移动技术与学习领域相结合的早期，研究者对移动学习的认识偏重于其技术特性。叶成林等人（2004）将移动学习定义为利用无线移动通信网络技术以及无线移动通信设备、个人数字助理等获取教育信息、教育资源和教育服务的一种新型学习形式。这一定义突出了移动学习的技术特质。Traxler（2005）以移动学习所采用的技术为主视角，将移动学习简化定义为任何以移动设备为主导技术的教育供给。王伟等（2008）将移动学习定义为：“移动学习是一种新的学习方式，也是一种特殊的数字化学习方式，它是一种泛在学习并可以双向交流；实现技术包括移动计算技术、无线通信技术、多媒体技术和软件技术等；实现设备既包括价格比较高昂的具有无线通信模块的PDA等，也包括价格比较低廉且应用相当普遍的学习机等，判断准则是行动便携性、支持学习性；移动学习系统应该满足学习资源丰富，搜索能力强大，互动交流方便，绩效评价准确等要求。移动学习依托于无线移动通信网络、互联网、各类软件技术及多媒体技术，具有移动性、便捷性、高效性、个体性及广泛性的优点。”移动终端技术突飞猛进，虽然智能手机、平板电脑早已替代该定义中所指的PDA与学习机，成为目前主要移动设备，但是该定义中有关移动学习方式、技术、评价标准及特点的界定仍具有很大参考价值。

刘敏娜等（2016）从技术、学习者和学习过程、学习本质三个角度，梳理了过往研究在移动学习定义上的变迁。认为移动学习相关研究从对移动设备与软件的关注，转向对技术与学习者特征、学习交互环境的融合方式的关注。事实上，学习是学习者与学习对象对话的过程。移动设备与技术通过超文本、超媒体等形式为学习内容创造了有别于传统的学习环境与学习工具。作为人体的延伸，移动设备可用于创建个人身份、观点、内容、构建社会网络（Traxler，2010）。移动学习使学习者得以在需要学习的任何地点、任何时间，通过无线通信网络与移动设备联通，从而获取学习资源，同时也可以通过与他人的交流合作，实现个人与社会知识建构（余胜泉，2007）。借助移动技术，学习者通过社会和内容的交互、使用个人电子设备进行跨情境学习。因此，移动学习包括三个要素：情境、社会交互和内容交互、使用个人电子设备（魏雪峰，杨现民，2014）。

2.1.1.2 移动学习的特征

综合以上移动学习有关定义，可以得出移动学习的以下特征：

（1）泛在性。移动学习使学习变得更加便捷。学习者可以充分利用碎片化时间获取知识，任何的空间、时间中都可以开展学习活动，使学习无缝化。

（2）个性化。在学习者学习过程中，移动学习技术可记录、分析其学习行为，判断出学习者的学习风格、知识水平、学习偏好，据此提供学习建议与学习资料推送，使学习更有针对性。同时，移动学习技术也有助于学习者进行学习上的自我管理：学习者可制定学习计划，按照个人需求选择学习方式与内容，实现个性化学习与自主学习。

（3）互动性。移动学习的互动性体现在人机交互性与社交网络中的交互性。一方面，针对学习者的点击、划动、摇晃、语音输入等操作行为以及学习表现，移动学习所依附的移动设备可以给予学习者有针对性的及时反馈，提供丰富的人机交互体验，满足学习者的操控感，强化其学习行为。另一方面，移动学习可附带社交网络，在虚拟空间中促进学习者之间就学习主题开展合作、观察等多种方式的学习，也可营造学习活动之余的情感、生活经验交流平台，促进学习者间的互动，增强其归属感。

（4）可访问性。移动学习根植于互联网技术，因此学习者可访问到文字、图片、视频、音频等多种学习资料。如果移动学习端与互联网完全对接，则理论上学习者可获得互联网中的任何信息，这得益于互联网的超文本与超媒体特性。我们的大脑是以生物电交换形式由相互通联的蜂窝网络组成的。大脑中的信息交换以平行加工式进行。从这一角度说，相较印刷类文本，超文本的组织形式更像是大脑中神经簇的组织形式（Borsook，Higginbotham－Wheat，1992）。超文本极大地推动了知识创造、刺激了知识增长。

所有文本都可以通过超链接的形式在互联网发生联结。从联结主义角度看，新知识的产生就是基于知识间发生新的联结。超文本形式打破了物理空间对学习者产生的知识束缚。普通文本资源的空间局限性与数量有限性导致学习者只能对信息进行定时、定量的获取，使学习者的需求难以得到充分满足，且限定了学习者的视野。而超文本的非线性特征使得信息链接呈网络式铺展。理论上学习者可以从一个文本出发连接到互联网上的所有文本。通过超链接形式，学习者可以从自身需要出发，自主搜寻、查找、拣选，并在这一过程中不断发现超出预期的信息。这种信息徜徉使学习者充分享受到信息自由，也有助于学习者在信息交汇中获得新的体验与认识。超文本也记录了学习者的探索轨迹。学习者参与文本的创建，并留下自己的痕迹（Landow，2006）。超媒体是建立在超文本基础上的媒体形态，将图片、语音、视频等媒体与文本相连接。就语言学习而言，超媒体使学习所需的语言资料得以立体呈现，提供语言使用的生活情境以及相应的指导；同时，因为超链接的相关联结属性，主题学习内容得以拣选、浓缩，这比学习者自己在真实生活中探寻、体验相关主题内容的效率高。但是，超文本与超媒体的弊端同样明显：面对超链接引向的五花八门的信息，学习者也容易产生信息迷航，找不到探索的源头与信息链条与逻辑链条。这也是移动学习利用碎片化时间的另一面：使学习碎片化。此时学习者的目的性、甄别力、自控力、深度学习能力就弥足重要。

2.1.2 词汇移动学习有效性研究

林馥嫌等人（2016）根据移动微型学习不受时空约束、互动性强、学习内容精简的特点，采用问卷调查、访谈和测验等方法，论证了基于微信公众平台实施大学英语词汇移动微型学习模式的可行性和有效性，并通过时长一个学期的实证研究发现，在向学生明确学习目标并给予周测形式的认知反馈基础上，通过视频或图文并茂的方式讲解与课堂学习内容相关的单词发音、词性、用法并配合词根/词缀、词串、象形、近义词对比和形近单词对比等记忆方法，可帮助学生有效利用碎片化时间。这种课内与课外相贯通、输入与输出有效结合的词汇移动学习方式比传统的词汇教学更能激发学生学习词汇的兴趣，培养其词汇输出能力。且学习者对这一学习方式的评价为“有趣、实用、记忆牢固”。

李思萦等人（2016）就移动技术辅助外语教学（Mobile Assisted Language Learning，MALL）对英语词汇习得的有效性进行了实证研究。该研究首先指出移动技术辅助外语教学相较于计算机辅助外语教学（Computer Assisted Language Learning，CALL）具有泛在性、及时交互性、个性化特征。学习者可以通过移动设备随时、随地、随需地对学习内容进行学习，并得到及时反馈，与移动学习内容形成交互；所学内容可以按照学习者的需求进行调整，学习者也可自行选择学习内容、学习计划，实现个性化学习。随后，该研究重点论证了 MALL 的技术理论基础——多模态学习认知理论，认为该理论所基于的双通道假设（即大脑对言语和图像的表征使用了各自独立的信息加工渠道）、容量有限假设（个体的工作记忆对信息的处理容量有限）、主动加工假设（在条件允许的情况下，个体有主动对知识进行加工的需求），可以有效指导英语词汇移动学习。在此基础上，该研究以非英语专业研究生为对象，按照单模态呈现（词汇搭配文本注释）、双模态呈现（词汇搭配图文双重注释）与 CALL、MALL 方式配对分为 4 组，即单模态 - CALL 组、双模态 - CALL 组、单模态 - MALL 组、双模态 - MALL 组进行相应词汇教学，随后对 4 组被试进行了及时与延时测试。结果表明：即时测试条件下，无论是 CALL 还是 MALL，其双模态呈现效果均显著优于单模态；延时测试条件下，教学辅助手段和内容模态的交互作用显著，移动技术辅助教学是更有效的多模态承载手段；随着时间推移，MALL 和 CALL 组成绩发生了不同的变化：前者成绩持续上升，后者成绩持续下降。这说明移动学习对词汇记忆保持具有积极效果，其中多模态呈现方式对词汇记忆的保持效果最好。该研究表明：多模态呈现有助于词汇记忆维持，同时移动学习的泛在性、自主性、个性化特点使得学习者可以利用课后时间持续、主动地学习并对自己的学习进行一定规划，从而达到了更好的词汇记忆效果。

孙璐璐（2016）基于建构主义学习理论，从个性化、探究性、社会性、情境性和协作性等五个维度调查了研究生群体对现有英语词汇 App 的体验和期望，发现目前的英语词汇 App 普遍的问题是社会协作与交流功能欠缺、词汇知识类别欠丰富、个性化服务质量不高，词汇资源对学术文献阅读覆盖度不足。据此，该研究提出：个性化设计上，App 应使词汇知识组织碎片化、模块化与可重组化，给学习者更大的自主选择权；探究性设计上，App 应该通过创设问题情境等方式激发学习者词汇学习的创新思维，如在探究英语词汇词义难题的过程中体验问题解决的乐趣；社会性设计上，App 应为学习者提供沟通的平台，创建学习共同体，通过交流实现英语词汇隐性知识的外显化；情境性设计上，App 应通过设定真实或虚拟情境，利用声音、图像、数据等多元立体的知识呈现方式，使学习者有使用词汇进行角色扮演的机会，提高学习内容的趣味性与实用性，让学习者方便灵活地参与学习，提高学习的满足感；协作性设计上，英语词汇 App 应在保证学习者与学习内容之间有效互动的前提下，增加学习者之间、学习者与教师专家之间的互动，提高信息流通量与流通率，通过设立群组、共享资源、探讨学习、分享成果等方式，实现学习资源、学习者、教师、媒介等多种要素的多向交互，使学习者在社会合作中有效建构词汇知识。

邓晖等人（2012）基于自我导向学习理论，通过混合研究法考察了 13 名大学生使用一款名为 Remword（云词）的英语词汇移动学习软件前后在学习方式、学习时间、学习场所、学习策略等方面发生的变化。研究发现，使用该词汇学习软件后，学习者的词汇学习时间由较为固定的早晨、晚间变为更多的零碎时间，且词汇学习总时长增加。使用该软件后学习者的学习场所也由较为固定的宿舍、教室变为餐厅、床上、路上、排队中。这些体现了移动学习的泛在性特征。学习者的学习策略也由原来的抄写、卡片记忆变为利用该软件提供的语音、图片、文字释义相结合的学习方式跟读、拼写，并依照软件中基于艾宾浩斯遗忘曲线设计的单词复习系统有计划、有针对性地复习。此外，移动学习方式激发了学习动机，使原本枯燥的词汇学习变得生动、有趣。从访谈中，研究者了解到该软件受认可之处包括：（1）成本可负担（Remword 可免费下载）；（2）资源易获取（在线和离线的设置提供了及时更新和同步）；（3）发音功能提高了学习效率；（4）插图有助于单词理解；（5）例句为词汇理解与记忆提供了良好语境。受访者还为该软件提出 5 条改进建议：（1）提高插图与单词的相关性；（2）包含最新和关注度最高的英语信息；（3）包含生词的陌生等级并按照陌生度呈现单词；（4）例句内容更贴近日常生活，以便学习者将所学知识迁移到真实情境中；（5）添加对学习者学习成果的评价功能，帮助学习者了解自己的词汇水平，以利于自我学习调控。

2.1.3 词汇移动学习模式研究

杨丽芳（2012）分析了移动学习的泛在性（超越时空限制）、学生主体性、互动性、情境相关性等特点，探讨了基于移动学习的词汇学习模式，即基于短消息的词汇学习、利用移动词汇讲解资源库的词汇学习、基于数字便携设备的词汇学习、利用移动交流社区的词汇学习。该研究认为，移动学习的泛在性使学习者可以突破传统教学模式下的时空束缚，时时、处处向他人或内容学习。移动学习所提供的丰富资源与呈现形式使学习者可以根据自身需求选择学习内容、学习方式，并进行学习管理。移动学习也能够提供逼真的生活情境，使学习者有身临其境之感，以更自然的学习方式建构知识，也便于所获取的知识迁移到真实情境中。因此，该研究提出，基于移动学习软件，充分利用图像、文字、声音和影像等多种介质在表征词汇知识中的不同优势多方面地讲解词汇，以有效减轻学习者单词记忆负担并为学习者提供丰富的语言使用情境；此外，利用移动交流社区开展生生、师生间的词汇学习互动，激发学习动机。

张兴梅等人（2015）在指出中国大学生词汇学习普遍存在的问题（孤立、机械；词汇学习主动性不足；偏接受性词汇学习、轻产出性词汇学习）基础上，论证了 Ellis（2002）基于频率的二语习得理论、合作学习理论、Krashen 的输入假设、Swain 的输出假设对于英语词汇移动学习的指导作用，并利用手机学习内容微型化、学习终端灵活化和智能化的优势，构建了包括短信、飞信、QQ 等移动平台在内的大学英语词汇移动学习模式。

张晋林（2014）对移动互联网英语词汇自主性习得模式进行了研究。他依据词汇习得项目的整合度将移动互联网英语词汇习得模式分为集成式和松散式。集成式指在有道词典、爱词霸、金山词霸，海词词典、灵格斯、必应词典、沪江小 D 等词典类平台以及开心词场、拓词等背单词 App 平台上的习得模式，并从语音（英美发音）、词义（义项、释义、例句、短语、搭配）、记忆方式（艾宾浩斯记忆曲线、形近对比、词根/词缀、图形记忆）三方面对一些词汇学习平台进行了功能对比；松散式指专业的网络课堂，通过公众号、专业平台等渠道传播，但词汇集中度与组织度不高。该研究认为移动网络自主词汇习得的特征是高连通性（指人际交往、人机交互高度延展）、时空无限性（指学习者可不受时空束缚，对词汇进行零敲碎打式学习）与信息的强度泛化（指信息冗余度过高，导致学习者注意力分散）。为实现英语词汇自主性习得，应科学、合理地监控和评价自主学习者的学习效果，使学习者通过持续反馈和多样化重复，实现词汇知识的有效记忆。

2.1.4 词汇移动学习平台设计研究

郑维勇（2014）基于双编码理论、工作记忆理论、艾宾浩斯遗忘理论，设计了由管理系统、字典系统（包括在线字典、离线字典、历史查询、我的生词）、词汇系统（包括学习计划、词汇学习、词汇测试、评估报告、遗忘推送、词汇更新）组成的移动微型英语词汇学习系统（见图 1）。该系统依据唐家益等（1992）对词汇复杂度的界定，即词汇的复杂度与词汇的音节数及使用频率相关，对词汇进行分级，按照同音、形近、同义/反义、构词法等形式对词汇进行归类推送，实时监控学习者的实际词汇能力，并根据艾宾浩斯遗忘曲线在关键遗忘节点上推送难度合适的单词，将临时记忆巩固为长期记忆。学习者可以监控学习过程和成绩，从而达到提高学习效率的目的。

该系统结构设计将词汇学习分为用于查询的字典系统与用于专门词汇学习的词汇系统，通过客户端对词汇进行双向调取，并对词汇分级与学习者词汇选取有较为具体的设计：词汇按照长度、音节数分级。但是，词汇复杂度只是词汇难度的一个维度，设计中并未考虑词频这一影响词汇难度的重要因素。而且，该设计缺乏对一些词汇学习重要环节的描述，如评估报告一项中并未明确该系统所采用的测量标准、测量方式、反馈方式以及再检验方式，而鉴于评估在学习者词汇学习效果诊断与学习反拔中的重要作用，有必要结合学习模式给出相应的评估方案。

王伟等人（2011）在从社会需求、社会可能、个人需要、个人可能等四个维度分析移动学习促进大学英语词汇学习可行性的基础上，结合实证研究结论分析了大学英语词汇移动学习系统的设计思想和系统特点，提出了一种微游戏化、个性化、人性化的面向大学英语词汇学习的移动智能系统模型（见图 2），并论述了其功能结构及流程，且从系统可用性的角度对系统模型进行了分析和讨论。该研究将大学生移动学习的现状归纳为：移动学习愿望

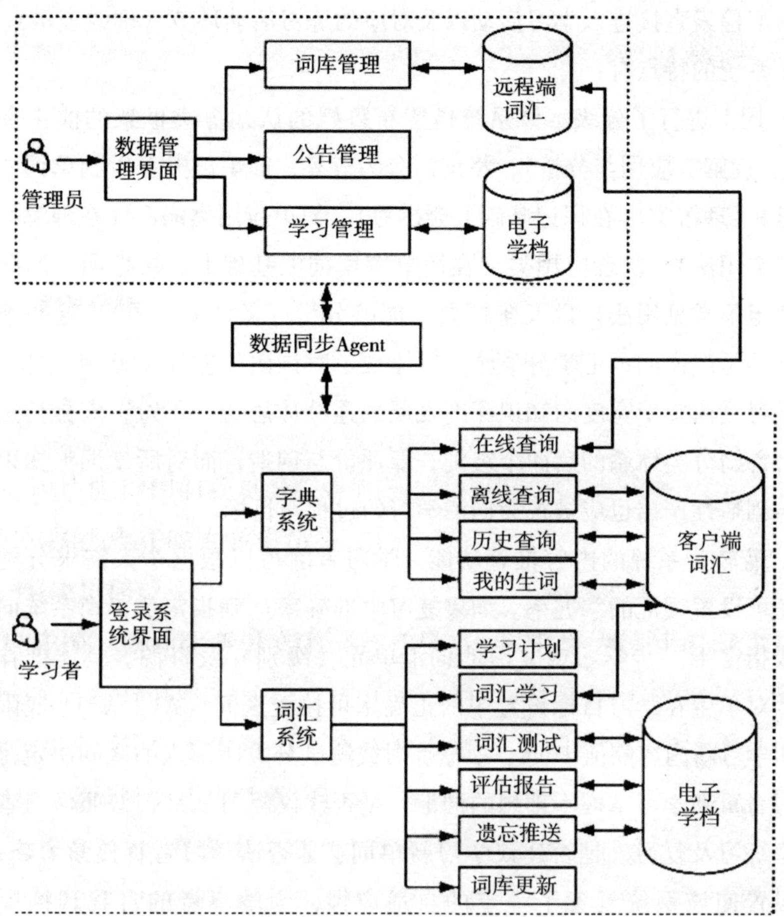

图 1 移动微型英语词汇学习系统结构图（郑维勇，2014）

强，但移动学习自主调控性差；移动学习受硬件资源、软件平台和消费能力的限制，基于智能手机的移动学习量不断上升；学习场所除课堂外，还包括网络、图书馆、家庭、交通工具等不同现实与虚拟空间，较为分散；移动学习能提供随时随地的学习机会，并可能将不同学习无缝化整合。据此，该研究认为移动学习课程宜短小精悍、丰富多样，并突出查询、学习、练习三大功能，同时需为大学生提供有关移动学习方法、资源和软件选取、学习策略等方面的指导。因此，该系统的功能模块被分为身份验证、学习目标设置、学习水平测试、学习计划生成、查找学习断点、学习活动、练习活动，而且这些功能连接成步骤，形成一个闭合环（细线表示）。另外，学习者也可以通过词汇检索直接进入学习活动以及对应的练习活动环节（虚线表示）。

该系统的特点有：

1. 词汇进行了分级。该系统借鉴布鲁姆的认知分类框架的前4个等级（识记、理解、应用与分析），将词汇分为五类，即识记类（看到单词能回想起意思）、理解类（在识记基础上会拼写）、简单应用类词汇（在理解类基础上会基本用法）、复杂应用类（在简单应用词汇基础上，熟悉词汇的高级用法，甚至不常见用法）以及辨析类（能够分辨近义词的差异）。这一细分方法虽然不是严谨的词汇学分类法，但体现了对词语的差异化处理，且反映了词汇学习是由知识宽度向知识深度发展的连续体思想。不过，该分类法没有加入布鲁姆分类体系的后两个级别，即评价与创造，而对所学词汇知识进行评判与创造性产出也应被视为词汇学习的过程与目标。

2. 有较为系统的内容推荐功能。学习者除可以根据个人需求分类选词外，还可设置词汇的掌握率。如果复习中准确率达到指定值，则系统向学生推荐或指定下一步学习或复习的词汇单元（级别）及资源。具体推荐策略为：针对学生在学习目标设置中的正确率可接受区间（A1，A2）、底限阈值Low和学习新内容阈值High，根据练习或测试分数所落入的区间决定是否强制学习者重新学习掌握不理想的词汇、是否建议复习、是否按照学习者设置的频率练习及复习、是否建议学习新单词、是否请学习者直接学习新词汇。这一设置使该系统具备了一定的自适应性，为学习者的自我调控提供了辅助。

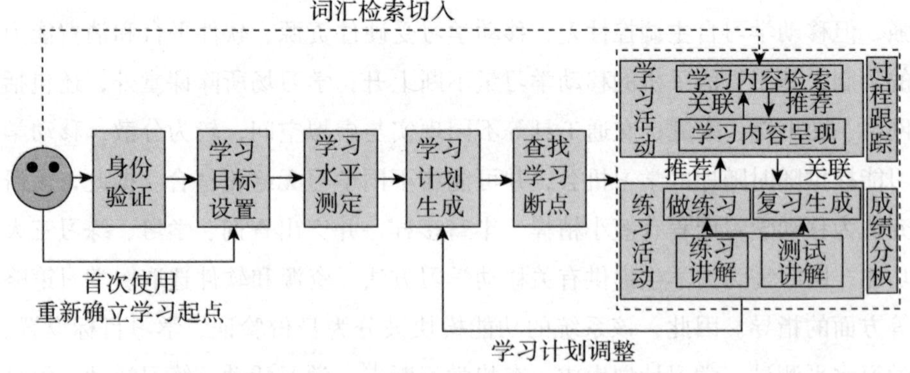

图2　大学英语词汇移动学习系统（王伟等，2011）

3. 对学习行为进行过程跟踪。该系统旨在对学习行为进行数据捕捉。如通过学习者鼠标点击、滚动条拖拽、学习停顿时间等因素，记录学习顺序、学习断点等信息；在练习、复习时，根据试题的难度系数、答题使用时间、准确率等因素判定学习者的词汇知识掌握程度，并记录学习者的学习结果。这种记录功能为分析学习者偏好、学习风格、学习材料适切度等因素提供了数据基础。

2.2 二语词汇习得研究相关综述

词汇是语言学习的基石。二语词汇习得一直是二语习得领域的研究重点。研究者们主要从词的定义与维度、二语词汇的心理表征方式、二语词汇知识框架、二语词汇习得过程这四个方面进行相关研究。

2.2.1 词的定义与基本要素

在语言学中，词是独立表达含义的最小单位。一个词包括语音、词形、句法、语义四个方面。

语音是特定语言中一个词与其他词相区分的声音单位，是人的发音器官可发出的表达该词的声音。词形指一个词的形态，由最小的语言单位词素组成。一个词的词形可进一步细分为曲折形态（如 go/goes）与派生形态（如 destroy/destruction）。词的句法层面是指一个词在句子中所处的位置。词在语义层面可分为词的意思（sense）与指称（reference）（Carroll，2008）。其中，词的指称是指一个词自身所指的含义。词的意思是指“它在整个词汇关系系统中的位置”（Lyons，1968），即该词与其他词之间的关系。一般而言，词与词之间的关系有：

1. 同义关系（synonymy），如 big 与 large；
2. 反义关系（antonymy），如 good 与 evil；
3. 上位关系（hypernymy），如 furniture 是 table 的上位词；
4. 下位关系（Hyponymy），如 table 是 furniture 的下位词；
5. 并列关系（coordination），如 table 与 chair 是并列关系，两词都是上

位概念 furniture 下的同级词；

6. 部分—整体关系（meronymy），即事物与其组成部分之间的关系，如 head 和 limb 与 body 构成了部分—整体关系。

7. 属性关系（attributive relation），如 comfortable 与 home。

2.2.2 词的表征与提取

一个词的语音、词形等物理属性可以通过人的感官获取。但是，为了理解和研究词在人脑中的存储、识认、提取等心理活动，我们需要回答词汇在大脑中是如何表征的这一问题。为此，心理语言学给出心理词库这一概念。心理词库（mental lexicon）是包含了词义、发音、句法特征等在内的心理词典（Jackendoff，2002）。在心理词库中，词与词之间可以借由不同属性形成网络。最常用来说明这一网络化组织的是等级网络模型（hierarchical network model）。Collins & Quillian（1969；1970；1972）提出，语义信息是按照类属关系结成的网状结构。每个词充当一个节点（node），其中包含了该词的相关属性。词与词之间可形成上下位、同级等关系（如图3）。这一模型借鉴了神经网络的组织形式，表达了 animal、bird、fish 等词在类型学意义上的语义关联。而在实际情况下，bird、fish、canary、ostrich、shark 之间仍然可以形成更为细密的语义关联。事实上，每个个体对于这些词背后的概念理解不同，由此产生的关系组织也是各不相同的。单纯就 bird 一词来说，可以在大

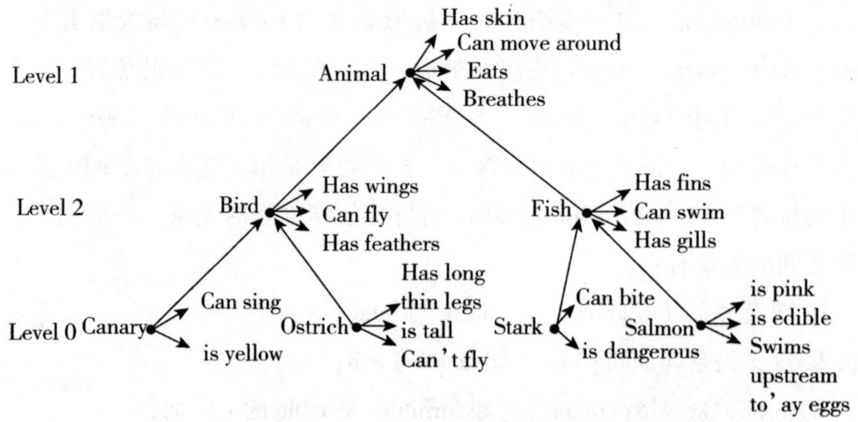

图3 等级网络模型（Collins & Quillian，1969）

脑中进行如图 4 一样的表征：bird 一词作为上位概念分别对应 robin 与 cardinal（最典型的鸟类）、duck（很少飞行的鸟）、ostrich（不会飞的鸟）、penguin（不会飞且翅膀特征不明显的鸟）等词。而从外观来说，duck 与 sailboat、ostrich 与 crane、penguin 与 Tuxedo 之间又形成了关联。

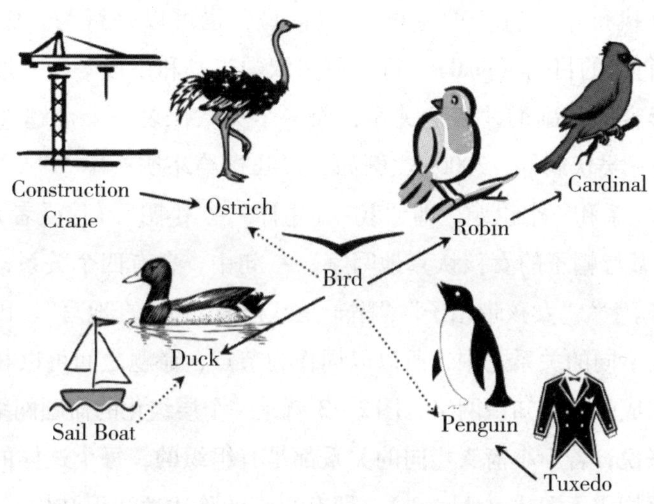

图 4　关于 bird 的一个语义网络

按照信息加工理论的观点，词汇知识是以陈述性知识的形式储存在长时记忆中的。陈述性知识的基本表征单位是线性排序、表象与命题（吴庆麟等，2000）。线性排序（linear ordering）是以线性次序对一系列元素进行的编码（Anderson，1983，1993）。线性排序可以是空间性的，如前、中、后，可以是时间性的，如先、后，也可以是其他度量衡中的排序，如轻、重。线性排序中的元素按顺序排列，以整体为单元来提取。比如，banana 一词在初学者的拼读中会按照 b－a－n－a－n－a 的顺序反复操练，进而在听到该词的发音或语义时可以整体提取；而学习者在操练该词的发音时，也是将音素按照发音顺序排列起来，以整体为单元提取的。表象（image）是图像化表征的知识，表征了物体在空间的位置信息（Anderson，1983，1993）。表象中可以含有丰富的信息，且所表征的信息既可以是个体通过视觉对外部环境信息的表征，也可以是因为非视觉信息而触发了图像化表征。表象既可以是对所见实物较为真实的再现，也可能是对内容的重构或虚构。表象中的内容可以得到旋转或扫视。在学习中，使用图片呈现学习内容可以方便学习者将其以表象形式表征并存储，从而利于相关信息记忆与提取。比如，将 apple 的词形与苹果的图画作为整体图片呈现，可以更为容易地使人联想到 apple 的词形。命题（proposition）是以语言的形式对词语、观点与概念间的语义关系的表征。命题中一般含有关系（relation）和一个及以上的论题（argument）。论题可以是执行某一行为的主体（subject），也可以是行为、作用的客体（object）、行为的目的（goal）、行为所采取的工具和手段等。一般而言，只有动词、形容词和副词才表达关系，而一个关系代表一个命题（Anderson, 1983, 1993；吴庆麟等, 2000）。例如，“我送给小明一本书”一句中含有“送”这一关系和三个论题，即“我”（主体），“小明”（接受者）和“书”（客体）。“戴红帽子的女孩认真地写字”一句中，含有四个关系，即四个命题：“女孩写字”“女孩带帽子”“帽子是红色的”“认真地写”。因为每个词可以参与在不同的关系之中，所以以词作为节点，命题之间可以相互连接形成网络，构成陈述性知识网络，图2－3就是一个层级化的命题网络。对于每一个节点来说，若干小箭头指向的关系都是有组织的，每个这样的节点及其附属内容就构成了图式（schema），即有组织的陈述性知识结构。而事实上，个体对 animal 的总体特征及其下位概念（如 bird、fish、canary、ostrich、shark、salmon）的划分与组织的水平与形式是不尽相同的。如果想要便于存储与提取，需要对陈述性知识进行精致化与组织。

但是，一个词不仅仅只有语义层面。用语义的单一维度无法较为全面地描述词汇的心理表征。为此，Bock & Levelt（1994）提出了包含概念层（conceptual level）、词目层（lemma level）和词位层（lexeme level）的心理词库模型（见图2－5）。其中，概念层包含了表征概念的节点。节点间的连线表达了它们之间的语义关系。该模型的特别之处在于增加了词位知识（即词的语音、形态知识）和词目知识（即词的句法、语义知识）。如英语词 sheep 是名词，而法语词 mouton 不仅是名词而且是阳性，这些体现了词的句法特征。sheep、goat 的发音及其音素则反映了词的语音特征。这种图式化的模型有助我们概括性思考心理词库的表征模式。但是，如果考虑到一个词可能存在丰富多样的句法、语义特征，而词与词之间的语义联结、搭配关系可能更为错综复杂，就不难想象心理词库的表征难度。实际上，从每一个特征出发，都可以在词与词之间形成联系。比如，就语义来说，sheep 作为一个整体，它的组成部分有 wool、horn、leg 等与之相连；sheep 作为下位概念，与它的上位概念 mammal 相连；在 mammal 这一范畴下，sheep 的同级词 cow、dog、cat 与之相连；作为中心词，可修饰它的 white、meek、big 等词作为属性可与之相连；就语音和词形来说，bleep，sleep，ship 等也都可与之相连；就句法来说，sheep 作为名词，可以与其他名词相连。而以上所有的词都可以依据词的音、形、义等维度延展开自己的词汇联结网。此外，每个语言使用者对词和词之间的关系的理解都可能存在差异。单纯从语音、词形、语义、句法等任意一个关系着眼，都会形成词与词之间的网络状联结，这些网络之间又以其他关系交错，形成千丝万缕的联系。因此，心理词库构成的是以词为节点，以不同关系类型结成的个性化的立体网络结构，而远远不只是如图 5 所给的片段式、典型化的平面结构。

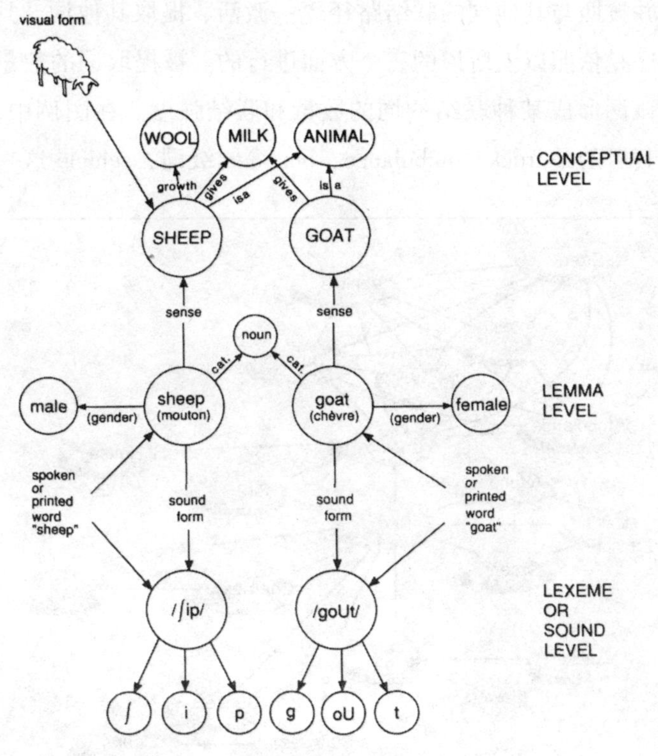

图 5　词汇网络（部分）（**Bock & Levelt，1994**）

到此为止，我们只是描述了心理词库的静态表征结构，即词的存储与表征形式。而在词汇的实际使用中，从识认、理解到运用涉及了复杂的心理机制。认识这一机制的基础是明确词的提取方式。激活扩散模型是迄今解释词的提取问题最受广泛认可的模型（见图2-6）。该模型设计者 Collins & Quillian 认为，心理词库并非是严格按照等级结构进行组织的。词汇的组织更像是节点间的交错联结，节点间的关系既可以是类属关系（taxonomic relation），也可以是典型性（typicality）和联结程度（degree of association）。其中，类属关系是上下位与同级关系；典型性是指符合某一类属特征的程度，如上文提到的 robin 是最符合鸟类特征的，而 penguin 的鸟类特征则最低；联结程度是指词和词之间相联结的强度。比如，在银行工作的人经常把 bank 与 cash 连在一起使用，因此在他的心理词库中 bank 与 cash 等与“银行”含义相近的词联系得较为紧密。当个体看到、听到或想到一个词时，该词就被激活或者说提取，并按照与其他词的联结路径逐一激活、提取其他词。其他词被激活的先后顺序是依照以上所说的三个方面进行的。被提取词的数量与提取速度取决于和该词形成某种联结的词的数量和联结强度。在图例中，car 被激活后，紧随其后的是 truck、ambulance、bus 等同级词、vehicle 这一上位词和

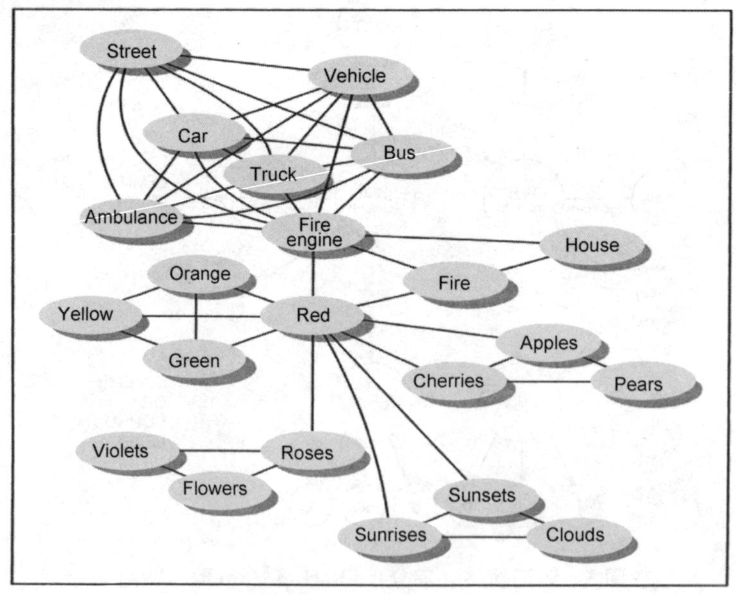

图6　语义知识的激活扩散模型

street这一主题相关词。car经由fire engine、red、roses也能激活violets和flowers，但是反应时要更长。同样，这一语义网络只是其所含所有词汇的一种联结方式。假设一个语言使用者刚刚在某条并不行车的街上买花或看日落，那么当street一词被激活时，首先被提取的就很可能是flowers或sunsets。换言之，词和词之间的联结呈现动态化特征，一个词引发的联想既受相对静态的词汇网络所决定，也受实时的联结活跃度所决定。一个词所承载的语义知识也因为联结的变化而处在一定变化中。当我们把词汇的语义之外的要素放入这张网络中，就能够想象得到词的提取是一个多维度、变化着的心理过程。

2.2.3 二语词汇知识框架

以上是对词的基本要素以及词的表征与提取所做的概括性描述。在二语词汇习得的实际研究中，为了探讨二语学习者怎样算是掌握了一个词，首先要界定一个词有哪些具体的维度。鉴于词的种类、实际使用方法纷繁复杂，这个问题一直是语言学家关注且争论的焦点。一般而言，对于词汇知识的静态描述采取的是词汇知识框架的形式。Richard（1976）为指导二语词汇教学，提出了掌握一个词所需要完成的七方面任务：

1. 了解该词在口语和书面语中出现的概率，即词频知识；
2. 了解该词在特定场合行使具体功能时的限制条件，即语用知识；
3. 了解该词在句子中的具体使用方法，即句法知识；
4. 了解该词的词根及派生词，即词形知识；
5. 知道该词与其他词的语义关联及搭配形式，即语义知识；
6. 知道该词的语义值（semantic value）；
7. 知道该词的其他相关词义，即词的较为完整的指称知识。

这7方面维度从严格意义上说并没有形成严谨的内部逻辑。比如，语义知识被分为三个维度（第5、第6、第7），而词形知识并没有细分为曲折形态与派生形态。且语音知识没有纳入该框架，而对于一语与二语语言距离相差较大的二语学习者来说，因为一语语音的干扰以及对二语音素的陌生，语音学习一直是一个难点。诚然，这一词汇知识框架在分类与系统性方面值得商榷，但是它的提出为后来的相关研究提供了借鉴。

为完善词汇知识结构表述以利于二语词汇教学，Nation 分别于 1990 年和 2001 年提出了两个词汇知识框架。其中，1990 年的框架包括四个部分：词形（口语形式/书面语形式），词在句中的位置（句法/搭配），语用功能（词频/适切性），词义（概念义/联想义），每个组成部分都划分出接受性（receptive）和产出性（productive）两个次维度。接受性知识一般指与阅读和听力有关的知识，而产出性知识一般指和口语与写作有关的知识（Laufer & Goldstein，2004）。比如，听到 increase 一词的发音就可以识认出该词，这是接受性知识。而产出性知识是指需要主动提取出来或可应用的知识，如想到 increase 一词就可以发出对应的语音。从认知加工角度来说，接受性知识只需要识认（recognition）。在此例中，当 increase 的语音信息通过感觉登录器（sensory registry）进入工作记忆后，能够在长时记忆中找到与之匹配的语音信息即可完成识认。而产出性知识指向的是回想（recall）与应用（apply）。在此例中，通过 increase 这一词形或“增长”这一语义从长时记忆中提取 increase 一词相应的语音，并按照发音规则给出正确发音，甚至牵涉在具体使用中对该语音的提取。显然，产出性知识涉及的心理机制与接受性知识相比需要更高的激活水平（Paradis，2007）。

虽然这一区别看似简单，但实际上二者的区分难度很大。比如，Milton（2009）就曾指出，掌握了高级的被动技能（passive skill）的人在进行阅读或听力理解时能够主动预测即将出现的词。Read（2000）认为仅把词汇知识分为接受性和产出性两大类过于笼统，词汇知识实际上涉及从识认、回忆、理解到运用这一连续体。

Nation（2001）进一步把词汇知识整合为词形、词义和用法三大部分（见表 1）。这一框架实质上是对词的音、形、义、用的重新整合，以提问的方式审视二语学习者在各个维度上掌握的程度。Meara（1996a）曾指出，Nation 的词汇知识框架只能看作一个理想的本族语者的词汇知识清单。而事实上，即使本族语者也无法完全掌握每个词在所有维度上的所有知识。此外，这一框架没有给出每个维度的理想状态与分级。而且，词义中的联想旨在揭示词与词在语义上的联结关系，但是这一部分无论在接受性维度还是在产出性维度上都没有给出细化的描述。在具体词汇测量与教学中，如何界定词与词之间的联想关系就是一个必须解决的问题，否则将无法具体操作。

表1　Nation（2001）的二语词汇知识框架

<table>
<tr><td rowspan="6">词形</td><td rowspan="2">口头形式</td><td>接受性</td><td>目标词的语音是什么？</td></tr>
<tr><td>产出性</td><td>目标词如何发音？</td></tr>
<tr><td rowspan="2">书面形式</td><td>接受性</td><td>目标词的词形是什么？</td></tr>
<tr><td>产出性</td><td>目标词如何拼写？</td></tr>
<tr><td rowspan="2">构成部分</td><td>接受性</td><td>目标词中可辨认出的部分是什么？</td></tr>
<tr><td>产出性</td><td>为了表达目标词词义需要哪些部分？</td></tr>
<tr><td rowspan="6">词义</td><td rowspan="2">形式和意义</td><td>接受性</td><td>目标词的形式所指何意？</td></tr>
<tr><td>产出性</td><td>为表达目标词词义需使用什么词形？</td></tr>
<tr><td rowspan="2">概念和指称</td><td>接受性</td><td>目标词的概念中包括什么？</td></tr>
<tr><td>产出性</td><td>目标词的概念可以指称什么？</td></tr>
<tr><td rowspan="2">联想</td><td>接受性</td><td>目标词可以让我们想到其他哪些词？</td></tr>
<tr><td>产出性</td><td>还可以用其他哪些词来替换目标词？</td></tr>
<tr><td rowspan="6">用法</td><td rowspan="2">语法功能</td><td>接受性</td><td>目标词出现在哪些语法形式中？</td></tr>
<tr><td>产出性</td><td>我们在哪些语法条件下使用目标词？</td></tr>
<tr><td rowspan="2">搭配</td><td>接受性</td><td>目标词和哪些词、哪类词共现？</td></tr>
<tr><td>产出性</td><td>我们使用哪些词或哪类词与目标词搭配？</td></tr>
<tr><td rowspan="2">使用限制</td><td>接受性</td><td>目标词会在何时、何种语境中出现？出现的频率多大？</td></tr>
<tr><td>产出性</td><td>我们该在何时、何种语境中使用目标词？使用的频率多大？</td></tr>
</table>

马广惠（2007）在探讨了二语学习者应该和实际掌握的词汇量、应该具有的词汇知识等基础上，结合 Richard（1976）的模型，提出了一个包含元词汇知识和词汇知识两大部分的二语词汇知识理论框架（见图7）。元词汇知识是有关词的宏观知识，涉及词的概念、词义、词的规则和词的变体等方面的知识。其中，词的概念回答“什么是词？”的问题；词义知识涉及词义类型和词义关系；词的规则涉及词的音位规则、构词规则、句法规则和语用规则；变体知识涉及词性和词义因社会、文化和语境不同而出现的变异。词汇知识包括12个方面的知识：音位知识、拼写知识、形态知识、语义知识、母语知识、词频知识、搭配知识、句法知识、语体知识、语用知识、变体知

识、词汇策略知识。

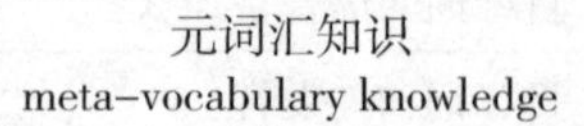

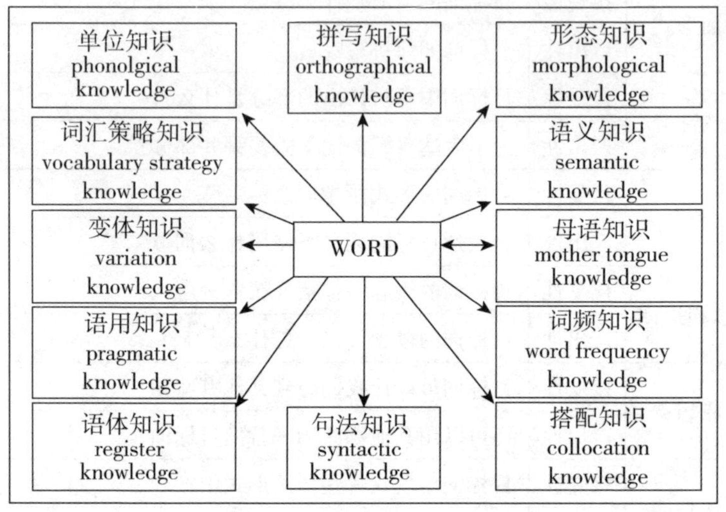

图 7　二语词汇知识理论框架（马广惠，2007）

该词汇知识框架的最大特点是引入元词汇知识概念。学习者可以运用元词汇知识计划、管理和监控二语词汇学习。元词汇知识既可以在自主学习过程中习得，也可以在课堂教学中学得（马广惠，2007）。实际上，元词汇知识可以理解为词的本体知识，即对各个维度的词汇知识的认知，是回答了"掌握一个词需要哪些方面"这一问题的图式。相较而言，Richard（1976）与 Nation（1990，2001）的词汇知识框架都只是描述了词汇知识的具体维度，而未强调将这些维度统整为图式。掌握词汇知识图式的意义在于，二语学习者学习一个词时，可以从对词的基本认识出发，调取词汇知识图式，判断特定词的相关信息属于哪些词汇知识维度，并分门别类地存储，以方便提取。就词汇知识而言，该框架中新增了先前研究者未提及的母语知识。认为初、中级二语学习者需要借用母语知识作为二语的中介，翻译是二语学习的重要辅助手段，因此母语知识也是二语词汇知识的有机构成部分。但是，该框架并未就母语知识具体展开论述，既未提及母语对二语的作用机制，也未具体阐明母语的哪方面知识有助于二语词汇学习。该框架的词汇知识中还包含了变体知识这一维度，即知晓一个词因语境、社会、地区、民族不同而在发音、拼写、意义、语用上发生的变异。可以说，这一框架较为全面地概括了二语词汇的音、形、义、用等方面，是目前词汇知识维度划分最多的框架。但它的不足是，对各个维度的解释有欠详尽，虽然可以为二语词汇研究与教学提供启发，但是操作性不强。

以上探讨的二语词汇框架共同特点是试图把语言使用者有关词汇使用方面的知识维度一一描述出来，从而得出一个全面、理想的模型。但是在实践中，为达到这个目的就需要完整、详尽的语义模型、句法模型和联想模型，实现难度较大（Meara，1996a）。而且，此类以单个词为中心、在词的内部进行统合描述的框架是偏于静态的，无法说明词汇知识的习得过程。词汇的习得发生在具体的社会文化环境下，目的是行使特定的思维与交流功能。词汇习得依靠的是词与词之间的观照与动态化的相互作用。理解并实现二语词汇习得，就需要理解和解释词与词之间的动态关系。因此，二语词汇习得要关注词语的使用，即词汇能力；另一方面，看待词汇习得需要把词汇能力的发展放在整个心理词库网络中进行系统考量。

以 Meara 为代表的学者尝试以词库为中心构建词汇能力的概念框架。Meara（1996a，1996b）认为词汇能力应该包括词汇量、心理词库组织模式（心理词库中词与词的联结量）、存取速度（词汇存取的自动化程度）等三个维度。词汇量一般指词汇宽度，即学习者所知道的词语数量。所谓“知道”，是指掌握词语的基本义项。这里的“组织”是指对于词汇这一整体的组织，而不仅仅是词的内部组织。二语学习者的二语词汇联结量要少于母语者。在词汇量相同的情况下，心理词库组织度高的二语学习者词汇能力强。存取速度是指接受性词汇和产出性词汇的存储与提取速度。

Qian（2002）在整合先前词汇知识框架（Chapelle，1998；Qian，1998；1999；Henriksen，1999；Nation，2001）的基础上，提出了词汇能力框架：1. 词汇量，指学习者至少知晓基本语意的词汇数量；2. 词汇知识深度（包含语音、词形、语素、句法、语义、搭配、措辞、词频、语域等所有词汇特征）；3. 词汇组织度（词汇在学习者心理词库中的存储、联结、表征）；4. 接受性—产出性知识自动化（指为接受性和产出性使用提取词汇知识所涉及的所有基本过程，包括对语音、拼写的编码、解码，从心理词库提取结构与语义内容，词汇—语义整合与表征，语素切分与组合）。该框架中的四个维度不仅有内在联系，而且在二语词汇的使用与发展中相互作用。这一框架不仅包含词汇宽度，而且包含词汇深度。如果说词汇量回答的是学习者“认识”多少个词，那么词汇深度回答的就是多大程度上了解一个词。当词汇量增长到一定程度时，词汇量本身的重要性就下降，而词汇的知识深度就愈发重要（Read，1993；Wesche & Paribakht，1996）。该框架中的深度词汇知识基本包含了前面4个框架中的词汇知识维度，体现了词汇知识的多维性。更为重要的是，该模型强调词汇知识不仅是各个单一维度的累加，而且是不同维度之间的交错、联结。每个维度的知识量加上维度间形成的网络直接决定了词汇的接受性与产出性使用。可以说，这一框架优于前面几种框架，因为它呈现了词的数量、词的内涵、词与词的联结与提取之间的系统性关系。

从整体上看，二语词汇是一个由不同层面（或词汇类型）、不同水平、不同宽度和深度构成的有机系统，而二语词汇知识则是其中一个由不同层面组成的“框架”，其发展过程一般经历了从认知（即接受性能力）到运用（即产生性能力）的缓慢的发展过程；二语词汇知识的不同层面之间不是相互分离、独立发展的，而是相互联系、共同发展，尽管相互之间在发展速度、发展水平等方面可能存在差异；二语词汇知识与二语水平、二语词汇量之间是相互联系的，因此不同二语水平和词汇量的学习者在二语词汇知识、习得深度方面可能存在差异（刘绍龙，2001）。

2.2.4 二语词汇习得过程

鉴于一语参与了二语心理词库的发展，有必要了解一语心理词库的发展规律。一语儿童和成人的词汇联想模式研究证实，一语语言习得和发展经历了从语音到语义、从横组合到纵聚合的阶段。横组合关系（syntagmatic relation）是指词和词的句法联系，即“谁跟着谁”的搭配性知识，而纵聚合关系（paradigmatic relation）是指语义上的层级关系，包括上下位、同级、部分-整体等关系，处理的是“谁替代谁”的问题（Entwisle，1966）。儿童的概念系统尚未成型，因此语义层级关系储备并不充分，导致其纵聚合知识水平相对不高。在语言学习的最初阶段，儿童首先要将从环境刺激中获得的意义与语音形成联系，进行对语音—意义匹配的模仿和产出活动，这是构成儿童词汇联想早期最显著的语音反应的基础。随着年龄的增长、大量情景化语言的输入、语言交流的增加以及概念系统的扩展与优化，儿童开始创造性地对语言进行合成（张萍，2009）。

不同于一语词汇习得，二语词汇习得往往发生于学习者已经在大脑里贮存了一套完整的母语概念系统之后。因此，二语习得的一大难点是学习者很难绕过母语的概念和语义而去学习二语（马拯，2015）。词汇是人类用来传递语义和概念的重要载体。有些语义已跨越语言、文化疆域成为共享概念；有些则是单一语言或文化的特有表达。共享概念某种程度上是一个连续体，可以从仅共享核心概念元素到共享核心概念元素和边缘性元素。概念表征为词汇语义特征，其义项也因不同语境触发表现出不同程度的确定性（Cruse，2009，转引自张萍，2016）。

二语心理词库的发展研究是二语词汇习得过程研究的主要途径，研究者从不同角度探讨了一语概念和语义对二语心理词库的影响。

2.2.4.1 一语概念对二语心理词库的影响

Levelt（1989）提出了成年本族语者的词汇信息在其心理词库的表征模型（如图8），模型分为词位与词目两部分。词位包含词的形态、语音与拼写信息，是词的形式；词目包含语义与句法信息，是词的内容。一个词背后还有它对应的以一语形式表征的概念系统。这是一个词在心理词库中的完整状态。成年学习者学习二语词汇时，首先在大脑中为一个词建立词条。拼写与语音是二语词汇与一语词汇在直观形式上的基本区别，因此最先被写入词条（见图9）。因为二语词库系统尚未建立，与该词相应的语义与句法信息需要通过借用一语表达。因此，一语中相应的语义与句法信息被写入该词条（见图10），实现了学习者对该词“形式—意义”匹配的最基本需求。当该词需要调用概念时，就必须借由一语对应的词（见图11）。但是，该词的曲折变化、衍生等形态信息在交际中处于相对次要地位，且在一语词汇中并无对等信息，因此难以写入该词条。在这一初级阶段，二语学习者的用词就会表现出中介语特征，即语音与拼写代表了二语词，而该词的语义与句法实际上却照搬一语，在词的形态选择方面也频繁出错。随着有关该词的语境、句法信息的不断获取，学习者可能优化该词条，逐步用该词在二语中的实际语义、句法替换掉占位其中的一语语义、句法，并将该词的形态特征与语义、句法特征正确匹配，接近本族语者对词语的表征水平。

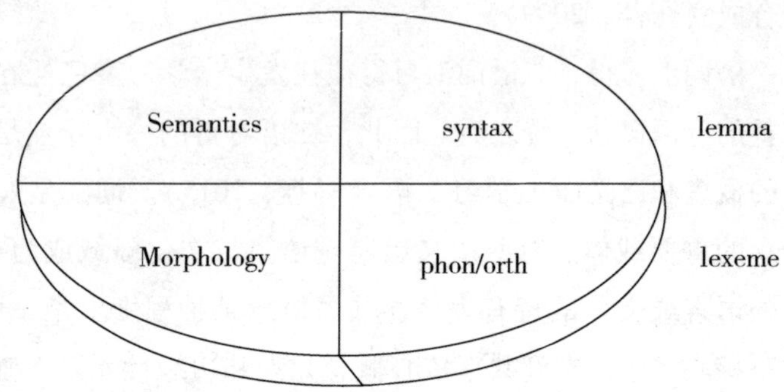

图 8　词汇信息表征模型（Levelt，1989）

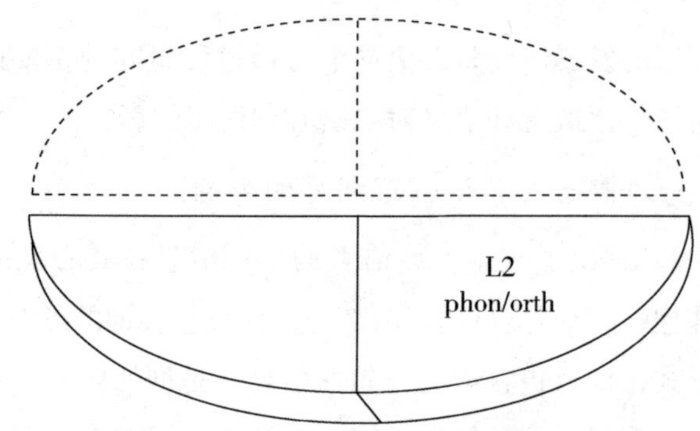

图 9　二语词的语音、词形在心理词条中的表征（Levelt，1989）

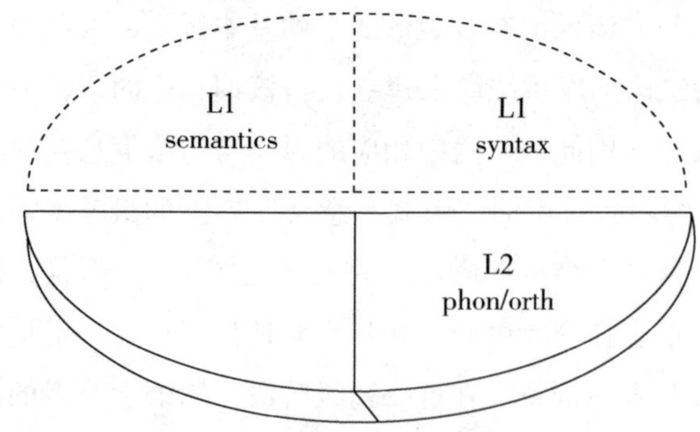

图 10　一语翻译对等词的语义、句法在二语词条中的表征（Levelt，1989）

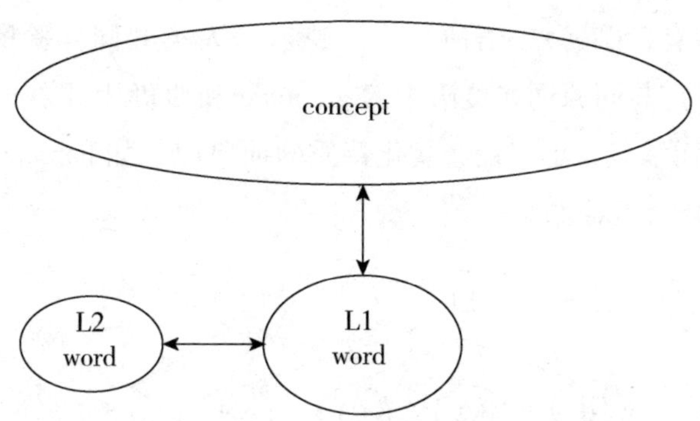

图 11 二语词经由一语翻译对等词提取概念的示意图（Levelt，1989）

但是，这一模型没有考虑到一语与二语表征概念上存在的不同。语言习得过程也是概念获取的过程，因此语言是概念系统的基本表达工具。一方面，处在不同地理区域的人类对于具体事物的看法有很多相同之处，不同语言对事物的描述有相通的概念；另一方面，因为社会文化观念不同，不同的种族对世界各有其独特的看法，形成特有的概念，也通过特定语言进行独特表达。因此，词语习得不仅要考虑词位与词目层面，更要关注词语对应的概念层面。仅以社会文化色彩较少的实意名词 dog 为例。如果指称一种经过漫长的驯化而与人类形成了朋友关系的哺乳类动物，英语中的 dog 与汉语中的"狗"形成了对等关系。但是，在中国文化中"狗"有"低下""谄媚""趋炎附势"之意；而在西方文化中，dog 虽也有"卑鄙"之意，但还可表达"顽强""倔强"的含义。事实上，词的指称在不同语言中是无法完全做到一一对应的，其相应的概念系统可能重叠，但也一定有分离。对于母语是汉语的英语学习者而言，理解 dog 一词已经不能单纯从语义角度去把握，而是需要通过对语境、语境背后的文化因素的体悟而习得。这就牵涉概念系统的共享与分离。

为考虑词语背后的概念系统与一语、二语词汇习得之间的关系，de Groot 等（de Groot，1992；de Groot，*et al.*，1994）通过一系列实证研究分析了具体/抽象词翻译识别任务，并根据实验结果提出了分布模型（the distributed model）（见图 12）。L1 与 L2 分别代表一语和二语中的具体词语，C1 至 C5 代表所有的概念。其中，C2 至 C4 是一语和二语词语所共享的概念部分。而

C1 为一语所独有，C2 为二语所独有。映射了人类共同体验的具体词（如 desk，sky，cat）与同源词如英语中的 gratitude 和西班牙语中的 *gratitud* 共享的概念较多，而承载了更多社会文化特质的抽象词（如 happiness、life、religion）共享的概念相对要少。

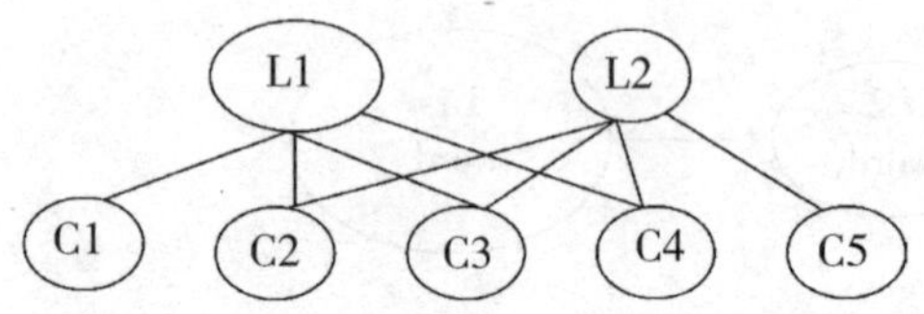

图 12　分布模型（de Groot，1995）

Dong 等人（2005）在以往有关概念与一语、二语关联研究的基础上，通过中英翻译等值词实验提出了不对称共享分布模型（The shared（distributed）asymmetrical model）（见图 13）。其中，L1 – L1 elements 的连线、L2 – L2 elements 的连线为实线；L1 – L2 elements 的连线、L2 – L1 elements 的连线、L2 – Common elements 的连线为虚线。L1 – Common elements 的连接实线、L2 – Common elements 的连接虚线加粗。虚实、粗细都代表了联结的强弱程度。该模型表明，一语词语与共享概念元素（core elements）的联结度要强于二语词与共享概念元素的联结度。在二语习得初期，一语特有的概念元素与共享概念元素均与二语词相联结。随着二语水平提高，二语与一语特有概念的联系减弱，而二语词语与二语特有概念要素的联结增强。研究还发现，一语词与二语特有概念要素的联结也增强，但其联结强度不可能达到二语词语与二语概念元素的联结水平。依据此模型，一语词语对应的总的概念元素可拆分为一语特有概念元素和与二语词语共享的概念元素之和。二语词汇习得需要借由一语对应词汇完全配置一语概念要素。随着二语习得水平提高，二语词对应的概念系统发展成熟，一语概念元素中与二语不相一致的部分将逐渐剥离；同时，二语词独有的概念元素并入。但是，二语词汇习得所形成的二语概念系统发展水平达不到一语的相应水平。

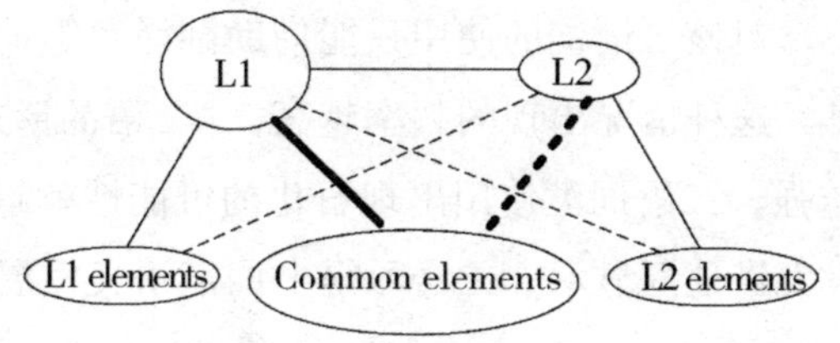

图 13　不对称共享分布模型（Dong et al，2005）

2.2.4.2　一语语义对二语心理词库的影响

Jiang（2002，2004）研究了二语使用者的同译效应。他通过研究二语学习者对两套二语词对（一套中的词对在母语中经常被译成相同意思；另一套词对在母语中意思不相同）的反应时差异发现，同译词对的反应时短，并得出结论：一语语义参与了二语词汇加工。他提出并验证了语义迁移模型（The semantic transfer hypothesis）：

1. 词语联想阶段：二语词库中建立一个词条，包含词语的具体形式信息，并有一个指针将该词与一语翻译相连。二语词的使用依靠并借助其在一语中的对等翻译词，对等翻译词作为一语词有其完整的语义、句法、形态和形式信息。一语词目为二语词的使用提供了句法、语义等关键信息，这些信息在二语词被激活时也同步激活。随着同步激活的频率提高，一语词目信息就迁移到了二语词条中。

2. 一语词目中介阶段：随着迁移进来的一语词目信息与二语词及相应概念的链接增强，一语翻译现象减弱。随着情景化的输入增加，二语词条中增加了二语独有的意义，因此二语词目中包含一语和二语相关信息。

3. 完全融合阶段：二语特有的信息占据二语词条，二语词与其在二语中的概念联结得到强化；形态知识并入，二语词与其一语对应翻译词的联系减弱。

Jiang 的模型不仅描绘了二语词汇的构成元素和发展过程，更重要的是它细致解释了母语在二语词汇习得中无法逃避的参与作用（张萍，2009）。在二语词汇学习的最初阶段，二语词的拼写与发音最先被掌握，此时必须配给一个一语的语义及相关概念，并利用其对应的句法实现该二语词的使用。因此，一语发挥了重要的中介作用。而在缺乏与二语语境紧密相连的句法、语义等知识的情况下，对该二语词的使用只能借助翻译对等词的语义及其相应的句法、语义信息。这种情况出现的频率越高，“二语的形式 + 一语的语义/句法”的联结就越强，二语词汇使用出现石化的可能性就越大，并停留在一语词目中介阶段。大量证据显示，二语习得中词汇语义发展过程漫长且极易失败（Jiang，2004）。例如，Schmitt（1998）通过研究发现，在一所英国大学攻读研究生学位者如果一开始就不知晓某个词语的词义，那么一年后他们不了解该词义的可能性高达72%。即使儿童阶段学习二语词汇，语义进展水平也低于同龄一语儿童（Verhallen & Schoonen，1993）。Jiang（2004）认为，为使二语学习者的二语心理词库独立于其一语心理词库，完成词汇在形态、句法、语义、概念上的联系，教师应当采用明示教学法（explicit teaching），为学习者讲解二语词与其翻译对等词的区别，同时辅以大量针对目标词的情景化输入，促使学习者在实际交流使用中达到这一阶段。

张萍（2016）使用在线无语境判断和离线语境化辨词两个任务考察中国英语专业高年级学生心理词汇加工中 L1 = L2 同译语义效应在词类和语境下的差异，发现：1）二语学习者在判断母语 - 二语语义同译 - 异译词对的反应时上有显著差异，这一点印证了 Jiang（2002，2004）的结论，即二语词借用了一语对等翻译词的语义；2）不同词类在同译 - 异译组上的反应时有差异，但同译效应未因词类不同而消减；3）在提供了完整句子的语境下，被试仍难以选择正确的二语同译词对，说明句子语境弥补不了学习者心理词库中同译词对各自独有的语义概念缺失，表明二语词形——语语义的联结强度足以使学习者忽视语境，即二语词使用发生了石化；4）语料库数据和词汇联想结果支持语义共享的同译效应。这一研究进一步表明一语对二语的支持与干预作用。在教学中应明确帮助学习者辨析一语对等翻译词的语义、句法及概念与二语语义及概念的差异，并使学习者通过可理解性输出实现二语词汇的语音、拼写、词义、句法、概念等知识的完整配备。

张萍（2010）使用词汇联想测试对比了中国英语学习者的母语（即汉语）、二语（即英语）和英语本族语者的心理词库联想反应，结果发现，成年受试者（中国某高校大一、大三英语专业学生和美国某高校大学生）母语心理词库的联想方式都遵循以义相聚的联结原则，且横组合、纵聚合语义网络发展均衡；相较而言，二语学习者的心理词库是一个语义—非语义（包括目标词的同/近音词、近形词、派生词、生造词等）混合的联想模式。随着语言水平的提高，二语词汇联想呈现非语义反应向语义反应迁移的趋势，横组合/纵聚合反应都在随语言水平的提高而增加，纵聚合知识增长的幅度远高于横组合知识增长的速度，呈现出不共时、非均衡的发展态势。出现非语义反应的原因包括一语语义占据二语词条，致使二语词条与一语概念相连接，概念知识难以进入二语心理词库（Jiang，2000）；英语教学中以派生词、同音词、同形词进行非语义类归类，致使英语心理词库的搭建混杂了非语义联结。研究还发现，二语学习者的纵聚合知识相对丰富，且随着语言水平的提高发展较快；而横组合知识就不够丰富且发展缓慢。这很大程度上是因为缺少情景化的可理解性输入与输出。此外，教学中缺少让学习者利用纵聚合知识扩展横组合知识的训练，学习者没有在已有横组合知识基础上进一步扩展横组合知识的意识。事实上，目标词的横组合知识有各自的纵聚合知识。即横组合知识对应的词可以为其纵聚合中的词所替代，从而使目标词的横组合知识得以拓展。例如，学习者如果了解 intense 可接名词 feeling，那么由 feeling 一词联想至其下位概念，即具体表达“情感、感觉”的词，如 joy/sadness/depression/disappointment（由 disappointment 可联想到表达“使……具有某种感情”的一类词，如 interest、surprise、excitement...），从而使学习者推导出 intense 的更多搭配，丰富其语义知识，在其心理词库中以 intense feeling 的基本语义链条搭建出与表达具体情感、感觉的词之间的联结，增加相互激活的几率，使 intense 一词有机会在更多情境中得到使用。

2.3 小 结

本章第一节回顾了基于移动端的英语词汇学习相关研究。移动学习是近 20 年兴起的新型学习方式。它高度依赖移动技术、内容设计与学习成本。具体到英语词汇移动学习领域上的研究数量不多。就对以上研究回顾的情况看，现有研究的理据包括建构主义学习理论、多模态学习认知理论、工作记忆理论、双编码理论、艾宾浩斯记忆曲线，这些理论或规律对各学科领域都具备普适性。但是，具体到词汇学习，现有研究很少能够着眼于词汇的习得过程与方法。而既然研究英语词汇移动学习，我们的落脚点就应当为英语词汇的有效学习。因此，词汇习得应是此类研究的核心问题之一，即二语词汇习得究竟是怎样的过程？二语词汇习得的目标是什么？现有的研究往往回避了这一问题，或对词汇学习有不正确的认识，如有研究认为，英语词汇组织较为松散，因此可以碎片化学习（孙璐璐，2016；郑维勇，2014；陈莉斯，王耀晖，2012）。事实上，目前的研究基本上将英语词汇学习聚焦在词汇宽度上，缺少对词汇深度的探讨，遑论探讨移动学习如何促进英语词汇的组织、进而对英语词汇进行深度学习。

词汇是音、形、义、用的综合体，且与概念系统有着千丝万缕的联系，词语间通过各种关系在人脑中形成了纵横交错的心理词库网络。二语学习过程实际上是搭建二语心理词库网络的过程，有了组织度高的词汇网络，才能有效实现语言的理解与产出。忽视了词汇知识与联结度对二语词汇习得的影响，移动词汇学习的结果就只能是碎片化学习的产物，虽然迎合了碎片化时代下学习者追求短、平、快的学习需求，却无法全面提高他们的词汇能力，尤其是复杂语境下的词汇理解能力与灵活产出能力。因此，英语词汇移动学习研究需要建立在对词汇习得规律较为全面的理解之上。

为此，本章第二节回顾了二语词汇习得相关研究，在阐述词的定义与基本要素的基础上，探讨了词的表征与提取，论述了心理词库的结构与搭建方式，并在此基础上回顾了各种二语词汇知识框架，最后回顾了有关二语词汇习得过程的相关研究。二语词汇习得是一个循序渐进的过程。决定词汇能力发展的不仅仅是词汇知识宽度，还包括词汇知识深度、心理词库的组织度、接受性—产出性知识的提取水平以及语义自主性等因素。因此，若以提高英语词汇能力为目的，基于移动端的英语词汇学习就不能片面关注于利用碎片化时间进行碎片化学习，而要在词汇知识深度、学习材料的可理解性与组织度、学习者心理投入度、可理解性产出等方面促进学习者英语词汇能力的提高。这些是碎片化学习本身所无法实现的。我们必须着眼于词汇的深度学习。

第三章　英语词汇深度学习的内涵

3.0　引　言

前一章回顾了目前英语词汇移动学习以及二语词汇习得领域的研究进展。从中不难看出，英语词汇移动学习目前仅关注碎片化时间管理以及词汇量增长，忽视了二语词汇习得领域所强调的词汇知识深度、组织度、语义自主等其他与二语词汇能力相关的维度，且没有将词汇学习聚焦于二语心理词库的搭建与优化。词汇学习的最终目的是获得词汇能力。而学习本身牵涉到学习者、学习环境、学习对象、评估方法、互动方式等诸多因素。单纯通过利用碎片化时间的方式学习不能确保词汇知识的内化与运用。事实上，中国的英语学习者在词汇能力发展方面一直存在词汇知识深度发展落后于词汇知识宽度发展、英语心理词库中的横组合知识相较英语本族语使用者发展极为缓慢的问题（刘绍龙，2001；于翠红，2012；张萍，2009，2010，2016）。这一方面说明学习者的词汇知识深度不够，另一方面说明词汇知识的结构化、系统化程度偏低。如果保持既有的教学与学习方式，此类限制英语词汇能力培养的因素将长期存在。这些问题的共性在于学习者未能有效地建构词汇知识、搭建并优化英语心理词库网络。这实际上也是学习者忽视词汇学习深度的结果。为此，我们需要探索深化英语词汇学习的途径，而前提是理解英语词汇深度学习的内涵，即深度学习如何界定？英语词汇深度学习的目的是什么？怎样理解英语词汇深度学习的心理过程？

本章首先从学习科学的视角探讨深度学习的概念界定与内涵，为在英语词汇知识这一专门知识领域开展深度学习研究提供心理学理论基础。随后探讨英语词汇深度学习的目的，即提高学习者英语词汇能力，阐明英语词汇能力的维度及维度间的关系，将英语词汇深度学习目标系统化。最后，探讨英语词汇深度学习的心理过程，即学习者通过深度学习搭建、优化其英语心理词库，以获得对英语词汇深度学习内涵的理解，为基于移动端的英语词汇深度学习研究提供理论基础。

3.1 深度学习概念的缘起与发展

在学习科学领域，深度学习（deep learning）的概念最早由美国学者 Ference Marton 和 Roger Saljo 提出。他们在一项针对瑞典大学生所做的阅读理解研究中发现，受试在阅读学习过程中采取了两种不同的策略。一种策略是理解文本中的概念及概念间的联系以及文章脉络，挖掘文本内涵；另一种策略是识认、记忆文中的事实，以求简单回应基于阅读的测验。他们把第一种学习策略所设计的学习过程称为深度学习，而另一种称为浅层学习（surface learning）。他们认为，针对同一现象，学习者的加工方式不同，导致了他们的学习结果差异（Marton & Säljö，1976）。

此后，深度学习这一概念引发了其他研究者的关注，并在各自的研究中对其内涵进行了深化。一种方法是基于布鲁姆的认知目标框架将深度学习与其相对概念进行对照。如段金菊（2013）认为，深度学习对应的学习目标是分析、评价与创新，体现了高阶思维能力，需要情感、行为的高度投入，通过复杂问题解决而使学习者获得认知深度与广度的提升以及认知结构的改变。而浅层学习指向的是认知中的识记、理解与应用，情感与行为投入低，知识间没有产生联结（见表2）。张浩等（2014）认为深度学习指向了应用、分析、评价、创造四个认知维度，而浅层学习指向的是识记与理解这两个认知维度。但是，单纯以布鲁姆的认知分类框架与深度学习和浅层学习进行比照、对接无法全面展现两种学习模式的维度。因为，即使是理解（comprehension）这一认知层次也包含了辨别（distinguish）、概括（summarize）、关联（interrelate）、阐释（interpret）、扩展（extend）这些需要高情感与行为投入、对知识进行深加工的认知活动。这些思维活动不应属于浅层学习的范畴。换言之，虽然布鲁姆的认知分类有一定的等级性，但是各种认知之间互有重叠，呈现螺旋式递升的发展轨迹，不宜粗略地作为区分深度、浅层学习的维度。

表 2 深度学习和浅层学习特征比较（段金菊，2013）

学习分类	目标层次	思维能力	学习行为	认知结果
深度学习	创造	高水平思维能力（反思、元认知）	高情感投入	认知深度与广度的提升，且进行了概念转变
	评价		高行为投入	
	分析		复杂活动	
浅层学习	应用	低水平思维能力	低情感投入	概念间没有建立意义联系
	理解		低行为投入	
	识记		简单活动	

张浩等（2012）从记忆方式、知识体系、关注焦点、投入程度、反思状态、迁移能力、思维层次、学习动机等层面对深度学习与浅层学习进行了比较（见表3）。祝智庭（2017）也从相类似的维度对二者进行了比较（见表4）。这些比较反映出两种学习模式在知识的建构、存储、提取、动机类型、迁移、情感状态等方面的差异，而这些差异可进一步概括为学习主动性、思维深度以及知识加工深度上的区别。

表 3 深度学习与浅层学习的比较（张浩等，2012）

	深度学习	浅层学习
记忆方式	理解基础上的记忆	机械记忆
知识体系	在新知识和原有知识之间建立联系，掌握复杂概念、深层知识等非结构化知识	零散的、孤立的、当下所学的知识，且都是概念、原理等结构化的浅层知识
关注焦点	关注解决问题所学的核心论点和概念	关注解决问题所学的共识和外在线索
投入程度	主动学习	被动学习

续表

	深度学习	浅层学习
反思状态	逐步加深理解，批判性思维，自我反思	学习过程中缺少反思
迁移能力	能把所学知识迁移应用到实践中	不能灵活运用所学知识
思维层次	高阶思维	低阶思维
学习动机	学习是因为自身需求	学习是因为外在压力

表4　深度学习与浅表学习比较（祝智庭，2017）

深度学习	浅表学习
高阶能力	低阶认知
主动意义学习	偏于被动机械学习
学科内、跨学科、真实的复杂问题	多关注学科内、脱离实际的简化问题
建立新旧知识、概念、能力的关联	常规地记忆事实性、程序性知识
寻找学习模式与潜在原理	按部就班学习、不求甚解
重在理解、旨在迁移（应用）	重在识记、旨在“通关”（复制、复现）
导致积极的情绪和态度（兴趣、动力）	导致消极的情绪和态度（厌倦、压力、担心）

国内最早对深度学习进行研究的学者何玲、黎加厚认为，“深度学习是指在理解的基础上，学习者能够批判性地学习新的思想和事实，并将它们融入原有的认知结构中，能够在众多思想间进行联系，并能够将已有的知识迁移到新的情境中，做出决策和解决问题的学习”（何玲，黎加厚，2005）。这一定义认为，深度学习的认知基础是理解，学习过程涉及在新知识与原有知识间建构联系，学习的目的是批判式吸纳新知识、优化既有知识结构，进而使知识得以转化，实现技能的有效迁移与问题的解决。

Laird 等人（2006）认为，深度学习可以划分为三个相互关联的模块：1. 高阶学习（higher order learning），涉及分析、综合、组织、评价、应用等高阶思维技能；2. 整合性学习（integrative learning），涉及多元视角、学科内部及跨学科知识整合、技能多情境迁移；3. 反思性学习（reflective learning)，涉及察觉自己对某些话题或问题的认知局限、换位思考、挑战既有思维、进行开放式讨论、将学习成果应用于真实生活、乐于通过高强度的思维活动完成任务（Laird *et al*，2006）。这一界定增加了元认知维度。事实上，深度学习所要求的高阶思维能力中应当包含目标设定、规划、学习过程监测、评价、自我激励、反思等元认知技能。此外，它提出学习的目的是面向真实生活。

在对前人研究的总结与评判基础上，张浩等人（2014）对深度学习作了如下定义："深度学习是学习者根据自己的学习兴趣和需求，在理解的基础上主动地、批判性地学习新思想和知识，运用多样化的学习策略来深度加工知识信息，建立多学科知识、多渠道信息、新旧知识信息等之间的联系，建构个人知识体系并有效迁移、应用到真实情景中来解决复杂问题的学习（张浩等，2014）。"

以往相关研究围绕深度学习这一概念不断建构，丰富了其内涵。事实上，研究者们对于深度学习的探究就是运用各种学习理论探讨学习有效性的过程。综上所述，本研究对深度学习所下的工作定义为：深度学习是指学习者主动探究新知识，动用包括元认知在内的高阶思维实现知识建构的过程。

3.2 深度学习的维度

根据本研究对深度学习的定义，深度学习过程涉及学习者的主动学习、知识建构与高阶思维三个主要维度。

3.2.1 主动学习

主动学习是指学习者带有目的性地、自发地学习。主动性是深度学习的驱动力。一方面，主动探究具有目的性，反映了个体的内在需求。以皮亚杰为代表的认知建构主义认为，个体有主动认知外部环境的需要，这是人适应外部环境而求得生存的本能。为此，个体利用既有认知结构理解环境（同化过程）或在既有认知结构不足以产生理解的情况下修整或拓展认知结构以达成理解（顺应过程）（Cohen & Younghee，1999；Piaget & Inhelder，1969；

Piaget，1962）。人本主义认为，个体在与自然与社会环境交互的过程中，会主动寻求生理、安全等基本需求与归属感、自尊心等社会性需求的满足，获得自我实现（Maslow，1987）。另一方面，主动性也受到社会期待、目标任务等外部环境的制约，是外部环境与个体相互作用的结果。

本质上，个体学习的主动性牵涉动机这一复杂构念。学习动机是激发、引导、维持学习行为的心理过程（Fetsco & McClure，2005）。这一构念揭示，动机决定了学习行为的方向、投入度与持久度，是一个动态、复杂的心理过程。陈琦等人（2011）提出了学习动机综合模型（见图14）。这一模型呈现了影响学习动机的各种因素。个体需要虽然是内驱力，但是也受到信念、情绪状态等其他心理因素的制约。而自我效能感、能力观、归因倾向等信念因素与情绪因素是个体与学习任务、评定与反馈、社会支持等外部因素不断交互中塑造出来、且动态变化的。因此，学习主动性是多种因素相互作用而涌现的结果。只着眼于任一单个条件的满足并不能引导、激发、维持学习者的主动性。

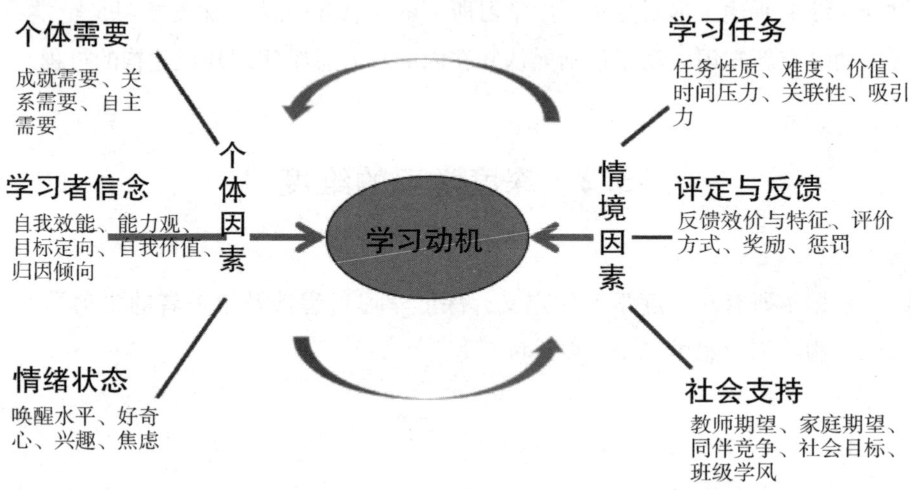

图14　学习动机综合模型（陈琦，刘儒德，2011）

3.2.2　知识建构

建构主义认为，学习就是知识建构的过程。知识不是直接灌输到学习者大脑中的。将新知识纳入学习者知识体系的前提是在既有知识体系中发现新知识生长的土壤。学习是新知识与学习者先前知识结构双向、反复相互作用的结果。

3.2.2.1　知识建构的主要视角

知识建构主要有认知与社会两种视角。认知建构主义倾向于从认知机制角度认识知识建构过程。认知建构主义的代表人物皮亚杰提出了组织与适应概念，以说明个体在处理周围事物及内在想法时如何综合运用身体与心智的各种功能同化或顺应新知识以完成学习（王峥，2014）。社会建构主义的代表人物是维果茨基。他通过系统观察发现，儿童的思维发展建立在与水平更高的人对话的基础之上，学习的发生取决于是否提供了支架式的指导（Vygotsky 1962，1978）。社会建构主义强调：社会文化机制是知识建构的基础。学习是一个文化参与的过程。学习者通过借助一定的文化支持参与某个学习共同体的实践活动，在交互中获得认知工具以内化有关知识，掌握有关工具（张建伟，孙燕青，2005）。社会建构主义学习观注重情境性学习，认为真正的学习应在真实的社会文化环境中进行，因此应向学生提供真实任务。社会建构主义也主张在课堂教学中了解学生现有认识水平与经过努力可达到水平之间的距离（即最近发展区），以提供给学生恰当的帮助（即支架），并最终使学生脱离支架自主完成学习任务（陈琦，刘儒德，2007）。

3.2.2.2　知识建构的心理机制

我们可以借助信息加工模型来更好地说明知识建构的过程。信息加工学习理论利用心理模型来回答知识的本质、知识的获取与改进、知识影响心理与身体表现的方式等问题。该理论认为，学习是将环境中的信息转化为知识储存在头脑的过程（Festco & McClure，2005）。该理论借用计算机的工作原理，把学习过程比作信息接收、处理、提取、输出的过程：外部信息首先进入个体的感觉登录器（sensory register），简单的声响、光亮等定向刺激（orienting stimulus）信息直接导致个体做出生理反应；持续关注的信息可以进入工作记忆中，如果该信息与长时记忆中的知识没有关联，可通过较为机械的复述（rehearse）存储入长时记忆中；如果该信息与长时记忆中的知识相关联，则个体提取出相关知识在工作记忆中对新关注的信息进行编码，编码成功的新知识将存储在长时记忆中。感觉登录器、工作记忆、长时记忆中的信息如果得不到持续的关注与加工就会被遗忘。

在信息加工模型的基础上，Wittrock 提出了生成性学习（generative learning）理论，从建构主义的视角论述了新旧知识双向建构的机制。该理论认为，外部信息作为一种能量形式如果与学习者先前知识形成了某种关联性，那么学习者就会对它产生关注与加工倾向，进而在相关先前知识与新入信息之间进行关系建构，并借助感觉经验、逻辑体系或外界反馈等评判手段对所获新知识进行检验，以决定对其内化、再检验或摒弃（Wittrock，1974，1990，1992，1999）。换言之，新知识出现后，学习者并非一味地将其照搬吸纳，而是需要采用原有知识框架或调整原有知识框架纳入新知识。当学习者判定新知识难度过大或没有价值时将放弃该知识。

针对知识建构的认知机制，皮亚杰提出了图式的概念。皮亚杰认为建构过程就是一种有图式参与的知识组织过程。图式（schema）是有组织的知识结构，是一种陈述性知识。当人对自己所了解的各个范畴的知识进行表征时，需要对某一范畴的某些典型特征加以编码，而忽略它的其他一些非典型特征（吴庆麟等，2000），这些典型特征汇聚在一起就形成了图式。

图式体现出的是围绕某一主题的层级结构，例如：表 5 是表达“使……产生……情绪”的英语动词的一个图式。该图式中包含了此类词的一些属性特征，包括句法与语义特征，并包含了此类属中的具体词。

表 5　有关“使……产生……情绪”的英语动词的一个图式

表达“使……产生……情绪”的英语动词
词性为动词
词义为“使……产生（某种情绪）”
其 ing 形式可用作形容词，表达“令人感受到（该情绪）的”
其 ed 形式可用作形容词，表达“感受到（该情绪）的”
其 ed 形式所搭配的介词为 at
其名词形式表达该情绪
符合此类属的词包括：amaze；bore；dazzle；disappoint；excite；shock

图式的特征有:

1. 结构性。图式是对事物共性的提炼，是对其中知识点的梳理与概括。知识点围绕图式的主题形成辐射性或网状结构。当一个知识点被激活时，与其相连的其它知识点也可被激活。例如，当 amaze 一词被激活时，它的主题（即“表达‘使……产生……情绪’的英语动词”）以及和它相连的并列词 bore、dazzle 等都可被激活。当主题被激活后，这一图式中的其他特征都可被激活。因此 amaze 可被赋予图式中有关此类动词用法、含义的信息。当并列词被激活后，可由此激活与这些词相关的词汇知识、概念，产生激活扩散效应。

2. 变异性。图式的内容可以不断得到补充、删减与优化。既然图式表达了一类事物的共性特征，那么随着对事物认识的进一步加深，有些特征因为不足以覆盖所有事物而可能被重新提炼。例如，interest 一词也属于表达情绪的英语使动词，但是它的 ed 形式后接 in；satisfy 一词的 ed 形式后接 with。当这些动词被归类后，原图式中有关“其 ed 形式所搭配的介词为 at”的概括性就不足。此时，图式就应当被修正。如果学习者在学习中发现此类动词的名词形式要么是该词本身（如 surprise、interest、shock），要么是加上后缀（如 disappoint disappointment、depression、boredom），那么该图式还可再补入有关其名词形态的具体信息。如果进一步学习，学习者还可能发现此类名词不仅仅表达抽象的情绪，还可表达给人带来某种情绪的人或事（如 surprise 有“令人吃惊的人/事”之意），那么这一特征也可以补入。

3. 组合性。图式作为一种有主题的层级结构，其主题可以归入上一级主题，也可以扩展出下一级主题。同时，图式中任一特征也可与图式外的某些特征形成联系，从而使图式间可以镶嵌、联结。比如，“‘使……产生……情绪’的英语动词”这一主题可以并入“动词”等更宏大的图式，也可纳入主题为“积极情绪”（如包含 joy 等词及其句法特征）或“消极情绪”（包含 depress、bore 等词及其句法特征）等次一级图式。而就该主题下的具体特征也可与图式外的特征相连。如图式中“动词 + ed 形式后接 at、in、with 等介词”这一特征可与“后接 at、in、with 的形容词/动词”等特征相联结，从而将表达此特征的图式并入，进一步使词汇知识网络化。

3.2.3 高阶思维

所谓高阶思维，是指发生在较高认知水平层次上的心智活动或较高层次的认知能力（钟志贤，2004）。按照 Bloom（1956）及安德森（2009）发展、完善的布鲁姆教育分类来看，具有较高认知水平层次的能力包括元认知以及分析、评价与创造。鉴于布鲁姆认知分类框架（1956，2001）在高阶思维概念引介、论证方面的开创性与广泛被认可性，本研究采用 Bloom（1956）及安德森（2009）有关高阶思维技能的论述。

元认知是关于认知的认知。它涉及关于认知的陈述性知识与关于认知过程的控制、监控和调节的程序性知识两部分（Schraw，1998）。前者包括有关学习、思维和问题解决的一般性策略知识、有关任职任务的情境性与条件性知识以及有关学习者自我认知水平、认知偏好、性格等的知识（Flavell，1979）。后者是对认知过程的计划、监控、评价、激励、反思，一般被称为自我调控（self - regulation）（Boekaerts，Pintrich，and Zeidner，2000；Zimmerman & Schunk，1998）。进行自我调控式学习（self - regulated learning）的个体可以积极地自我组织、自我调控，发挥主观能动性（Bandura，1997，1999；Bandura，Barbaranelli，Caprara，& Pastorelli，2001）。首先，学习者的学习具有目的性（intent），可以对未来要采取的行动步骤进行表征。第二，学习者有自我反馈（self - reactiveness）的能力，可以自主设定学习标准、在学习过程中据此开展自我评估并为自己施予强化或惩罚类后果性刺激。第三，学习者有自我反思（self - reflectiveness）的能力，能够回顾学习过程、整理学习成果、吸取学习经验，以便开展新一轮的学习。自我调控（self - regulation）涉及自我观察、自我评判与后果性刺激的自我施予（Bandura，1971，1986），它实质上是一个自我规划、自我监控、自我强化与自我指导的元认知策略执行过程。学习者要能够为自己设立合理、具体、有时限的目标，以此作为学习行为的评判与自我强化标准，在学习过程中系统地观察、记录、评判、指导自己的学习行为，并给予相应的强化或惩罚，增加有效学习行为的复现可能性，降低无效学习或学习障碍复现的可能性。

布鲁姆教育目标分类学中将认知过程分为回忆（remember）、理解（understand）、应用（apply）、分析（analyze）、评价（evaluate）与创造（create)。其中，分析、评价与创造被认为是高阶思维技能。但是，高阶思维技能与其他技能之间不是割裂开来的。为更好地理解高阶思维技能，我们需要对所有认知类别进行简要的概念界定。

回忆是指在长时记忆中查找或提取与呈现材料相吻合的知识，这一认知技能主要针对的是事实性或概念性知识。就词汇学习来说，就是能够辨认或提取词汇基本知识。但是这一技能只负责在接受线索刺激后将记忆中相应的知识提取出来，过程中并不涉及新旧知识间的联系与意义建构。即使是惰性知识（如孤立的词义、发音、词形），也可以在相关信息激活后得到提取，而这并不能保证这些知识的理解与应用，更不能保证对知识的价值分析、真实性验证与灵活运用。

理解是从口头、书面和图像等交流形式的教学信息中建构意义。它包括：解释（interpreting），即将信息从一种表示形式（如数字）转变为另一种表示形式（如文字）；举例（exemplifying），即找到概念和原理的具体例子或例证；分类（classifying），即确定某物某事属于一个类别（如概念或类别）；总结（summarizing），即概括总主题或要点；推断（inferring），即从呈现的信息中推断出合乎逻辑的结论（例如，学习外语时从例子中推断语法规则）；比较（comparing），即发现两种观点、两个对象等之间的对应关系；说明（explaining），即建构一个系统的因果关系。理解是一个极其复杂的心理过程。就二语词汇来说，词的理解就涉及通过分析、判断、解读目标词的语境信息、句法信息、形态信息以提取词义，通过将目标词与其他词进行比较、联系以实现意义建构。

应用是在给定的情境中执行或使用程序，涉及在熟悉的情境中使用程序性知识程式化地完成任务，或在陌生的情境中通过有针对性的修改程序性知识而后将已掌握的知识与技能迁移到新的情境中。就词汇应用而言，就是把目标词运用到恰当的语言环境中，利用目标词进行语言交际。这涉及有关词的音、形、义、用等多方面的陈述性知识，以及有关何时、何处使用这些知识的程序性知识，以确保目标词在特定语境中得到运用。

分析是将材料分解为它的组成部分，确定部分之间的相互关系，以及各部分与总体结构或总目的之间的关系。它包括区别（differentiating），即区分呈现材料的相关与无关部分或重要与次要部分；组织（organizing），即确定要素在一个结构总的合适位置或作用；归因（attributing），即确定呈现材料背后的观点、倾向、价值或意图。分析是高阶思维技能之一。分析水平的高低直接影响了理解、应用与回忆水平。在词汇知识建构中，就词的语音和形态而言，分析可以帮助学习者拆分目标词，判断音素、形素、词根词缀在构词上对目标词的语音、形态、词义的影响。分析也有助于明晰构词规则，强化词的形式-意义联系，在音素、形素等构词单元层面建立词与词之间的联系。作为较高层次的认知类别，分析所发挥的更大作用在于语义上的区分、推理、归因。词的生命力体现在具体的使用环境中。词的含义受到语境的释义与制约（于翠红，张拥政，2012）。语义、句法复杂的语境下，词的含义以及语境的整体含义并非所有词语含义的叠加。为实现意义建构，需要通过解析目标词的语义关系、所处语境的含义判断词义，同时利用词义解读其语境的整体含义，对词及其语境进行自下而上、自上而下的平行加工（parallel processing），其间涉及利用既有知识对词的句法、词义、语义关系的推导，也涉及对语境中的观点、价值取向、意图的归因。总之，分析有助于词汇知识的细化与理解，加强词汇知识与语境的精准联结，使新知识得到更为精准的归类、内化，从而促进意义建构与词汇知识的提取与转化。

评价是基于准则和标准做出判断。它包括检查（checking），即发现一个认知对象内部的矛盾和谬误；确定一个认知对象是否具有外部一致性；查明问题解决程序实施的有效性；评论（critiquing），即发现一个作品、观点与外部准则之间的矛盾；确定一个作品、观点是否具有外部一致性；查明问题解决程序对一个给定问题的恰当性（如判断解决某个问题的两种方法中哪一种更好，以及判断自己的学习方式与效果）。建构主义认为，意义是双向建构的过程，即有意义的学习不是机械地、不加选择地将知识“搬运”“存放”在大脑中，而是需要结合既有知识框架对新知识进行解读、判断，以决定是否调整既有知识结构将其内化、还是对其进行批判式吸收、甚至是舍弃。因此，有效的知识建构要求学习者有对认知对象的评价能力，即有判断知识有用性、合理性的能力。对于二语词汇学习者来说，面对各种有关词汇知识的学习资料时，判断这些资料是否符合自己的认知偏好、水平与需求都涉及评价的认知过程。此外，评价也涉及学习者对自己学习表现的监控、检查与评论，即自我评价。例如，学习者对自我的词汇能力水平有较为客观的评判，并知道如何有针对性地选取恰当的材料加以学习。而评价的前提是获得、运用相应的准则与标准，这又涉及学习者对词汇知识、词汇学习策略较为系统的理解与运用，即评价要建立在回忆、理解、应用与分析之上。

创造是将要素组成内在一致的整体或功能性整体；将要素重新组织成新的模型或结构。简言之，创造是根据需要将所学知识与技能解构、重构以产生原本并不存在的有价值的想法、观点、事物。从语言角度说，语言本质上是一种创造性活动（洪堡特，1999）。“人类的语言处于一个开放的体系中，开放性与创造性是语言发展变化的规律，是语言发展的基础平台。威廉·冯·洪堡特论述的语言理论精髓，在于语言的创造性特征。他认为，语言绝不是一个实体或已完成的事物，而是人的心灵不断地用声音来表达思想的活动，具有活动性和创造性”（桑凤平，2012）。Guilford（1959）认为创造性思维是一种发散性思维（divergent thinking），是针对一个问题而提出多种不同方法的能力。创造性思维包涵四个维度：流畅度、灵活度、新颖度与相近阐述能力。流畅度（fluency）指生成大量想法、方案的能力，如学习者是否可以在很短的时间内将已学习过的所有与目标词在语义、词形等方面相近的词回忆出来。灵活度（flexibility）指思维从一个知识类属跳跃到其他类属的能力，如学习者在学习 Troy 一词时，可以联想到 Trojan war，联想到引发战争的 golden apple，又可以把 apple 一词视作投掷物从而联想到 stone、spear，甚至是 grenade。新颖度（originality）指整合已有知识从而产生奇特、创新性想法的能力。例如，在知晓 roar 和 soar 这对形近词一个意为“咆哮”一个意为“高飞”却经常将二者词义相混淆的情况下，学习者可将其编入一个英文句：As he soars，the superman roars（超人边咆哮，边往天上冲）。因为 superman 可以飞，且其衣着的标志性特征是“S”，所以 soar 更易让学习者联想到“飞”的含义，从而将“咆哮”的含义与 roar 匹配。详尽阐述能力（elaboration），指细致、清晰表达想法以生成新的含义与理解的能力。例如，请学习者利用思维导图等思维可视化工具围绕目标词从发音、词形、形态、语义、句法等多个角度尽可能多地联想出相关词语，并在联想中不断整理思路、修正类属，在此过程中搭建、优化自己的心理词汇网络。这实质上是陈述性知识的精致化过程。因为词汇知识的不断整理、重组、优化，这一部分的心理词汇网络中的任意节点被激活后，都能够更为高效地扩散至其他节点，形成各个词汇知识维度上的联想，促进词汇知识的产出。事实上，二语词汇学习者都能够或多或少地运用创造力进行词汇的学习。例如，通过联想对目标词的词义进行创造性的解释，按照个人的独特视角与体验对词汇进行归类、存储等。

以上6个认知维度以回忆为起点，层层递升，达到创造这一认知等级。在布鲁姆认知分类体系中，理解与应用虽然一般被视为低阶技能，但事实上也涉及对知识的深层加工与转化。而理解与应用作为程序性知识，其发生要以学习者对已存储过了的相关陈述性知识得到提取为前提，即理解与应用应以回忆为基础。因此，任何学习过程都离不开回忆这一认知维度。当然，有效的回忆、理解与应用还取决于学习者先前知识的广度、深度与结构度，而有效的知识建构必然需要学习者对新信息进行分析、评判，积极地通过这些高阶思维开展新旧知识之间的双向建构，完成对新知识的顺应、同化或舍弃，实现知识结构的搭建与优化，并以此进入创造这一最高级别的认知状态。因此，学习者在处理信息、进行意义建构的过程中，往往有多个认知维度的共同参与，而有了高阶思维技能的参与才能实现深度学习。

3.3 英语词汇深度学习的目的与过程

深度学习这一概念在学习过程上是指学习者动用包括元认知在内的高阶思维技能对外部信息进行主动建构，其目的是对知识进行深度加工与灵活运用。基于综述和中国英语词汇学习者的学习现状，移动词汇学习领域亟须应对碎片化学习所造成的词汇运用能力不足的问题。首先需要明确的是英语词汇深度学习的目的与过程。

英语词汇深度学习的目的是切实提高英语词汇能力，即提高学习者针对具体情境的词汇接受性与产出性技能。基于对深度学习的认识，我们可知深度学习的重要机制是知识建构。具体而言，词汇知识的建构过程就是心理词库网络搭建与优化的过程。英语词汇深度学习过程是学习者利用既有知识对新知识理解、分析、评价、整合的过程。这一过程中，学习者的先前知识结构与新知识发生交互，因新知识的进入而不断调整既有知识结构，使英语心理词库网络不断拓展与优化。事实上，心理词库的容量与结构决定了英语词汇能力。

对于心理词库的建设，Aitchison（1994）作了“书架类比”：心理词库好比一个小书架，每一个词相当于一本书。最初建立的词无序地放在书架上。随着词汇量增加，新加入的“书”就需要更多的书架来摆放。Aitchison用贴标签（labeling）、打包（packaging）、网络连接（networking）这三个词形容书本添加、书架整理过程。“贴标签”既可指把声音序列与事物名称相联结，即音-形联结，也可指把一个词与一个概念相联结，即音—形—义联结。“打包”是指将同属一类的词统归于某一标签下。而“网络联系”是指发现词与词之间的内部联系，并把它们纳入语义网络之中。这一比方形象地说明了心理词库的组织特征，即初始阶段的词汇可以是通过机械地复述（rehearse）而散乱地存入长时记忆中，而且只记录该词的音、形与基本义。这一阶段的词语知识是惰性知识（inert knowledge），即知识与其他知识无法联通，只可通过音、形或义的线索提取该词的有限信息，用于识认等低阶认知活动。因为词与词之间没有按照音、形、义等具体特征“打包”、归类，所以无法从一个词的激活扩散到其他词以形成意义链或意义网。随着词汇使用与情景输入增加，词的不同词义、句法知识、形态知识、语义知识逐渐写入该词，且词的内部知识之间形成了逻辑联系（如一词多个义项之间、派生词之间、曲折变化之间），从而在音、形、义的线索下可以通达词内部的不同知识，实现内部的勾连，变成一本本内部连贯的“书”；同时，因为对词语的不断归类，词与词之间形成了某种联系，点与点之间有了联结并因为特定联结在使用或语境刺激中不断强化而使相关词汇提取速度提高，于是“书本”得以分门别类地规整在特定的书架上，书本与书本之间、书架与书架之间、书架与书本之间不断形成内部与外部联结，产生由此及彼的链接，并可由一个“检索词”出发，较为容易地搜索出相关的“书籍”与“书架”，语义链与语义网得以产生。然而，现实情况是，二语学习者的心理词库的组织度不高（张萍，2009）。搭建心理词汇网络中的条目固然重要，因为这是网络的“基桩”，但从提高词汇运用能力的角度出发，通过加强已有词汇知识之间的联系以优化词汇网络的意义更为重大（Henrikson，1999）。

现有研究一般认为，二语词汇能力体现在五个方面：词汇知识宽度、词汇知识深度、词汇组织度、接受性—产出性知识、语义自主性。前三个方面主要表现为陈述性知识，接受性—产出性知识表现为程序性知识，而语义自主性体现了二语心理词库相对一语在语义、概念上的独立性。这五个方面都可体现在二语心理词库的建设上。

词汇知识宽度是词汇能力的基础，搭建英语心理词库首先需要建立英语词条，即词语的音—形—基本词义知识。词语的基本词义在其所有词义中出现的频率最高，因此是学习者最先掌握且最易在使用中得到强化掌握的词义。有关词汇宽度的研究表明，词汇数量与语言能力成正相关。在心理词库中，一个词条就是一个节点。因此，词汇量决定了心理词库中的节点数量。反复地强化音—形—基本词义的联结，即通过复述（rehearse）的方法可以将工作记忆中的词汇知识编码入长时记忆中。但是，这是一种机械、浅层的学习，并未在词与词之间建立联系，因此储存了的词汇基本知识极易遗忘，即使可以回忆，也无法与其他词形成联系以实现使用。

词汇知识深度涵盖了词语的音、形、义、用所有方面。按照马广惠（2007）的总结，涉及音位、拼写、形态、语义、母语、词频、搭配、句法、语体、语用、变体、词汇策略等12个方面的知识。一个词的各维度知识不是孤立地存在的。词汇知识体现在它的语言交际属性，而语言交际发生在真实情境下，因此词汇知识必须从富含情境的词汇使用环境中获得。显然，即使一语者也无法体验到有关一个词的所有情境，因此词汇知识的深化是一个连续体，学习者在学习过程中不断为心理词库中的对应词条加入该词各个维度的内容，深化对该词的理解。

词汇组织度体现的是心理词库的网络化程度。词汇知识宽度体现的是心理词库网络中作为词条的节点量，词汇知识深度体现的是节点的内部维度，而组织度则体现了节点间的联系效果。理解词汇习得最重要的是理解词汇在心理词库中是怎样储存和相互联结的（Salamoura，2004）。图15展现了英语词汇的一个语义网络。可以看出，每一个大的节点都与其他小节点发生语义联系。事实上，这些小节点之间也可以产生语义关联。任意一个节点被激活，都可以沿着网络到达其他节点，形成联系。而心理词库所表征的词汇知识不仅仅是语义一个维度。当每个节点所对应的词条拓展为语义、语音、句法、词义等维度后，借由任意维度所产生的节点间的联系将变得更加细密、丰富，呈现出立体的心理词库网络。

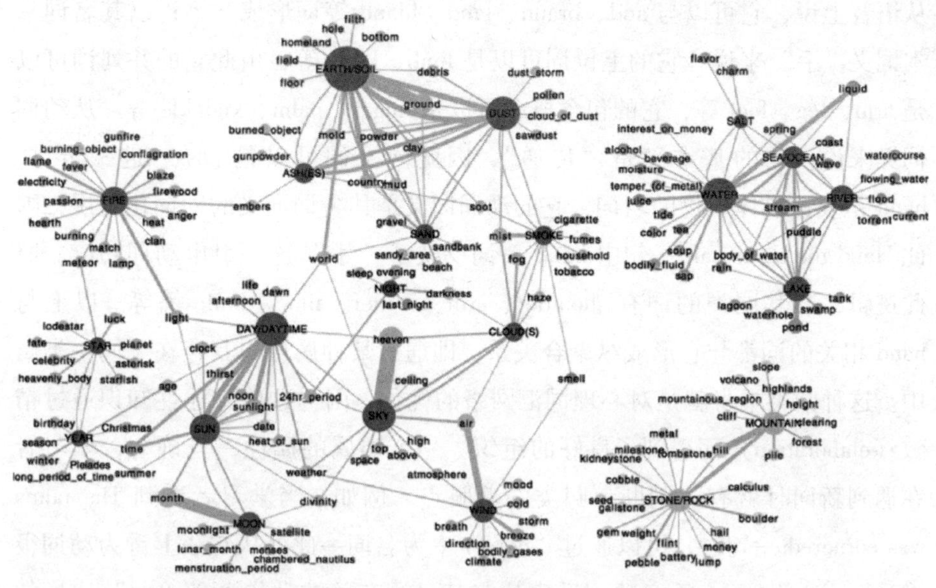

图 15　英语词汇语义网络示意图

词汇组织从一定意义上说就是对原有词汇知识结构的重组以及对新词汇知识的吸纳。词汇习得在经历了词汇爆炸期以后要有一个重组过程，心理词库中词与词之间根据概念和意义关系构成合理的网络（Harris，1992）。由此可以推断，二语学习者在经历了自然的词汇的累积后同样需要进行主动的心理词汇重组来达到更高的水平（徐歌，2016）。

尤为重要的是，词汇组织度直接决定了词汇知识的理解与产出，即词汇的接受性—产出性技能水平。得到良好组织的词汇知识可以形成一个个图式，而图式具有推导、整合、理解的功能。因为知识的结构化，知识间的联结数量高，可以在目标知识被激活后扩散至更多的知识点上，从而引发更广泛的思考；因为知识间的结构组织合理，因此一个知识点被激活后，扩散激活的其他知识点也与该知识点形成一定联系，从而使知识的提取与应用更为合理。总之，组织度的提高可使理解与提取的速度更为流畅，使理解和提取更富于意义。主动地凭借各种模式建立联想，如语义结构、词族和构词关系等各种语义关系、上下文关系等，把新词纳入已有的二语词汇网络中，可加强新词和旧词的连接。而通过对新词进行更为合理的重组，词汇可长期有效地储存在记忆中，更方便日后的提取（田延明，2010）。以 hand 一词为例。从语音上说，它可以与 and、brand、land、bland 等词形成联系；以其名词基本词义“手”来说，它的上位词可以是 limb、body 等，由此它的并列词可以是 arm、leg、foot 等，它的包含概念可以是 finger、palm、knuckle 等。从动词词义来说，它的基本义是“传递”，因此同义词可以是 pass。进一步讲，hand 是表达具体事物的名词，它的动词词义是其名词词义的动词化延展，因此 Hand me some salt 一句中 hand 一词反映了“手”这一引申动词功能。照此逻辑，与其同类的词有 shoulder、arm、corner、time、knife 等等。以上与 hand 相关的词都与它形成纵聚合关系，即通过某种属性与其存在于同一类属中。这种归类本身就是对心理词汇网络的优化，因为这些陈述性知识通过精致（elaboration）而得到了良好的组织。一个类属的属性一旦确立，学习者在遇到新词时就有了判断、归类的着眼点。例如，当学习者看到 The puma was cornered 一句时，可以通过“corner 本为名词→此处从句法上看为动词很像→hand、shoulder 等变动词后表达与其名词有关的动作含义的词”这样的逻辑推理，判断这里的 puma“被逼入了死角”。因此，其后若遇到 I will knife you 这样的句子时对句意的理解不仅仅会更加快速，也会增进对这一类属的认识，从而提高对此类词语的理解与运用。

在以上英语词汇能力维度基础上，本研究基于马广惠（2007）对元词汇知识的概念建构，提出元词汇知识也是英语词汇深度学习的重要组成部分。元词汇知识是对词汇基本知识维度的系统性认识，是有关一个词由哪些方面知识构成、每个方面知识有哪些特征的知识。它实际上是一个有关词语知识的认知框架或图式，而并不牵涉特定词语的特定具体知识。从知识建构角度看，图式是结构化地理解相关事物的基础，它决定了个体看待事物的角度、深度以及对新知识的建构程度。图式有判断与推理作用。按照信息加工理论与建构主义观点，对事物的认识取决于头脑中已有的认知框架（framework of reference），即先前成体系的知识。信息可以通过光、声音、温度、触碰等能量形式被个体感知，但完成对信息的知觉需要运用大脑中的已有的模式。例如，一个二语学习者知道一词多义现象背后有目标词原型的逻辑演变，即一个词不同义项之间有逻辑联系，那么他就会依照几种义项间可能的关联模式对具体义项进行判断，确认不同义项间的具体关系，从而更好地对多个义项进行组织、意义建构，而不是分散地、孤立地记忆。掌握元词汇知识可以帮助学习者在词汇学习时更好地辨识不同学习材料中反映出的词语知识，分门别类地存储至自己的知识体系中，还可以通过元词汇知识框架认识到有关一个词的哪方面知识仍存在不足，主动寻找相关材料建构、优化一个词的相关知识。事实上，一个二语初学者往往仅关注一个词的语音、拼写、基本词义这些在心理词库中建立词条的基础知识。但是，因为情境化学习条件不足，学习者只能借助母语对应词的句法、词义完成对二语词的使用。这导致学习者欠缺词语的形态、不同词义及其相互关系、句法等相关知识，且学习者难以意识到自己哪方面的词语知识不足。如果学习者知道词汇知识有这些维度，且知道每一个维度的基本特征、形成规则，就可有效指导具体词汇知识的学习。对于普通的中国英语学习者来说，英语词汇学习没有大量的语境支持。因此，单纯通过内隐式学习，将词汇知识无意识内化的方法难以奏效。而学习者如果掌握元词汇知识，则能够利用有效的词汇知识框架在词汇学习中观察、分析、评价，系统地建构并内化词汇知识，搭建、优化英语心理词汇网络，使词汇的自由联结形成新的思路与想法，聚合出各种主题的语义场，提高理解与产出能力，实现对词汇的灵活运用。

语义自主性是二语心理词汇在语义上独立于一语心理词汇的体现。虽然在二语词汇学习过程中学习者借助二语词的一语对等词词义可较为便捷地建立二语词条，但因为语言差异，一语对等词背后的概念不完全与二语词对应。如果两个二语词（如 problem 与 question）语义相关并共享一语同译词（即“问题”），那么不管语境缺失与否，二语学习者会因一语同译词的存在而不断强化两词的语义相关度（Jiang，2004；Degani et al.，2011）。张萍（2016）有关中国英语学习者语义加工中的同译效应的研究表明，不管是多义同词还是同/近义异词，二语学习者更多且更无意识地趋向于认可两者语义相同的部分，而对语义元素不同的部分难以有意识地去识别加工。这在一定程度上造成了同译词之间的混淆与误用。而学习第二语言的最终目标是要发展出一种可以作为自主系统发挥作用的语言、语义手段。地道、准确、流利地用另一语言来表达思想，只有在发展出与该语言的母语者共享的、被该语言以独特形式编码的语义系统之后才能实现（崔艳嫣，刘振前，2015）。实际上，二语词汇需要构建自己的概念系统，而对二语词与一语对等词在词义或概念上的差异的认识过程就是搭建并优化二语心理词库网络的过程，这一过程中二语词汇因为相互的联结逐渐丰富、紧密，因而在语义、概念上得到相互界定，从而摆脱对一语对等词的过度依赖，减低一语词的负迁移效应，逐步实现语义上的自主，从而使二语心理词库网络结构水平趋近于本族语者的心理词库网络水平，使词汇运用更加准确。

3.4 小　结

本章探讨了英语词汇深度学习的内涵。首先回顾了学习科学领域中深度学习这一概念的缘起与发展。深度学习是浅层学习的相对概念。二者最大的区别在于学习者的学习主动性与知识加工深度。深度学习要求学习者有目的地进行知识建构，在这一过程中调用元认知、分析、评价、创造等高阶思维技能，对信息进行深度加工，实现新旧知识间的双向建构，建立并优化知识体系。随后，本研究为深度学习进行了界定，提出深度学习是指学习者主动探究新知识，动用包括元认知在内的高阶思维实现知识建构的过程，并从主动学习、知识建构、高阶思维这三个维度对深度学习的内涵进行了阐释。

在此基础上，本研究提出英语词汇深度学习的过程就是学习者调用高阶思维对词汇知识进行主动建构，搭建、优化英语心理词库网络的过程。所谓搭建英语心理词库网络，是指学习者在长时记忆中建立英语词条并为词条存入词语的各维度词汇知识，这意味着英语词汇知识宽度与深度的拓展；优化英语心理词库网络是指在词条间通过语音、词形、语义、句法等关系架设联系、形成网络，提高心理词汇的组织度。此外，掌握元词汇知识也是词汇深度学习过程的重要组成部分。元词汇知识作为对词汇知识的认识，是学习者自主、深入掌握词汇知识所需的图式化的知识框架，对词汇知识学习有指导、统摄作用。元词汇知识可以指导学习者更为系统地把握目标词内部各个知识维度的关系以及词汇间在各个维度上的联系，从而更为有效地搭建、优化英语心理词库网络。同时，英语词汇深度学习也体现在英语心理词库网络的语义自主性上。对于中国英语学习者来说，其汉语语义系统对其英语语义系统的发展既有正迁移作用，也有负迁移作用。英语词条中的语义部分在其心理词库的建立首先需要借助于其汉语对等词的语义。但是，语义背后的概念系统存在语际差异，因此学习者在学习过程中需要不断发现英汉语义上的差异并有意识地基于英语语义系统建立、完善目标词的语义，实现英语语义自主性。

总而言之，英语词汇深度学习的内涵可概括为：英语词汇深度学习是学习者运用包括元认知在内的高阶思维技能主动建构英语词汇知识以提升词汇量（词汇知识宽度）、词汇知识深度、词汇组织度与语义自主性的过程。本质上，这也是搭建、优化英语心理词汇网络的过程。英语词汇深度学习的目的是提高英语词汇知识的运用能力，即英语词汇的接受性—产出性技能。

第四章　深度学习视角下的英语词汇移动学习软件述评

4.0　引　言

上一章探讨了英语词汇深度学习的内涵，指出英语词汇深度学习的条件包括学习者的学习主动性、高阶思维参与以及英语词汇知识的建构（即心理词库网络的搭建与优化）。本章旨在从深度学习视角考察现有主要英语词汇移动学习软件在学习动机激发、词汇知识的内容、组织与呈现方式、学习者高阶思维调用等方面的具体做法，加深对如何促进基于移动端的英语词汇深度学习这一问题的认识。

为此，我们选取了目前有代表性的英语词汇移动学习软件。软件选取一方面基于安卓、App Store 等主要应用软件商店的下载排名，另一方面也注重所选取软件的异质性，在主要功能（如词汇知识的内容、组织与呈现方式、复习与测评方式）趋同、风格趋同的软件中选择使用量最大的一种。此外，我们还选择了总体评价较高的国外英语词汇学习软件 Vocabulary. com 以及可视化词典 Wordflex。虽然这两款软件的中国使用者数量较少，但是我们认为其设计理念与运行模式具备了帮助学习者进行英语词汇深度学习的部分条件，具有一定的讨论价值。基于以上原则，我们最终选取了百词斩、扇贝、墨墨背单词、Vocabulary. com 与 Wordflex 这 5 款词汇移动学习软件。

为增强软件评述的客观性与软件间的对比度，我们选取了 12 个测试词，拟将所选词输入各个软件作为学习目标词，按照各软件的规定模式完成词语学习、复习等过程，考察各软件在目标词各知识维度的呈现与组织、学习者复习与测评、学习轨迹记录、学习成果奖励、学习过程管理、社会化学习网络运营等角度的异同、优势与不足。所有测试词全部取自（Nation，1990）的二语词频表，原因有二：一是此表已被二语习得研究和教学领域广泛认可；二是依据的五级词频表可以在选词时有效控制所选词的词性及词频以保证各类词的数量均等（张萍，2010）。本次研究共从2000级别的高频词、3000级别的高频词、5000级别的中频词、10000级别的低频词中各选取了三个词（1个名词、1个动词、1个形容词）（见表6）。选词范围确定后，我们的具体选词标准有4个：1）意义丰富（即多义）；2）搭配丰富；3）兼顾词缀、词性的丰富；4）在句法上与其汉语对等词差异较大的词，如dispose、precede。

表6　英语词汇移动学习效果研究用词

选词	词性	Nation（1990）中的词频级别
lack	名词	2000 词级别
burst	动词	2000 词级别
original	形容词	2000 词级别
prospect	名词	3000 词级别
dispose	动词	3000 词级别
previous	形容词	3000 词级别
bulb	名词	5000 词级别
precede	动词	5000 词级别
desolate	形容词	5000 词级别
scaffold	名词	10000 词级别
straggle	动词	10000 词级别
pallid	形容词	10000 词级别

4.1 百词斩述评

本节审视百词斩作为英语词汇移动学习软件在促进英语词汇深度学习方面表现出的优势与不足，以评估目前基于移动端的英语词汇深度学习效果并探寻促进基于移动端的英语词汇深度学习的途径。为此，我们首先了解百词斩的基本功能，随后考察该软件在英语词汇深度学习方面的优势及不足。

鉴于百词斩没有自主选词的功能，即无法将本研究中的选词加入包含“开始背单词吧”“单词电台”“复习”等模块的“学习+复习”流程中，我们选择了该软件中英语专业八级的单词表，按照其随机调配的词语对该软件的整体学习流程进行了考察。因此，本部分中涉及只能围绕随机词汇进行学习的模块时，我们选取的例子来源于随机给出的词语中有代表性的语料。虽然选词无法出现在学习与复习模块，但是可以通过该软件的查询功能进入到这些词的学习主界面，获取选词的基本语料，以与其他软件的相应语料、呈现流程进行比较。

4.1.1 基本学习功能概述

百词斩是一款背单词学习软件，涵盖了单词学习、复习、社交圈、学习社区等功能。该软件名称中的“斩”字意指将碰到的单词斩掉以成功突破词汇障碍。本节首先介绍百词斩的基本学习功能。

4.1.1.1 主界面

主界面的核心按键是“开始背单词吧”，界面也显示了计划学习的剩余天数、当日计划的背单词个数、计划的词汇表（如专业八级词汇）、已完成词汇/总词汇数据。“开始背单词”按键下方是“单词TV”“单词电台”“爱阅读”键，底栏是界面切换键，分别为“首页”“复习”“小讲堂”“周边”“圈子”（见图16）。

首次使用该软件的学习者先进入“我的计划”中挑选目标单词表。单词表以各类英语考试（如中考、高考、大学英语四/六级、英语专业四/八级、考研、托福、GRE、雅思）与主流教材（如新概念英语、初高中英语教材）为主。选择任意一表，其中所含的所有单词就导入“我的计划”；同时，选择每天背单词数（5的倍数），就会计算出每次大概用时（如选择20个单词，则预计时间为15分钟；选择200个单词，则预计时间为135分钟）、完成的天数，并在每次学习时在主界面提示进度。

图16 百词斩的主界面

4.1.1.2 学习模块

学习界面：在确定学习计划后，点击“开始背单词吧”就会听到一声“斩击”，代表“征战”开始。以专业八级词汇包中随机呈现的tepid一词为例，会看到界面中上方呈现了tepid及其音标。中下方配备了四张图（见图17）。正确匹配应为右下方第二张图。如果选错图（如右上方第二张），系统会利用语音+文本的形式提供tepid的主例句：The frog feels ever so comfortable sitting in the tepid water.（青蛙在温水中待着觉得很安逸。）如果再次选错图片，则会另给出tepid = not energetic or excited。第三次选错，则呈现tepid = adj. 微温的，不热烈的。第四次选错，则会进入tepid一词的学习主界面（见图18）。

学习主界面一般包含词条、音标与词义、单词变形（点击后可获取细节）、例句（有“更多例句”可点击进入）、单词视频、易混词、英文释义、单词笔记。其中，词义为该词的基本义。单词变形是指该词的各种曲折变化或派生词，此处为tepidity（名词）、tepidly（副词）。

例句除与该图匹配的句子之外，还有三句：

✓If your child's temperature rises, sponge her down gently with tepid water.（如果你孩子的体温上升，就用海绵蘸上温水轻轻地擦拭她的身体。）

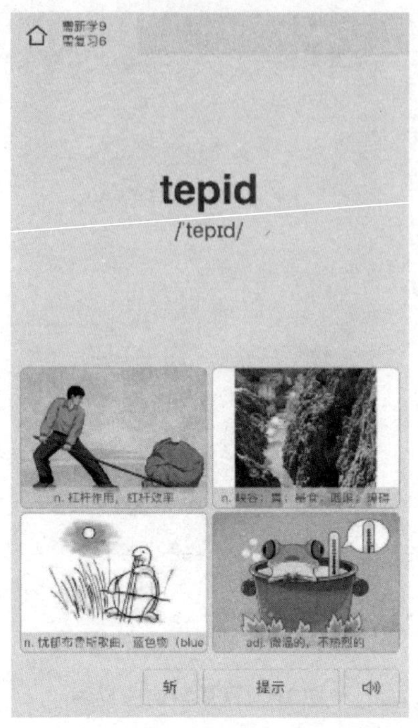

图 17 **tepid 在百词斩中的学习界面**

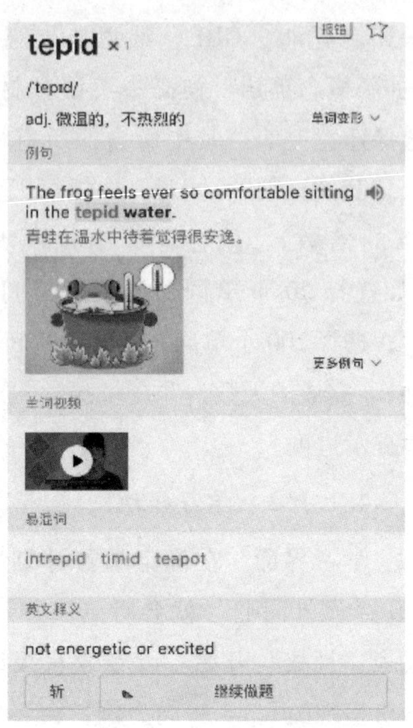

图 18 **tepid 在百词斩中的学习主界面**

√The play was greeted with tepid applause.（这台戏只得到了零落的掌声。）

√The critic’s reaction to the film was rather tepid.（评论家对那部影片的反映不太强烈。）

每个例句都配有读音，可点击播放。但是，这三个例句隐藏在“更多例句”中，需要学习者点选后方可进入，为学习者进一步理解目标词的用法提供语境。在此后对 tepid 一词复习时，语境线索都由主例句提供，与其他例句基本无关联。

单词视频是根据该词编写的对话，提供中英文字幕。如 tepid 一词的视频对话文本如下：

A：*Tepid*，only slightly warm，lukewarm.（只有一点热度的，微温的。）

tepid

A：I can't believe how hot it is today.（我简直不敢相信今天居然这么热。）

B：Let me get you a nice refreshing glass of water.（让我给你拿杯清凉提神的水。）

A：Thanks.（谢谢。）

A：This water is <u>*tepid*</u>. I thought refreshing water is cold.（这水是温热的。我以为清凉提神的水是冰水呢。）

B：Well，we're in China，Emma. So，when in Rome...（我们可是在中国啊，如果是在罗马……所以……）

A：How culturally ignorant of me.（我真是缺乏文化了解啊。）

B：I guess this <u>*tepid*</u> water is OK.（我觉得这温水还行。）

视频中女角色以夸张的表情与肢体语言表现出天气炎热、口渴、tepid water 摸起来就不清爽等信息；且对话中 tepid 共出现 4 次，后两次与 water 共现，通过肢体表达、情感表达、言语表达等方式多元呈现了 tepid 一词的含义。

按照百词斩的界定，易混词是指与目标词在拼写上有相似之处的词，这里为 timid、torpid、lipid、vapid。显然，这四个词与 tepid 之间在语音只存在 -id 这一音素共性，而在语义上并不存在任何联系。

英文释义为 not energetic or excited，此释义与汉语释义（微温的，不热烈的）并非一一对应。

单词笔记是词语学习主界面的最后一项，学习者点击此处可以添加 800 字以内的有关该词的相关用法、记法。但是该项并未提供给学习者一些板式或可视化辅助工具。单纯以文字输入，在手机输入界面上不利于排版，因此不易激发学习者思路整理的动机。

4.1.1.3 复习模块

复习模块是学习者完成当日学习任务后可进入复习巩固所学词汇的模块。复习板块包括英文选意、中文选词、听音辨意、听音速记、拼写填空、拼写组合、全拼练习、自检、读句填空等单元（见图 19）。

其中，“英文选意”与“中文选词”都是考察词汇的接受性知识，即给出目标词或其汉语释义及发音后，请学习者在四个选项中选择对应的汉语释义或拼写。

“听音辨意”是给出 tepid 的发音，而后从 tepid、gorge、blues、leverage 对应的汉语释义中挑选正确的释义。如果选错，则会给出 The frog feels ever so comfortable sitting in the tepid water. 这一主例句的语音。如果继续选错，则会出现该词的主学习界面。在点击“继续做题”后，重新回到该题目。再错则重复“主学习界面题目”的循环直至给出正确选择。“听音速记”是依次提供所复习词语的读音 + 释义，可以选择朗读句子，从而在听到一个词后，继续听该词的主例句。可选择对词语进行连续、循环播放。

图 19　百词斩复习模块结构图

“拼写填空”是将目标词挖空，点选应当填入的字母组合。例如，对 tepid 的考察为 t_ pid。如果点错，则给出该词的主例句文本与语音；若再次选错，则屏幕上会短时呈现应填入的字母；继续选错后系统给出含有该字母的其他词，同时突出显示这一字母；若继续选错，则给出该词的主学习界面，并重复“主学习界面题目”的循环直至学习者给出正确选择。但是，主界面的学习是对该词的整体学习，与拼写一项的关联度并不高，直接给出拼写练习，帮助学习者完成语音 - 拼写的匹配学习，效果会更好。

“拼写组合”是请学习者给出目标词的完整拼写，但是会给出该词的所有字母供点选，如给出 tepid 的 5 个字母 e、t、d、p、i。如果点错或点选“提示”，则给出该词的主学习界面，并重复“主学习界面题目”的循环直至学习者给出正确拼写。“全拼练习”与“全拼填空”相似，只是需要使用全键盘，没有圈定目标词的字母范围，考察对目标词的正常拼写使用。

“自检”是将当日所学所有单词一一呈现，在屏幕中央出现该词词形并同步给出语音。最下方有“不记得”“斩”“记得”三个按键，学习者可依据自己的记忆水平点选，如果点“不记得”，则再次呈现该词的学习主界面，并重复“主学习界面题目”的循环直至学习者点选“斩”或“记得”。

“读句填空”是给出目标词的主例句，将目标词挖空，请学习者读出目标词，下方有四个单词的提示，如果发音正确可进入下一句，如不正确可点选目标词练习发音再试，如果错选，则呈现该目标词的学习主界面，并重复“主学习界面题目”的循环直至学习者给出正确发音。这一功能只考察了目标词的发音，整个句子作为语境并未参与到题目的解决上，因此学习者很容易只关注于目标词，而忽视整个句子的作用。可考虑以整句朗读为要求，这样，通过以上阅读类、听力类、写作类复习模式中主例句的不断参与，可以进一步通过口语输出的形式强化对该例句的掌握，增加目标词情境知识的有效储备。此外，如果以学习者产出能力提高为目标，则应提供还未呈现过的新内容，使学习者可以有机会利用已学词汇知识推导出任务解决的办法，以提高学习者的程序性知识水平。如呈现 tepid water 与 tepid applause 之后，请学习者判断 tepid welcome 这一说法是否成立。这一判断牵涉到学习者对 welcome 一词和 water、applause 的比较。通过一定分析，学习者可以发现 welcome 和 applause 都属于给予他人的积极反馈，因此可以使用。在这一过程中，学习者可对 tepid 和 applause、welcome 的关系进行语义分析，了解 tepid 的使用环境，因而提高对 tepid 一词的理解与应用能力。在此基础上，若给出 tepid 与 response、reaction、growth 等词的搭配，请学习者点击搭配，在点击后浮现出含有相应搭配的例句，则可使学习者获得有关 tepid 的丰富的横组合知识，便于 tepid 一词的用法日后在相似情境中得到迁移。

4.1.2　利于英语词汇深度学习的方面

4.1.2.1　学习与复习模式多样化

百词斩所提供的学习与复习手段交叉呈现。以随机选择的专业八级词汇为例，软件通过听音辨意、中文选词、拼写组合、看图选词、听句辨词等复习或学习方式轮动地穿插呈现新词与已学词语，对词语的基本知识进行多元表征，对各个词语的考察在语音、语义、拼写之间不断切换、复现，这有利于建立并强化词语在音—图—形—义上的联系，既可以将更多的情境、模态与词形、语音、基本词义相联结，又避免了机械性重复，是较为有效的扩展词汇宽度的方式，为深化词汇学习打下基础。

4.1.2.2 创设问题情境

新学单词给了学习者思考、判断、问题解决的机会。以系统随机给出的cobble一词为例。该词与其例句 The road was paved with cobbles. 同时出现，并配以语音。

在此例句下方给出了四张图（见图20）供选择。学习者可以根据主例句判断四张图中符合主例句的一张。因为主例句中的关键词为road、paved、cobbles，因此左下角的图为正确选项。选对后，可以看到该图片被“斩击”，并听到相应的音效。如果选其他图片，则会出现警示音效，并提示该句中文：“这条路上铺满了鹅卵石”。如果不断选错，则会依次给出cobble的英文释义、汉语释义，直至进入该词的学习主界面。这一过程中，学习者得到了搭架子式提示。据此，学习者完全可以做出对目标图片的正确选择，并完成对图片的解析：该图描绘的是一条小路，上面铺就的鹅卵石就是cobble。这一带着问题进行探索的过程提高了学习者的注意力，使其主动参与到问题解决中，有机会使用听力与翻译技能用于实际问题的解决，增加了学习者的投入度并由此提升其词汇学习的自我效能感。每一次点选，学习者都能够得到声音、视觉的反馈，这也增加了学习者对学习的操控感。在对该词的复习过程中，软件针对该词的语音、词形、词义采用英文选意、中文选词、拼写、听力、发音等各种复习方式，调动学习者的听觉、视觉、运动觉（全字母拼写时所锻炼的肌肉记忆）等多种感官通道参与，强化了语音、基本词义与拼写的联结，部分模拟了该词的真实使用条

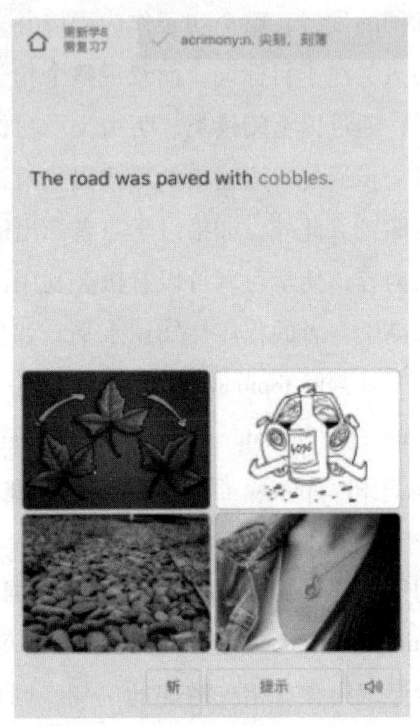

图20 cobble在百词斩中的学习界面

件，以将该词条写入心理词库中。同样重要的是，该词的这一例句在多样化的复习中反复出现，为该词提供了基本语境，并在这一过程中建构了 cobble 一词与 road、pave 之间的语义联系，使 road、pave 成为日后激活该词词义与语境的途径。因为对 cobble 一词的多元表征，该词在图形、语义、语音上建立了多个联结，每个联结都有可能帮助学习者回忆该词的基本知识。总之，该软件在学习 + 复习词语时体现出了一定的交互性与对词语基本知识的多元表征，可以在一定程度上提高学习主动性，有助于学习者在英语心理词库中有效建立该词的词条。不过，虽然主例句反复出现，为目标词提供了基本语境，但软件并未有目的地为该词建立与其他词之间的联系，而增加一个词的纵聚合、横组合知识是优化心理网络的基本途径，也是实现词汇深度学习的重要标志。

4.1.2.3　利用多模态学习资料多元表征词汇知识

百词斩针对词汇制作了种类丰富的视频、音频、图片、单词象形等材料，可以多元表征词汇知识，促进知识建构。

其中，视频可分为四类：对话 TV、MV 片段、电影/英美剧片段、动画。前文所举的有关 tepid 的对话即属第一类。这些对话时长一般不超过 1 分钟，以介绍目标词英文释义开篇，而后就该词涉及的情境在男女主角间展开，内容往往诙谐、离奇，配合夸张的表情与肢体语言，目标词在对话中得到复现。MV 片段选自流行音乐 MV，乐曲节奏明快，场景引人注目，所选唱段中包含目标词，且包含该词的短句在片头、片尾重点呈现。电影/英美剧片段是另一种影视节选形式。以 archery 一词为例，其单词 TV 选自《霍比特人》中表现弓箭手精湛箭术的场景，然后给出例句：He is proficient at archery and never misses the target。另一片段为射杀恶龙的场景，随附例句为：His fantastic archery saved the whole town。动画类是针对含有目标词的例句所编写的动画片段。以 lack 一词的情境 TV 为例，该动画视频分为三个片段，第一个片段情景为农村露天剧场，男女老少面对台上有声有色的相声无动于衷；第二个片段场景为杨白劳与喜儿面对存钱罐中寥寥无几的硬币发呆；第三个片段为小孩放爆竹，但点燃引线后爆竹没有爆开。这三段对应的文本如下：

片段 1：They don't find him funny? They must *lack* a sense of humor.

片段 2：Yang Bailao *lacks* enough money to even buy food.

片段 3：This New Year firework really *lacks* quality.

这段 TV 用三段动画描绘了 lack 的三个使用场景，画风独特，情节易懂，主题突出，有一定趣味性，易于学习者对 lack 一词进行情境建构。

但是，单词 TV 的编排也存在一些问题。如：文本内容过多，在细节上喧宾夺主，致使目标词不突显；电影、MV 类视频的听力难度较大，不利于学习者理解；往往仅演绎目标词的基本词义，没有顾及一词多义的问题。据此，建议单词 TV 的内容尽量精简，以突出目标词；情境中的词汇难度低于或相当于目标词汇，提高文本的可理解性；与目标词关联度高，方便学习者在目标词与背景词之间创建语义联系；通过多样的表述提高目标词的复现率；在目标词的多个义项间建立联系并通过情境传达；精选 MV 和影视片段，使学习者能精听、能咏、能唱，提高材料的利用价值。

百词斩的“单词电台”模块以音频形式介绍目标词的使用情境。以 tepid 一词为例，其音频文本如下：

> tepid
>
> 形容词：温热的，不太热的
>
> 我的保温瓶自从上次摔过以后就不怎么保温了，头天晚上打的开水到第二天早上就只有点温热了。“温热的，不太热”的就是 tepid。
>
> 我今天早上给老板泡了一杯滚热的拿铁，他自己上班迟到了一个小时，把咖啡都晾凉了，结果他喝了一口还教训我说：“嘿，你知道我不喝不热的咖啡。”他就是这么说的：“Yuk，you know I don't like tepid coffee.”
>
> Yuk，you know I don't like tepid coffee.

音频对目标词的讲解往往使用贴近学习者的生活情境，引发学习者的用词需求，且言语简洁，词义、例句有一定的复现。音频为学习者打开了听觉学习通道，增加了知识传递的模态，使学习者在视觉学习之余可以利用听觉巩固知识、增加对目标词的情境理解。但是，音频与学习主界面所给词义时有不一致的情况。同以 tepid 为例，其在学习主界面中的释义是“微热的，不热烈的”，而音频中没有涉及第二个义项。此外，音频与学习者的互动不够，若音频可提示学习者跟读，或给学习者创设问题情境，再提供答案，可增加学习者的参与度，提高学习效果。

利用图片记忆词汇是百词斩区别于其他英语词汇移动学习软件的一大特征。图形加释义的学习方式可以通过双编码有效减轻认知负荷，提高词汇存取效率（邓晖等，2012；杨丽芳，2012；林馥嫌，连小英，2016；李思萦，高原，2016；孙璐璐，2016）。米丽萍等人（2009）通过比较编码和提取阶段中图词和单词所诱发的ERP（事件相关电位），证实了由图词模式呈现的词语回想更快、效果更好，“图画优异性效果主要表现为图画能增强编码和回忆”（米丽萍，任福继，2009）。百词斩对图片的使用出现在“开始背单词吧”与学习主界面。学习者通过从四幅图片中点选符合目标词主例句含义的图片或直接观察所配图片，加深对主例句的理解。以nip一词的配图为例（见图21），该词的主例句为：Ouch! The fish always nip my feet when I go swimming.（哎哟！我游泳的时候总是有鱼咬我的脚。）这一图片生动地展示了例句中的含义，很有代入感，因此有利于记忆nip my feet。但是，以例句为主题选图、构图可能会使学习者产生对目标词词义的误解。以peripheral（adj. 外围的；n. 外围设备）一词的配图为例（见图22），该词的主例句为A computer comes with many peripheral devices such as printers。但图片本身没有体现computer，且满屏的printers并未体现printers与computer的这种peripheral的关系。此处如果在图片中心加入computer，并标识出printers与computer的外围关系，图片就与词义更为一致。此外，有些具体名词的配图也存在重点不突出的问题。如enclave（n. 飞地）的配图（见图23），其主例句为A lot of diplomats' families live in this enclave，但图片本身细节过多，又缺少体现“飞地”的特征，很难让学习者将此图与目标词词义进行联系。

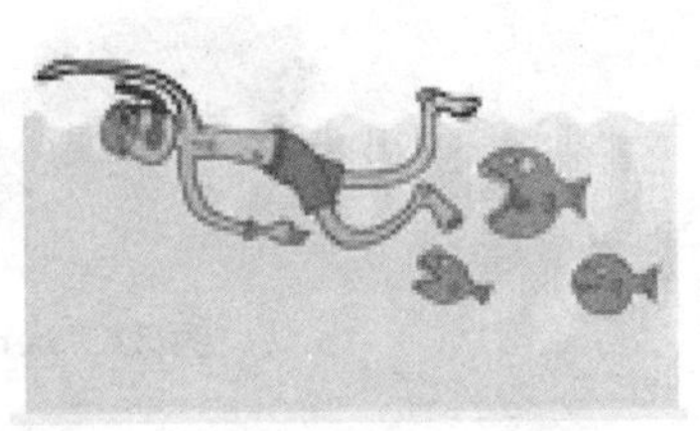

图21　nip在百词斩中的配图

图 22 peripheral 在百词斩中的配图

为体现图词匹配的效果，应基于目标词的本质特征进行配图，且主题突出，易于识记。为此，建议设计者把握词义—例句—图片三者的一致性，备选图片应做好充分的市场调研，以确定欲传达之意可以通过图片被学习者所理解，帮助学习者表征目标词及其常用语境。

图 23 enclave 在百词斩中的配图

“单词象形”是百词斩学习主页面上的一个模块。在此模块中，设计者依据目标词的基本词义将词形的一部分改编为某种程度上表达词义的图像。如果学习者仔细观察，可发现这一图像与词义的相关性。例如，slash（v. 砍）一词的单词象形是 slash 一词被“腰斩”（见图 24）。当词形与表达词义的“砍”图形相结合时，学习者可以将二者整体表征为表象，并整体存储。二者联结后，再次呈现 slash 的词形时，“砍”的图形也更容易被激活，并由此联想到 slash 的词义。一般而言，象形只是在词形的局部进行改编。例如，impale（v. 刺穿，刺住）的单词象形是拿着长矛的土著人刺入字母 a 的图像（见图 25）。乍一看该图形给人的感觉只是形象生动，但学习者如果仔细观察，就可发现 e 与 l 分别代表土著人的头部和长矛，体会到设计者的奇异想象和看似荒诞的设计背后词义与图形的联系。再以 forthright（n. 直接的，直率的，坦白的，豪爽的；adv. 马上，立即；n. 直路）的象形为例（见图 26），字母 i 与 g 分别改造为男、女朋友，表现出男子的直率与坦白（Let's break up）和女子的难过与不舍，极具戏剧效果，吸引学习者。而学习者主动参与观察与理解图形本身就意味着心理资源的投入，这有利于在词义与词形之间建立联结。不过，此类象形设计有时达不到词形—象形的一致性。以 dubious（adj. 可以的，模糊的，怀疑的）一词的象形为例（见图 27），字母 o 变为一个头像，但该头像不似在怀疑或表现出可疑之貌，而更像是在思考。如此设计不易达到预期效果。事实上，局部的象形无法解决对词形中其他字母的有效记忆，且字母的变化过于戏剧化，学习者看到目标词的印刷体字母时很难再次回想起这一象形。范莎莎等（2016）在词典插图研究中提出，插图和文字释义在空间和逻辑上紧密连接是两种表意方式相辅相成的基础。以 rope 一词为例，若插图中的 rope 与文字释义中的词目在字体形态、颜色和大小上保持一致，则更易突出插图的重点，强化意义传达过程。因此，建议今后的设计能够依据词义将词形作为整体进行改造，使词义—词形的联结更加紧密。而且，象形改造本身是一种创造，是发挥想象力的过程。在这一过程中，学习者依据词义进行图形想象，为给出恰当的构图，需要对记忆中的表象进行搜索、评判、选取、解构、重构，而不仅仅是对既有表象的直接调用（Coon，Mitterier，2015）。在运用发散性思维过程中，个体尽力给出各种应对方案，从中判断出有创见的方案，这本身就是创造性的学习过程（Baer，1993；Runco，2004）。因此，象形改造不应只是设计者的工作，也需要学习

图 24　slash 在百词斩中的单词象形

者的共同参与。邀请学习者参与设计，通过发挥想象力将词义与图形有效结合，提供作品并为他人作品点评，可使学习者运用分析、评价、创造等高阶思维深挖词语背后的含义，促进词汇深度学习。

图 25 impale 在百词斩中的单词象形

图 26 forthright 在百词斩中的单词象形

图 27 dubious 在百词斩中的单词象形

4.1.2.4 提供利于知识建构的学习社区

百词斩的“小讲堂”本身是一个主题多样的学习社区，其中有些专栏较为有效地整合了词汇知识，有助于学习者进行知识建构。以“小讲堂”专栏之一“过儿的单词笔记——第7话”为例。该主题讲解了以form为词根的动词。首先，它采用导入的形式，引发学习者对form一词含义的回忆，并从学习者角度道出该词词义繁多、难以理顺的问题。随后，利用体现exercise forms、body forms的图片说明form的名词义——“形”，并指出此义项为核心义，给出含有该词的语块（a form of; a great/bad form of）和富于幽默感的例句（Qinggong is an environment - friendly form of transport）。在讲解过程中设计者穿插了设问，通过设计学习者和讲解人的问答而营造出对话情境，有一定代入感。例如，在讲解完form的名词义后，设计了如下对话：

提问者：form作动词时呢？你别光只说名词呀！

过儿：放心。作动词时，只背一个“形”的承诺，依然有效。

在讲解完form的动词义后，给出了以“形”为核心义的form的所有词义（见图28），这一概念图起到了先行组织者（advanced organizer）的作用，即为学习者提供了认知图式，整理了学习者对form一词的知识结构，并以此作为随后学习的认知框架。

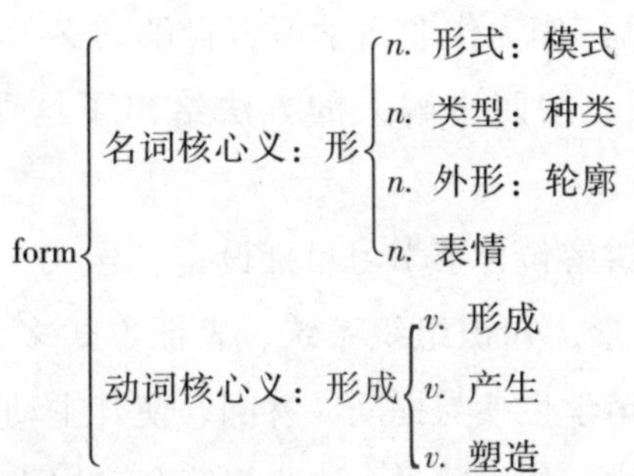

图28 form一词的核心词义结构图

接下来，讲解人给出了主要学习任务——记忆以form为词根的动词（见图29），并以诙谐的语言说：“别骗自己。80%以上都认识吧？但就是从没把它们拉扯到一起，聚过餐。今天，咱组个鸿门宴的局，帮你一网全打尽。”随后，讲解人分别讲解了reform、deform、transform、inform的前缀，并举出可使用各个动词的生活情境与例句。

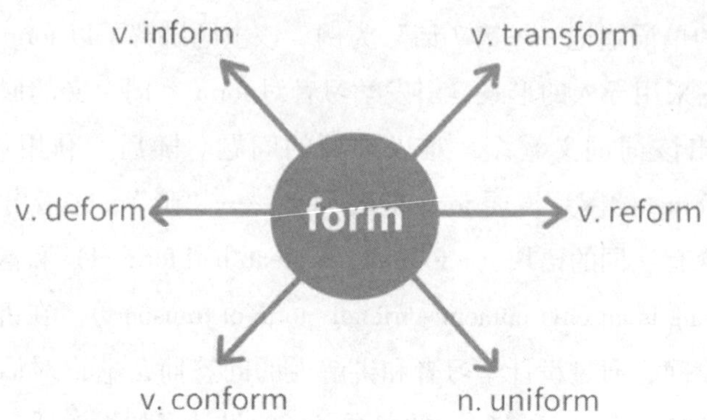

图 29　词根为 form 的动词思维导图

最后，讲解人总结道："今天我们做了 3 件事：1. 算是搞懂了，form 还有那么多词义，没背过也背不完；2. 没关系，反正认真听讲的你，只需要背 1 个就够了；3. 大设鸿门宴，把 form 跟另外 6 个词联络上了。一网打尽。"并回顾了线索词 form，目标词 reform、conform、deform、inform、transform 与 uniform，以及目标短语，还抛出了 transform 与 uniform 两个词（提示了前缀 trans - 和 uni - 的意思）作为作业请学习者自解其义。在评论区，我们看到学习者回应较为积极，按照讲解人的方法给出了这两个词的解读方法与例句。

显然，这一主题讲解包含了学习目标设定、导入、材料呈现、对话、问题解决等课堂教学要素，知识组织系统、表征方式多元，知识讲解次第展开，通过虚拟对话邀请学生参与提问、答问，使其主动进行意义建构，且语言富于趣味性与感染力、代入感强。这些都符合建构主义学习观对课堂有效性的要求，即有效引导学生选择性注意、激活学生相关知识并促其重构、系统组织并多元呈现学习材料、开展对话、引导学生反思与促进问题解决（王峥，2014）。从词汇深度学习的角度看，这一讲解以 form 的核心词义"形"为基础有效地组织了该词的多个词义，并以该词根为核心解读了不同词缀所组成的动词，有助于学习者对其语义关系进行建构，提高学习者心理词汇的组织度；同时，该讲解还通过创设问题情境使学习者在解决问题的过程中给出了可理解性产出，从而对所学知识进行了深加工与应用。

4.1.3 不利于英语词汇深度学习的方面

4.1.3.1 涉及词汇知识深度的学习材料不足

词汇知识深度涉及词形、词义、形态、语义、语用等多维度知识。百词斩的主学习界面所涉及的词汇知识在词义、形态、语义等方面的学习材料尚存在一些不足。

1. 词义知识不够完整。百词斩利用目标词的主例句制作图片，并围绕目标词的基本义、词形、语音设计了多样的学习与复习方式。但是，所有的学习与复习都集中在目标词的基本义之上，并没有很好地对目标词多个义项进行阐释与情境建构。

2. 形态知识不够完整。主学习界面中的“单词变形”以提供目标词的句法形态，即曲折变化为主，但缺少或未提供目标词的派生词。词的曲折变化一般而言是语法过程，在此过程中，词与词缀相结合构成词的另一种语法形式，而派生过程则是一种词汇变化过程，通过给现有词附加派生词缀构成新词（Jackson & Amvela，2000）。为尽量展示一个词在形态上的全貌，应提供与其有关的派生词，但百词斩并未系统地提供相关知识。如 abolish 的“单词变形”如下：

表 7 百词斩中 abolish 的“单词变形”内容

第三人称单数	abolishes
现在分词	abolishing
过去式	abolished
过去分词	abolished
名词	abolisher
形容词	abolishable

此处并未提供 abolish 的名词形式 abolishment。

再以 dispose 一词的“单词变形”为例：

表 8 百词斩中 dispose 的“单词变形”内容

第三人称单数	disposes
现在分词	disposing
过去式	disposed
过去分词	disposed
名词	disposer

其中并未如 abolish 一样给出 dispose 的形容词形式 disposable，且没有给出 dispose 的其他名词形式 disposal、disposition。

3. 语义知识欠丰富。百词斩针对目标词的同义、反义、上下义等纵聚合语义关系提供的学习材料较少。以 original 为例，作为形容词的 original 有数量众多的同义词（如 creative、unconventional、avant - garde、fresh、novel、groundbreaking、innovational）与反义词（如 unoriginal、conventional、stale、uncreative、banal、secondary）。对一个词的知识建构需要结合该词与其他词之间的关系建构来完成。学习这些纵聚合知识可以使学习者在心理词汇网络上为目标词建立更多的语义联结，在明确词语间关系的过程中比较、观照、联系，引发语义联想、形成新的语义与概念，优化其语义结构，并实现词语使用能力向不同情境的迁移，这是深度学习的必要过程。但百词斩在这方面提供的语料很少。

4. 句法知识方面的讲解欠缺。句法知识是学习者有效运用词语的保障。句法知识的学习可以是内隐的，在多种语境中通过理解与使用而内化，也可以是外显的，了解句法规则后在语境中正确使用。例如 dispose 表达“处理”之意时需后接介词 of，这一点可以使学习者通过观察来学习，也可以直接为学习者指出。前提是学习者必须意识到 dispose 的这一句法特征。而百词斩没有通过明示或暗示的方式帮助学习者掌握这种句法知识。

5. “易混词”模块在词汇知识建构方面的作用不大。易混词应为在形式（包括发音和拼写）、语义上易混淆的词，可以是发音相同而词形不同的同音异形词（homophone）（如 there 与 their、right 与 write），也可以是形式（包括发音和拼写）相同而意义毫不相同的同形异义词（homonym）（如 bark

（吠）与 bark（树皮））、tear（眼泪）与 tear（撕）），还可以是形近词（如 custom 与 costume、commerce 与 commence、impudence 与 imprudence）、同义词（synonym）（如 big 与 large、provide 与 offer、straggle 与 digress）。这些种类的词是二语学习者在使用中容易发生混淆的词。而该软件所设立的这一模块并未有效提供目标词的易混词。如 lack 一词所给易混词为 lucky、lace、flick、sack；dispose 一词所给易混词为 disclose、disperse、despise、dispense；这些词与目标词无发音、拼写、词义上的关联，并不构成混淆。如果提供 lack 的同义词 want、deficiency、shortage、exclude、miss，提供 dispose 的同义词 remove、incline 与同译词 deal，并提供对比、讲解，将起到辅助学习者进行词汇知识建构的效果。

4.1.3.2 学习材料欠缺系统性组织

知识建构需要学习材料本身具备一定的组织结构，且与学习者的先前知识形成联系，使材料具备可理解性输入的条件（Bruner，1965）。一个词的内部各维度之间具有天然的联系。呈现这些知识的学习材料应当保持联系与呼应。若学习材料内部碎片化，材料间的联系不明确，学习者就难以将其整合为系统知识。词的各个义项之间的逻辑联系、英汉释义的对应、例句与各义项的对应、词与词之间的语义关系等都需明确呈现，使学习者更为系统地与学习材料互动，进行有意义学习。但是，该软件针对词语所提供的学习材料在内部一致性、组织度上尚存在一定不足。

4.1.3.2.1 学习材料内部缺乏一致性

在主学习界面，百词斩提供了涉及词形、词义（中英文释义）、形态与句法（“单词变形”）、语用（例句、视频）等词汇知识维度的学习材料，但利用选词进行调查发现，有些词语的学习材料内部有不一致现象。这包括中英释义之间、词义与例句之间、“单词变形”与词性、词义之间的不一致。

1. 中英释义的不一致。在英英释义方面，软件往往仅为目标词提供一个释义，而其汉语义项则不止一个。例如，satisfy 一词所给释义为“vt. 使满意，符合…标准，使确信，履行”，而该词对应的英文释义为 to cause（someone）to believe that something is true，这一释义只对应“使确信”的义项，而其他义项相应的英文释义并未给出。再如 original 在该软件汇中的英文释义为

able to think of or make new and creative things。这一释义仅对应其四个所给义项之一“有独创性的”，与其他三个义项相应的英文释义缺失。而英文释义有利于建立目标词与本族语词汇之间的语义联系，可促进英语词汇知识的深度学习。一方面，英英释义使词义理解更为准确。使用英语基本词汇准确地解释词义可避免汉语对等词在词义上给学习者带来的误导。例如，动词 suspect 与 doubt 通常共译为“怀疑”，而根据 Webster Dictionary，suspect 一词的释义是“To imagine to exist；to have a slight or vague opinion of the existence of, without proof, and often upon weak evidence or no evidence”；doubt 的释义是“To waver in opinion or judgment；to be in uncertainty as to belief respecting anything；to hesitate in belief”。显然，二者在词义上有显著差异。若依据汉语对等词对两个词进行使用极易出现混淆与误用。另一方面，英英释义有助于心理词库的搭建与优化。将英语词汇单一地依附在汉语对等词上，难以实现英语词汇之间的通达。而英文释义为目标词的词义增加了英语表征形式、理解通道与提取途径。imagine to exist、slight or vague opinion 与 waver、uncertainty 等表达分别阐释了 suspect 与 doubt 的内涵，使解释词与目标词之间形成了新的语义联系，使心理词库得到局部搭建与优化，一定程度上减低对汉语对等词的依赖，实现目标词在语义上的独立。

2. 例句与义项的不一致。例句为义项提供了必要的理解情境。但是该软件中的例句与义项并非一一对应关系。以 original 为例，其义项为“有独创性的，原始的，最初的，新颖的”，其主例句 He was a very original thinker, always coming up with new ideas 中表达了“有独创性的”之意，其余三个例句分别为：

- The new town would have been unrecognizable to the original inhabitants.
- Any faults in the original cider stood out sharply after distillation.
- Sometimes the original abortion was done so badly that the uterus prolapsed.

对应的义项分别为“原始的”“最初的”“最初的”，但并未给“新颖的”这一义项提供例句加以说明。这种不一致易造成学习者对未提供语境信息的义项的忽视或遗忘。

3. “单词变形”与词性不一致。“单词变形”中的形态与词义或词性不相一致。如 desolate 只给了形容词词性（adj. 荒凉的；无人烟的），然而其“单词变形”如下：

表 9　百词斩中 desolate 的“单词变形”内容

第三人称单数	desolates
现在分词	desolating
过去式	desolated
过去分词	desolated
名词	desolateness
形容词	desolately

这些变体中既有动词 desolate 的曲折形式（desolates、desolating、desolated），也有形容词 desolate 的派生词（desolateness、desolately），但却没有动词 desolate 的名词变体 desolation，说明对这一词的相关设计不够系统化。再如，original 一词所提供的词性为 adj.，而所给单词变形为 originals，该词实为名词 original 的复数形式，此处的“单词变形”并未给出形容词性的 original 对应的派生词。

4.1.3.2.2　学习材料欠缺组织度

1. 各义项间的组织度不高。以 original 一词为例，该词所给释义为“adj. 有独创性的，原始的，最初的，新颖的”。仅把这些义项线性罗列无法体现其内部的逻辑关联。事实上，该词的词基为 origin，意为“本源、起源”，因此这四个义项中的原型义为“原始的”，由此辐射出“最初的”“新颖的”“有独创性的”三个义项。应向学习者表明义项间的这种关联，使其将各义项建构为语义链，可相互激活，助其系统掌握该词的词义。同时，给出表达这些义项的例句，使各义项获得语境支撑，丰富对义项的情境化理解，提高词义的接受性与产出性知识水平。

如需启发学习者，可以在义项旁设置“?”按键，请学习者点击后抛出“这些义项间有什么联系吗”的问题，促使其在义项间架设联系，主动建构词义知识。

2. “单词变形”内部组织度不高。对于中国的英语学习者来说，动词的时态、名词的单复数等曲折变化形式相对固定，较易识认。而派生词是由词基加派生词缀的变化而构成的新词（王文斌，2002），因派生词缀的多样性而不易掌握。但是，因为共享词基，派生词之间存在极为紧密的语义联系。学习者可以通过学习派生词缀在一个词与其派生词之间建立联系，建构词汇知识。成人二语学习者在二语学习初期由于熟练度较低，语法知识存储在陈述性记忆中，多词素词以整词的形式存储在心理词库中；但随着第二语言熟练度的提高，语法知识的存储由陈述性知识逐渐转变为程序性知识，多词素词的表征方式由整词存储变为更加经济的分解存储（药盼盼等，2012）。例如，information 一词是学习者较早学习的词语，该词是以整词形式存储的。当学到 informative 时，就可帮助学习者将两词联系在一起，发现其共同部分（即词基）为 inform。如果以“信息”为基本词义，那么 informative speech 就可以解读为 speech full of information，inform sb of sth 可以解读为 give sb information about sth。这有助于学习者建立已有知识与新知识的联系，从而以已有知识为生长点，纳入新知识，实现有效的语义结构。从句法上来看，派生词之间的词义相近或相同，而词性一般不同。以词义为主线了解派生词的具体使用环境，可以帮助学习者深化对此类词的句法知识的理解与运用。此外，掌握派生词缀还可以在共有该派生词缀的不同词之间寻找联系。如果学习者了解到后缀 - tive 来源于拉丁语 - ativus，意思是“……性质的、与……有关的、属于……的、有……倾向的、有……作用的”，那么以此后缀为关系，可将学习者学习过的 informative、talkative、argumentative、comparative、successive 连在一起形成以 - tive 为主题的图式，提高识别、存取此类词的效率。可见，为学习者提供派生词有助于在相关词语间进行词义通达与词汇组织。因此，学习材料应当提供派生词信息并提供派生词之间的逻辑联系。但是，百词斩中的派生词组织度并不高。以 original 为例，由其词基 origin 出发，可以形成 originate、originality、originative、unoriginal 等多个派生词。这些词在百词斩中都有各自的学习主界面。但是词基与派生词之间的语义联系并未建立起来。在不同派生词之间应当建立交叉索引，利用超文本形式相互通达，使学习者可以建立它们之间的联系，优化词汇知识结构，并利用超链接将每个词与其主学习界面相连，使学习者长按每一个词时都可以获得简要的发音、中英文释义，点击则可进入该词对应的主学习界面。通过这种可视化呈现，学习者可将这一词汇网络搭建在心理词库中。若学习者此前已学习过其中的若干词，则可强化这些词的联系，以进一步优化其词汇网络。

在语义方面，例句所提供的语义联系有 original thinker、original inhabitants、original cider、original abortion，这些横组合知识提供了 original 的使用环境，与 thinker、inhabitants、cider、abortion 构成的语义可以激活学习者的语义体系，产生语义联想，提高对该词的存取水平。但是，如果例句过长或句中词语难度过大，这些语义知识就不易得到凸显。以 original abortion 对应的例句为例，其中的 abortion、uterus、prolapse 的词频都低于 original，使该句的可理解性较低。当学习者阅读此句时，很难将注意力集中于 original 的搭配，因而影响对该组合的意义建构。

同义词辨析也是增加词汇纵聚合知识的途径，且帮助学习者在比较同义词用词语境差异的基础上准确理解、掌握词义，提高用词的精准度。

例如，百词斩将表达“大”的一组词 gigantic，tremendous，colossal，immense，metropolitan，great 所对应的对话 TV 汇编在一起播出，这是引发学习者词汇深度学习的有益尝试。但是，这些 TV 只是串联在一起。TV 之间没有整合为对这组词词义差异或用词环境异同的比照与辨析，且这种形式也没有为学习者创设问题情境，邀请学习者主动参与分析、评判，建立语义关系，优化心理词汇网络。

再如，该软件以“九种职业人生”为主题，为 interpreter，astronaut，cashier，chef，judge，soldier，tailor，cook，cowboy 这九种职业分别制作了若干体现职业特性的视频片段。只是视频中的用词有很多在词频上低于这些目标词，减低了情境的可理解性，削弱了情境对词义的建构与激活作用。事实上，这些职业名称的汉语对等词足以激活对相应英文的理解，以识认为目的的学习并不需要配合太多的情境。若需要对这些词汇进行深度学习，应当以建构这些词语的语义联结为主，即通过情境凸显每个词对应的角色所牵涉的语义，如 astronaut 与 universe、spaceship、space station、moon landing、rocket 等词共现，使之构成语义场，建立或优化相应的心理词汇网络。

4.2 扇贝单词述评

扇贝单词是一款英语词汇学习软件，可在移动端运行。该软件的代表性与研究价值除了体现在其极高的下载排名之外，也体现在：1. 该软件在某些词汇知识维度的呈现上采用了可视化技术，这有助于提高学习者的词汇组织度；2. 该软件的笔记功能作为一种合作学习形式有助于引发高阶思维，促进英语词汇深度学习。

扇贝单词的主界面可横向划分为六层（见图30）。顶层是“打卡天数”，点击进入可查看打卡的具体日期。第二层包括“新词数”“今日单词”“剩余单词”“我的单词”。“新词数”指系统根据学习者的学习情况从学习者选择的单词书中推送的每日新单词+自行添加的单词，新词数因复习单词的数量而变化；“今日单词”指当日学习+复习的单词总数；“剩余单词”指当日尚未完成学习/复习的单词数；“我的单词”指学习者新词数+正在学习单词数+已经掌握/简单词数（已经掌握的单词指学习五遍或以上的单词，简单词指的是删除后进入简单词词库的单词）。第三层是“开始学习”键，点击后可进入学习环节。第四层是“口语”“听力”“阅读”“炼句”键，点击可进入相应的移动学习软件。第五层是“用短语背单词”和“看视频学单词”，分别涉及短语学习和视频学习内容。第六层是底栏，分为“背单词”“课程”“发现”“我的”。“背单词”界面即主界面。

图30 扇贝单词的主界面

首次学习时，学习者需进入“我的”选择单词书，单词书包括针对各级各类考试拣选的单词书，也包括文学作品、影视作品中拣选的单词表，而后设定每天学习 + 复习的单词数，一般而言，每天学习的新词数占单词总数的17% 左右。

在“背单词”界面点击“开始学习”。以 dispose 一词为例，界面呈现 dispose 的词形、音标并同时给出发音。该词下方有三个按键，为“太简单”“认识”“不认识”。如果点选“太简单”，则系统默认学习者已完全掌握，进入到下一个词。如果点选“认识”，则呈现该词汉语释义，并提供句子 He doesn't know how to ________ of his spare time 和译文“他不知道怎样安排业余时间”，供学习者输入该词词形。如需提示，则首先给出该词的发音，第二次提示为该词的部分拼写 d_ sp_ s_ ，第三次为完整拼写 dispose，如果学习者拼写输入依旧有误，则将正确答案与学习者的答案列在一起比照，直至学习者填写正确。

在实际操作中，我们发现重复进入该词的学习，系统提供的填空句不尽相同，共有三句，即 Dispose of these old magazines；He doesn't know how to dispose of his spare time；His job is not only to dispose of problems but（also）to meet unexpected challenges. 此三句互为填空句与提示句。复习、提示所用句的随机变化增加了学习者接触目标词不同语境的机会，引发学习者基于语境的推理从而强化其对目标词词义、词形的回忆，同时提高在不同语境中提取该目标词的几率。

如果点选“不认识”，则首先呈现例句。继续点击“不认识”，则给出词根，此时下方有“想起来了”“没想起来”按键，点选“没想起来”则给出该词的英文释义，继续点选“没想起来”，则呈现该词的汉语释义。此时点击“查看详细”，可进入 dispose 的完整知识信息界面，即学习主界面（见表 10）。

表 10 dispose 在扇贝单词中的学习主界面的内容

词形/音标/发音	dispose [dɪˈspəʊˈz]
汉语释义	vt. 倾向于，处置；vi. 销毁
英语释义	v. to get rid of something or throw something away, or to overcome a threat or get someone primed to a certain state of mind

续表

智慧词根	pos，posit：pos，posit = put，表示“放”； 同根词：dispose/postage/interpose/posture/pose/postal/composer （以 interpose 为例，其解释为：inter 在…之间 + pose 放 = 放在两者之间 = 插入、介入：v. 插入，介于…二者间，干涉）
派生联想	见图 31
例句	His job is not only to dispose of problems but（also）to meet unexpected challenges. 他的工作不仅要处理难题而且也要应付突来的挑战。 He doesn't know how to dispose of his spare time. 他不知道怎样安排业余时间。
更多场景例句	She's disposed of the cell phone we were tracking. 她扔掉我们追踪的手机了。来源：疑犯追踪 My orders are to dispose of this. 我的命令是处置掉它。来源：天蝎 I'll send a team to dispose of the bodies. 我会派一支小队处理他们的尸体。 （以下略）
笔记	见图 33

如表 10 所示，该词所给汉语释义有误：第一个义项应为“使……倾向于”，表达“处置”含义时，dispose 应为 vi. 。而且，英文释义与汉语释义并非一一对等关系。这一问题与百词斩中的问题相似，即目标词各维度知识时有不相一致的情况。

“智慧词根”包含了与 dispose 有相同词根的若干动词，首先介绍了词根的基本含义，而后结合不同前缀后缀的含义解读其他词的词义。

“派生联想”以树状图的形式表征，是一种知识可视化呈现方式（见图 31）。词基 dispose 置于首位，其派生词作为分支罗列其下。每一派生词的派生词缀都得到解释。有时，派生词也有自己的派生词。以 origin 的派生词为例（见图 32），origin 的主干上有两个派生词 original 与 originate，点击 originate 之后在其下方分出了它的派生词 originative 与 originator。同理，点击 original 后，其下方也可分出自己的派生词 originally、unoriginal、originality。这种

“总-分”的呈现方式体现了构词上的层级，减轻了学习者的认知负荷，同时又提高了学习者的探索兴趣。如果可以这些派生词缀为核心进一步归类，则可以建立新的词汇网络。以 original 的派生词缀-al 为例，可在点击-al 后给出 formal、functional、marginal、natural、personal、recreational 等形容词和 approval、arousal、arrival、disposal 等名词，以增进学习者对该词缀的理解，在已学词汇间建立新的联结。

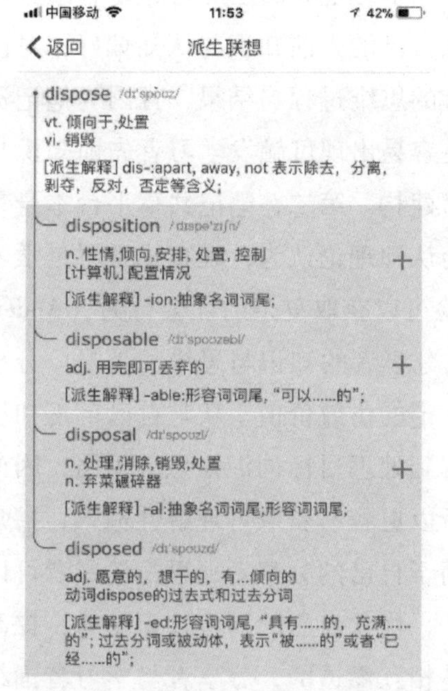

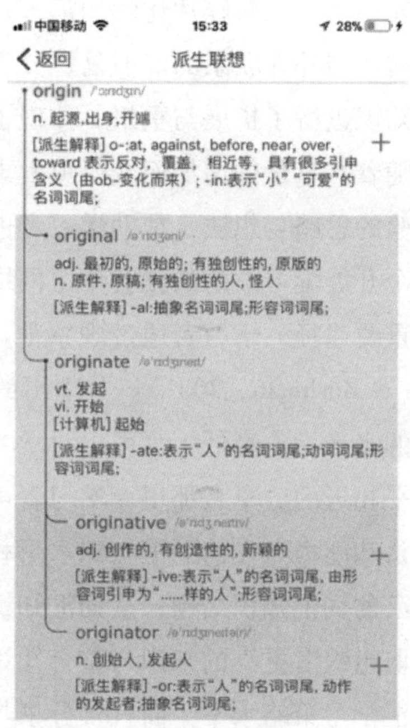

图 31　dispose 在扇贝单词中的派生联想界面

图 32　origin 在扇贝单词中的派生联想界面

“例句”一般给出两个句子。此处，dispose 的两个例句表达的都是“处置”之意，但并未针对该词第一个义项“使……倾向于”提供例句。

“更多场景例句”需要点击进入。所谓场景，是指这些例句取自英美影视剧作。大量的语料为深入理解目标词的真实使用环境、深化词汇知识提供了基础。

“笔记”模块中，学习者可输入笔记、用法、助记法等觉得对其有帮助的学习信息或体会。该软件的笔记功能为学习者提供了学习交流的平台，使分享者与学习者双向收益。一方面，分享者出于自主学习、知识整合、获取社会评价等目的积极提供经过自己查阅、评价与认可的知识或经验。因为自己所分享的材料会被他人查阅、学习，所以他们肩负着一定的社会期待与责任。这使得笔记分享的目标强度（goal intensity）大于笔记独享的目标强度，从而引发更强烈的探究动机，在这一过程中进行更为主动的意义建构，以达到自学、助人的效果。另一方面，分享出的笔记对学习者有较大的吸引力。首先，笔记是对碎片化的词汇知识的整合。学习主界面上的材料是有限且缺乏内在与外在联系的。但是，分享者根据自己的先前知识与认知偏好，对词汇知识进行了扩展与重组，体现了分享者的思维过程与结果，且因为笔记资源随着共享量的增加而变得愈发丰富，更容易出现可触发学习者先前知识与体验的思路与想法，帮助学习者进行意义建构。第二，笔记共享平台本身是一个开展学习效仿的社会学习网络。社会认知理论认为，观察式学习是学习的重要途径。学习者通过观察他人的经验可以获取复杂的社会行为（Anderson & Bushman，2001）。共享出的笔记是分享者的知识与思维的外显。分享者的水平无论高低，都可以对学习者有一定的仿效价值。从与自己词汇知识水平相近的分享者那里，学习者可以了解到处理目标词汇知识的思路，因词汇认知能力与先前词汇知识水平相仿，所以更容易获取可理解性输入，搭建自己的词汇知识结构；从词汇知识水平高于自己的分享者那里，学习者可以获取组织度更高的知识与整合知识的方法，优化自己的词汇知识结构，提高词汇学习策略水平。而且，分享与学习是相互渗透的，分享者与学习者围绕主题知识学习创建了学习共同体：分享者在分享过程中深化了学习，且会更加关注他人的分享以界定自己的贡献；学习者在获取分享的过程中，也可给出自己的评价，这也是深化认识的过程。通过点评、收藏、针对反馈意见的修订，二者间可以实现互动与合作学习。在此意义上，分享与学习得到了相互转化。

图 33 显示的是 dispose 的共享笔记。如图所示，这些笔记中包括同根词（impose）与搭配（dispose of、be disposed of、disposed for/to）。但是笔记的不规范之处很明显：有重叠（“dispose of 处理 丢掉 解决”出现了两次），有不相关之处（如 despair、despot）；而且，“handle，solve，arrange，schedule”这一笔记本意是提供目标词的同义词，但显然分享者不知晓这些词与 dispose of 的区别，即 dispose of 虽常译为汉语的“处理”，如“处理垃圾”，但此处的“处理”是“除掉”之意，与用在“处理问题”中的“处理”意思相差很远。这印证了 Jiang（2000，2002）和张萍（2016）的研究结果，即二语学习者的词汇学习往往借助一语的翻译对等词，将二语词与一语词的概念体系相捆绑。此例中，该分享者误将 handle 与 dispose 经由“处理”这一同译词等同起来，这意味着学习者将两个二语词与一语词相连，却未意识到该一语词的概念中既有“处置、安排”之意，也有“除掉”之意，导致对二语词的理解错误。

我们在扇贝单词中查询了 lack、burst、original、prospect、dispose、previous、lure、precede、desolate、scaffold、straggle、pallid 共 12 个选词的共享笔记，发现目前的笔记存在以下问题：

图 33　dispose 在扇贝单词中的笔记

（最后更新日期 2018－1－23）

1. 笔记呈碎片化，较为散乱，且有些笔记相互重叠。按照我们的观察，分享者的笔记有释义类、形态类（包括曲折变化、词根词缀）、词源类、例句类、句法类（如，lack 做动词没有 lack of，而且不能用于被动语态）、语义类（包括同义词、反义词）、谐音类、词义整合类（如，original 意为原始的，就是你最先想到的，就是有创造力的）、辨析类（如对 creative、original、imaginative 的词义进行比较）、联想类（如，struggle straggle：挣扎到分散）。但实际上，这些笔记并未进行一定的分类与排序，导致有些无关或出错的笔记占据靠前的位置，而有些详细且有启发意义的笔记散见在后面，不易查找。

2. 笔记中时有错误。如将 original 的名词形式 originality 误写成 originallity，把 plenty 当作 lack 的反义词，在 precede 的笔记中出现了“He come in, precede by his wife”这样的语病句。

3. 笔记与目标词无关，如在 previous 中出现了 prevent、present 释义，在 prospect 的笔记中出现了 marital 的释义，在 burst 中出现了 seam 与 sack 的释义，在 scaffold 中出现了 at the eleventh hour 这类与 scaffold 无关的表述。

4. 有关词汇应用的笔记较少。在对 12 个词的笔记调查中发现，释义类笔记普遍占据了近一半的数量，这只针对词汇知识宽度。涉及词汇句法、语义类的笔记较少，具体体现为搭配、语块、纵聚合知识较少。而句法知识、语义知识是词汇产出、交际所需的重要知识。

随着用户使用量的累积，笔记的数量仍将持续增长。届时，以上问题可能更加突出，影响笔记的整体质量。当学习者面对杂乱、时有出错、实用性低的笔记时，更难有时间与精力筛选、甄别，查看他人笔记的意愿会因此降低，使笔记共享平台变成分享者单向发布信息的场所，从而失去了笔记分享的意义。

为此，建议该软件设定分类标签，方便分享者按照分类以有目的地组织自己的笔记，方便学习者检索、筛选所需知识。由贡献度高、获评分数高的学习者担任管理员，剔除错误、同质化或价值不高的笔记。此外，鼓励学习者自行选择喜欢的笔记收藏、对分享的笔记投票，并因评价、评论而获取参与积分；分享者的作品得到他人收藏与分享后也可获得积分，以加强学习者与分享者之间的互动，提高笔记的分享质量与接受效果。

所有当日单词经过学习者“简单”“认识”“不认识”等评价并依次进行以上流程学习后，可完成当日学习，而后进入测试板块。测试分为单词测试、例句测试与单词量测试，也包含“再来一组”，即增加当日的学习数量。单词测试以英文词形与语音呈现，请学习者在四个汉语词义选项中选择正确答案。如 desolate 一词对应的答案应为：adj. 荒凉的，荒芜的 vt. 使荒芜。这种测试是词汇宽度方面的接受性测试，只考察对基本词义的掌握，并不涉及该词的拼写与语音的产出性知识。

例句测试是通过对目标词的例句进行组装以测试和巩固该词。例句测试分为基础模式和进阶模式。以 desolate 一词为例，其对应的例句为“这里，没有战争来摧毁我们的土地。”在基础模式下，把例句打散成单词（Here，wars，desolate，we，fields，to，our，no，have），请学习者按原句顺序点选。如果未在指定位置选择对应单词按键，则不予输入，直到逐一点选正确，完成整句为止。完成句子后学习者可收听整句语音：Here，we have no wars to desolate our fields。在进阶模式下，学习者根据该词和该句的中文释义写出对应的英文句子。显然，这是一种锻炼学习者产出能力的测试方式。在这一模式下，只给出第一个词（此处为 Here）作为提示，一旦回忆不起来整个句子的任意一部分，只能查看答案，点击查看答案后，出现全句。这里没有通过一步步提示在搭架子的条件下给学习者完成整句的机会，建议可以通过整句语音播放进行提示，或把整句分割为语块（如 have no wars，desolate our fields)，使学习者一步步通过文本或语音提示得出全句，获得自主完成任务的成就感。

4.3　墨墨背单词述评

墨墨背单词的主要功能与百词斩、扇贝单词相仿，即备有针对各类型课本与各级考试的单词书、学习管理（打卡、制定学习计划、激励)、复习、学习数据统计、词汇量测试、小组学习等功能。但是，与其他两个学习软件的一个不同是，墨墨背单词具有选词功能，即可自主从单词总表中选词学习，而不必按照选定的单词本中随机抽取的词语学习。因此，本研究所选取的 12 个词均可以在该软件中得到从学习至复习的全程考察。本节首先简述该软件的学习主界面，而后阐述该软件可促进词汇深度学习的三个特征：1. 学习笔记分享与评价；2. 词频、词汇难度与学习人数等数据统计；3. 个性化复习体系。

4.3.1　学习主界面简述

以 pallid 的学习主界面（见图 34）为例，墨墨背单词的学习主界面包括目标词、发音、词形、词频排名、难度等级、学习人数与认知比例，以及例句、助记、词典。该界面的总体特征是：1. 利用超文本性随时将所需词语纳入学习计划中：界面上每一个英文词都可点击打开浮窗，呈现该词的基本词义并可点选将该词收为新词，帮助学习者认识生词、理解语境并有机会进一步学习、复习该词；2. 自主创立、选择学习材料：汉语释义、例句、助记皆可自建或从备选材料中选取；3. 提供了词频、词汇难度与学习人数等数据，使学习者有了与其他学习者相比较的机会；4. 链接了有道、金山、海词、必应等网络词典，可从中获取丰富的词汇知识。

图 34　pallid 在墨墨背单词中的学习主界面

4.3.2　有利于英语词汇深度学习的部分功能

4.3.2.1　学习笔记

在墨墨背单词的学习界面，点击“例句”部分可进入有较为丰富的备选例句的界面。这些例句按照点赞量排序，提供者为墨墨背单词官方或学习者。以 precede 一词为例，可选例句中排名前五（截至 2018 年 1 月 24 日）的依次为：

This duty should precede all others.（540 个赞）

Stone tools precede bronze tools.（508 个赞）

He preceded his speech with a few words of welcome to the special guests.

(332 个赞)

The earthquake was preceded by a loud roar and lasted 20 seconds. (162 个赞)

He gestured to her to precede them from the room. (106 个赞)

这些例句也会在复习时出现，挖空目标词供学习者输入词形拼写。

在“助记”项中，每条贡献的助记方法都打上了标签。标签分为联想、谐音、词根、扩展、串记、口诀、对比、语法、词源、分析、合成、吐槽、其他。可根据标签对数量较多的助记方式进行筛选。

标签（tag）的使用与分享可以促进英语词汇深度学习。首先，标签帮助分享者界定所贡献知识、方法的类属，帮助学习者筛选所需的类别，对于双方而言，这都是对知识精致化组织的过程。其次，在知识碎片化的网络环境下，标签可以通过超文本技术将散落在不同区域的模块化的同类知识拣选出来，使相同类属的知识得以汇集、交叉、聚合，便于意义建构，以形成新的、有意义的知识体系，这是移动学习较之纸质媒介学习的优势之一。第三，标签具有社会属性，贡献者为上传的知识、观点打上标签，就更容易被其他学习者检索到，也就增加了自己作品的访问量，由此与其他学习者建立了更多的联系，增加了社会互动的可能性。因为作品上超链了贡献者的基本信息（累计签到数、记忆分享数、例句分享数）、联系方式，所以贡献者不断得到社会评价，受到社会期待，这满足了贡献者的社会需求，驱使自己继续共享学习成果。同时，标签的存在使学习者更容易发现自己所需的内容，并对内容做出拣选、评价，而这本身也是深入学习的过程。作为社会化学习的参与者，通过自己的拣选与评价，学习者也为内容的进一步传播做出贡献。此外，贡献者有贡献分奖励，并为获得社会认可而搜找合适的学习资料，甚至是自己创造新颖、有趣的记忆方式，这促使他们投入更多的心理资源，积极进行知识建构。而通过对备选的例子或学习方法进行评价和选取，学习者也将获得更大的学习自主权，并在这一过程中明晰其个人喜好、理解水平与需求，提高其元认知能力、学习动机与学习效果。总之，清晰、明确的标签有助于知识的分类、汇总、检索与社会化学习，是促进学习者深度学习的途径。

但是，这一功能在设计上也存在不足：系统并未给这些标签以明确的界定与分类，这易造成分类上的混淆，即本应归为一类的内容有时列在其他标签下。例如，precede 的“助记”中，一项点赞700次以上的［联想］类助记内容为：“pre - 预先， - ced = go 行走，前行 = 走在前面。recede 撤回，交换；accede 答应，同意…”。而这一记忆方法本应归入「词根」类。为保证标签的有效使用，建议厘清每一分类的概念，并举例说明，以使学习者与贡献者对分类形成统一认识。

4.3.2.2 数据统计

在墨墨背单词的学习主界面上部列有目标词的词频排名、难度等级、学习人数与认知比例。以 lack 一词的学习主界面为例（见图35）。lack 的词频排在该软件收录的52662个词中的第3515位，难度等级为10级中的第4级。截至2018年2月24日共有101，015位学习者将此词列为目标词，其中有81.73%的学习者对该词的掌握达到了“认知”级别。

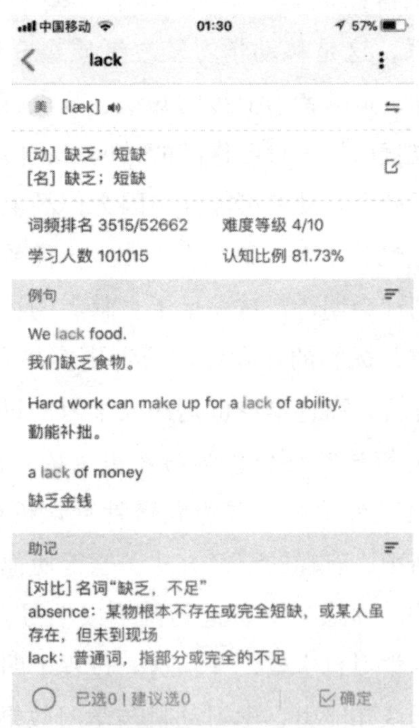

图35　lack 在墨墨背单词学习主界面上部的数据统计（截至2018/2/24）

为进一步了解该软件在以上四个方面的统计数据特征，我们对本研究所选的12个词在该软件中的相关数据进行了统计，结果见表11。从中可知，该软件的词频排名与Nation（1990）的词频分类基本一致，该软件学习者对previous一词的掌握程度相对高于Nation的词频表中对应的分类级别；dispose和prospect的难度高于bulb，分别仅有41.40%和36.01%的学习者对该词的掌握达到“认知”级别，低于bulb的42.44%，这说明语料库对词频的统计与中国英语学习者的实际掌握水平之间有不一致性。但另一方面，也可能是因为学习者样本量不足以反映总体的掌握水平。

表11　选词在墨墨背单词中的词频排名、难度、学习人数、认知比例统计（截至2018/2/24）

选词	Nation（1990）中的词频	词频排名	难度等级	学习人数	认知比例
lack	2000级别	3515/52662	4/10	101015	81.73%
burst	2000级别	4352/52662	6/10	107179	53.33%
original	2000级别	2736/52662	5/10	113694	68.73%
prospect	3000级别	8609/52662	8/10	117774	41.40%
dispose	3000级别	10166/52662	9/10	96425	36.01%
previous	3000级别	5056/52662	6/10	135326	63.48%
bulb	5000级别	9533/52662	7/10	85992	42.44%
precede	5000级别	26055/52662	9/10	74784	34.33%
desolate	5000级别	9180/52662	10/10	46394	25.63%
scaffold	10000级别	17469/52662	9/10	1860	26.42%
straggle	10000级别	35808/52662	10/10	5815	24.33%
pallid	10000级别	24680/52662	10/10	5221	18.67%

这种数据统计的意义在于：

1. 为学习者提供了词频知识。词频知识被Richard（1976）与马广惠（2007）列为词汇知识的组成部分。事实上，词频因素无论在接受性词汇知识还是在产出性词汇知识中都起到关键性作用。词语学习的容易度与该词的使用频率成正比（Palmer，1917）。高频词之所以容易掌握是因为其频繁出现，而每出现一次就在学习者短时记忆中得到一次复述（rehearse），或在长时记忆中得到整固。从关联主义角度说，词的每一次出现都会使语境－词义－词形－语音的联结得到一次强化，因此更容易在相似情境中或启动情况下激活与提取该词。而且，高频词的字母数和音节数往往较少，受到的语义限制也不多，即高频词的使用环境更为丰富（Nation，2010）。“频率排在前1000的词在语料库中约出现800次；第二个1000词的出现频率约74次，而5000等级的词平均频率只有20次”（Milton，2009）。将前2000个最频繁出现的词列为高频词对将要进行学术研究的人来说仍是最好的决定，因为这2000个词占据了文本80%的容量（Nation，2010）”。词频假说（the frequency hypothesis），即词语的学习顺序是从高频词到低频词的假说，在诸多研究中得到了测试与证实（Pignot－Shahov，2012）。学习者通过了解目标词的词频可以决定对该词的重视度，以分配自己的时间与精力。但是，以目前墨墨背单词的词频表达形式尚不能使学习者做出学习投入度方面的判断。因为所示词频缺少实用的参照系。

2. 提供学习人数以及认知比例为学习者提供了社会规范与参照。从社会学角度来看，社会规范是管理社会成员行为的非正式理解（Marshall，1994），是对体现了明示或暗示的群体规则的态度与行为的具体预期（Gerrig，Zimbardo，2014），是个体对特定群体行为的理解与可接受的群体行为的集体表征（Lapinski，Rimal，2005）。个体有按照社会规范调整自己行为的倾向。个体往往期望遵守社会规范，期望达到社会所认可的期望，这是个体的社会需求之一。社会准则调节后，个体的行为也会参照社会规范而产生变化。

这些数据对学习者了解自己的学习进度、当前词汇水平以及提高元词汇知识水平有一定价值。因此，需要指导学习者如何解读并使用这些数据。方法可以是：（1）给出分析报告，并指导下一步的学习；（2）给出学习者之间（如好友、相邻学习者、同一学习小组成员）的比较；（3）讲解如何根据目标词的词频决定自己的时间与精力分配。鉴于词汇学习者普遍对通过各类英语考试有实际需求，可以考虑在目标词旁标记相应的考试等级，如四级词汇、专业八级词汇、GRE词汇等，便于学习者在自己的学习列表中按照考试等级对熟识、认识、模糊、忘记等各种掌握程度的词进行多种分类（如按照词频、难度、学习人数、认知比例等）。

4.3.2.3　复习体系

复习时，墨墨背单词就每个目标词呈现三个挖空目标词的例句或词组，并呈现该词的词性与汉语释义。请学习者点选“验证拼写”，而后给出“发音”与“瞄一眼”键，点击前者可获得发音提示，点击后者空格处可短暂出现目标词的全拼形式（长按该键则拼写不消失）。这一设计为学习者提供了认知支架，减低回忆难度，同时提高学习自主性。

完成填写后，进入目标词的学习主界面，并给出“认识”“模糊”“忘记”三个按钮，请学习者自己判断对该目标词的掌握程度。墨墨背单词的系统设定是：“认识”是指单词的发音、拼写和汉语释义可以迅速回忆起来；“模糊”是指发音有少许错误，或拼写错了几个字母，或释义似乎知道但又不能清楚地说出口；“忘记”指单词的发音、拼写和释义完全没印象。显然，这三个评级中“认识”对应的是词汇宽度的产出性知识水平；“模糊”介于产出性与接受性知识水平之间。这种设定可提高学习者参与度，从而增加学习者对自己词汇知识水平的判断力。

系统会根据学习者的记忆反馈、目标词本身的难度以及学习者平时的记忆水平决定该目标词再次出现的频率。其中，“认识”的目标词当天第一次出现点击认识，则该词当天不再出现，且下次出现的间隔天数会越来越长，最长一年时间。“模糊”的目标词当天第一次出现点击“模糊”，则该词在当天至少会出现两次，且在较短天数内会再次出现，可能间隔一天也可能间隔几天。“忘记”的目标词当天肯定会出现两次且一定会在第二天再次出现。

具体间隔时间是根据后台数据对该词难度和学习者自身的记忆力情况的统计进行规划的。例如，一个简单的目标词或者说高频词如果第一次出现学习者就点击了“认识”，那么它大概只会在一个月内再次出现一次，之后的出现间隔时间会非常长，并且会越来越长，并不会占用学习者太多的复习时间。

学习者在复习界面还可点击右上方的下拉菜单，进入后将目标词标记为“熟知”，并自主设定“熟知”的词下次出现的时间。

这一复习设计考虑了词频、学习者记忆习惯与水平以及学习者的自我判断，因此有助于提高学习者的自我管理意识与个性化学习程度。但是，复习内容局限于基础例句或词组，且每次复习没有顾及语义、句法、形态等方面的知识，无法增加学习者的词汇知识深度与词汇组织度。

4.4 Vocabulary. com 述评

Vocabulary. com 是一款国外的英语词汇学习软件，可以在手机上运行。该软件兼具背单词功能与词典功能。换言之，该软件既涵盖词典级别的丰富的词汇知识供学习者查询、学习，也可让学习者按照个人需求进行选词并提供包括测试、激励、学习进度管理、学习轨迹跟踪、词汇知识个性化推送等功能，帮助学习者有组织、有目的地记忆词汇。

鉴于本章 4. 1 – 4. 3 已论述学习主界面的学习材料内容、组织与呈现在促进英语词汇深度学习方面的优势与不足，本节不再赘述。本节重点评述 Vocabulary. com 中可促进英语词汇深度学习的主要功能。

4.4.1 解释语

Vocabulary. com 的学习主界面在提供词条解释之前，提供了对目标词的情景化解释。以 prospect 一词的解释为例：

prospect

A prospect is the possibility that something fabulous will happen. After you graduate top of your class at Harvard, for example, your job *prospects* look great.

Prospect is from the Latin word *prospectus* which means a " view or outlook. " A *prospect* is still a way of looking ahead and expecting good things. It's like *potential* in that it's something that might be but isn't yet. There is also the *potential* for something bad to happen, but *prospects* usually look good. In the 1800s, when men in floppy brown hats started saying " There's gold in them there hills!" the noun became a verb — to *prospect* is to search for gold. Either way, when you have *prospects*, you have a golden future.

首先，该解释语介绍了 prospect 的基本义，而后以一个诱人且醒目的假设情境——graduate top of your class at Harvard 作为语境讲解 job prospects 的含义。而 job prospects 也是一个语块，为学习者提供 prospect 的横组合知识。由这一搭配可以引出 market/promotion/employment prospects。而后，给出了 prospect 的词源 prospectus 及其含义。接下来，给出了 prospect 的近义词 potential 并将二者进行了对比：potential 在表达可能性时为中性词，而 prospects 为褒义词。最后，给出了 prospect 的动词及其产生背景，并将 gold、golden 与 prospects 相结合，明示了 prospects 与 future 的关系。

解释语对词汇深度学习的促进作用体现在以下方面：

1. 目标词得到了多次复述。在对 12 个目标词的解释部分调查后，发现所有解释语的总字数为 1222，在这些解释语中共出现目标词 82 次，每个词在解释语中平均出现 6. 83 次，相当于每 100 字重复 6. 71 次。以低频词 straggle 为例，其解释语如下：

To *straggle* is to wander in an indirect, meandering way. Lions often go for the small antelopes that *straggle* behind the herd. To *straggle* is to veer from a route, or to wander aimlessly behind everyone else. If you plan to go to the movies but end up at a store and then a friend's house, you *straggled*. *Straggling* is a type of digressing — to *straggle* is to get sidetracked. In the military, *straggling* often means to stay on leave too long or be in the wrong position for a battle. When people *straggle*, they've gone off - course.

在这一含有 97 个词的短篇中，straggle 出现了 8 次。目标词的多次重复有助于学习者对该词的记忆。信息加工理论认为，以某种能量形式被个体的感官察觉的信息首先经由感觉登录器（sensory register）进入工作记忆进行复述（rehearse）。复述的次数与该信息被存储至长时记忆的可能性及牢固度呈正相关（Festco，McClure，2005）。事实上，这也是所调查的其他 app 在目标词复习阶段采取的主要呈现策略，即通过反复地将目标词基本词义与词形、语音共同呈现，以提高词汇知识的复现率，强化其存储。

2. 目标词得到了丰富的情景化解释。一方面，解释语中为目标词提供了富于画面感的语境，如 scaffold 一词的解释语中有这样的片段：If you watch a lot of swashbuckler movies, you'll have seen depictions of a helpless person being threatened with beheading by a villain on a *scaffold* in a crowded square. Suddenly, out of the crowd a hero appears and saves the day, after which they ride off into the

sunset. 这一段中丰富的细节信息使学习者得以将文字转化为表象，在对细节进行视觉再造过程中增加了其注意资源的投入，从而对 scaffold 的表象、含义进行了更为深入的加工。另一方面，这些解释语的一个显著特征是常以第二人称的形式与学习者展开对话，通过情境带入，使学习者“亲历”目标词的使用，且创设的情境给人较为深刻的印象。比如，前文谈到的 prospect 的解释语中有这样一句：After you graduate top of your class at Harvard，for example，your job prospects look great. 学习者看到此句，可以展开丰富的联想与憧憬，由此引发的想象可以激发学习者积极的情绪体验，而积极情绪可提高学习者的动机水平，使 prospect 一词更容易与既有知识、体验相联结。再如 burst 的解释词中的一段：As a verb，*burst* is your go – to action word to describe something sudden and energetic happening. It usually means，" to explode outward，with noise" like if you burst into song in the middle of study hall，startling everyone. 该段创设了一个有趣的画面，并提供了 burst 的横组合知识 burst into song，引发了学习者的想象，使该词获得了更多的关注与建构机会。事实上，学习者在学习过程中如果发现某些知识、技能与真实世界和个人生活相关，就会投入更大的努力进行学习，且知识的存储与提取会更加快速（Sawyer，2006）。

3. 不同义项、不同词性得到了较为自然、顺畅的表述。从 12 个目标词的解释语中发现，大多数解释语能够从基本语义出发，利用语境将多个词义、词性的用法展现出来，体现了词义知识的系统组织与呈现。再次以 prospect 的解释语为例。通过例句、词源讲解，学习者了解到 prospect 一词兼有 the possibility that something fabulous will happen、view or outlook、a way of looking ahead and expecting good things 之意，且由此发展出动词 prospect 的 search for gold 之意。描述过程由一条逻辑主线贯穿，便于学习者理解目标词的多个义项。

4. 提供了词源知识，如：*Prospect* is from the Latin word *prospectus* which means a “view or outlook.”；*Original* comes from the Latin word *originem*，which means “beginning or birth.”；The verb *dispose* comes from the Latin word *disponere*，meaning “put in order，” “arrange，” or “distribute” . [*Burst*] comes from the Old English word *berstan*，meaning “break suddenly.” 词源可使学习者从历

时的角度追索词义，了解词义的演变过程，将词的历时特点与其已掌握的具有同词源的其他词的共时特征相联系（陈燕，2002），从而获得对目标词纵向与横向的理解。

5）富含句法知识。对于目标词的解释含有词根、词缀的讲解，如 *Precede* is one of many verbs ending in " – ceed" or " – cede" that trace their roots back to the Latin word *cedere* which means "to go." For *precede*, know that it's *pre* "first" + *cedere* "go."; With *previous*, you first see that the prefix pre meaning "before." The second part of the word, vius, — think via — means "road," so you're talking about the road, or thing, before.

6）提供了丰富的语义信息：如横组合知识：

... the *previous* sentence explained the meaning of the word *previous*...

You will know right away if the *previous* tenants had cats.

Do you ever wonder what you were in a *previous* life

Rivers are at flood stage from the *previous* two rain storms.

You might *precede* your best friend in line.

If you *lack* something, you need or want something that's missing.

When you buy a car from its *original* owner, you know it's only been owned by one person.

纵聚合知识：*lack*（need or want something that's missing）；*prospect*（potential）；*dispose* of（give away; throw out; sell）；*straggle*（wander; veer; get sidetrack; go off – course）。

需要指出的是，各个词的解释语自成一个语义场，因此这些语义信息都处在句内与语篇所形成的丰富情境之中，易于理解且易于学习者将目标词、语义关系与自己的先前知识、体验相联系，从而实现意义建构，将新词汇知识整合入已有心理词汇网络中。

4.4.2 测试手段

4.4.2.1 测试手段多样化

学习者在查询或选择词汇表后可根据需要将特定的词设为需要学习的

词。此后可在名为 Play 的模式下通过接受若干轮测试逐步掌握该词，每一轮测试后都会以进度表形式呈现该词的掌握进度，完成所需的评测轮数后可将该词列为已掌握词（Words I've mastered）。通过使用 12 个所选词接受测试，我们得出系统对这些词语的测评设计（见表 12）。一般而言，目标词需要经过 4 轮以上的评测（bulb 一词无法被列为可测试的词，在输入 mirror、dog 等高频具体名词后，发现也存在这一情况。一种假设是该系统默认此类指称实物的名词易于掌握，所以不设相应测试）。对于词性、词义较丰富的词相应的评测轮数也较多（如 burst 设置了 12 轮测试）。在确保每轮回答正确后，才被认为已掌握。如果某轮回答出错，则会在下一轮继续呈现该测试题目，直到给出正确答案。即使完成所需轮数测试，有关该词的其他测试题仍然会不定期呈现给学习者，以防止学习者遗忘并进一步提高学习者对该词的掌握度。测试以选择题为主，考察学习者在语境中对目标词词义的理解、目标词的同、反义词知识、脱离语境情况下对词义的理解以及对目标词的应用情境判断。

表 12　各个选词在 Vocabulary. com 中完成规定测试所需轮数及测试题举例

选词	轮数	测试题举例	测试题类型
lack	5	He ________ Alex' s speed, but he can easily run for more than six hours at a time, with energy to spare. Source: *New York Times* repays <u>lacks</u> enjoys ranks	语境推断
burst	12	In these three words, this gentleman had**burst** the bubble of order in that consultation. Source: BBC In this sentence, **burst** means to: floated <u>collapsed</u> captured produced	语境推断 + 同义词
original	4	According to the **original** paper, engineers described themselves as " strongly conservative" and " deeply religious" more often than professors in any other field. Source: *Slate* In this sentence, **original** means: of or relating to an occupation <u>preceding all others in time</u> involved in or affected by or having a claim to or share in characterized by great firmness of purpose	语境推断 + 释义

续表

选词	轮数	测试题举例	测试题类型
prospect	5	He might be one of those locaters, from the big towns, who ________ the lands, with a view of settling government warrants on them—they were always so secret until they had found what they wanted. <u>Source: *Openings in the Old Trail*</u> <u>prospect</u>　ignore　erode　retract	语境推断
dispose	4	**dispose** means to: express a threat either by an utterance or a gesture separate substances into constituent elements or parts <u>make receptive or willing towards an action or attitude</u> take out a contract of reimbursement in the case of loss	释义
previous	4	**previous** means: active　<u>premature</u>　numerous　extraordinary	同义词
bulb	0		
precede	5	To ________ is to come before. A short speech could ________ dinner. When marching into the room, the younger kids could ________ the older ones. Spell the word:	语境 + 发音
desolate	4	**desolate** means: stubbornly unyielding <u>crushed by grief</u> in opposition to a civil authority or government impaired by diminution	释义
scaffold	6	When the executioner had placed the rope round her neck, and the cap on her head ready to be drawn over the face, she uttered a long and fervent prayer, expressed with great volubility and propriety of diction, every word of which could be distinctly heard by us as we circled the ________. Source: *Mystic London: or, Phases of occult life in the metropolis* hinge　<u>scaffold</u>　counterpart　seam	语境推断

续表

选词	轮数	测试题举例	测试题类型
straggle	6	Which of the following could be said to **straggle**? a heavy snowfall that covers the landscape a large wave that breaks over the shore a mild breeze that ruffles the grass <u>a small creek that flows away from a river</u>	应用情境判断
pallid	6	The *opposite* of **pallid** is: <u>vital</u> internal slim primitive	反义词

应试也是一种学习。通过接受测试，学习者可以检验自己在学习主界面学习过的有关词形、词义、语义的相关知识，并通过阅读真实语境下含有目标词的句子增加情境知识。可以看出，该软件对词汇知识的考察相较百词斩、扇贝与墨墨背单词更为全面，不仅要求学习者掌握词汇宽度知识，而且考察在真实情境下对词义的判断能力以及一词多义、语义知识。此外，该软件还考察学习者对目标词应用情境的判断，如表 12 中所举的 straggle 的测试题，学习者只有解读了四个选项各自所陈述的物体运动状态并知晓 straggle 一词的词义，才能做出正确的匹配。再以 burst 的 12 个测试题中的一道为例：

In which of the following examples does someone burst

A woman calls in sick to work

A boy learns to skateboard

A girl begins to sob loudly

A man lights a fire in his wood stove

该题考察学习者是否掌握了学习主界面给 burst 的第一个释义 come open suddenly and violently，as if from internal pressure。通过对四个选项的解读以及与题设的匹配，学习者需进行一定的分析与推理。这种测试方式为学习者设置了问题情境，体现了任务式学习的理念，即为学习者提供真实的语言使用任务而使其在问题解决过程中投入更多的注意力，进行有意义学习，增加其语言情境体验与获得感。

通过呈现形式多样、词汇知识维度涉及较广的测试题，Vocabulary. com 帮助学习者复习目标词并进一步拓展其词汇知识深度，同时也使其语言实际运用能力得到了锻炼。此外，因为测试的形式与角度多样，其产生的反拨作用可促使学习者在学习其他词语时不仅仅关注词汇知识宽度，也注重词汇知识深度。

当然，评测部分也存在一些尚需改进之处。如有些题干所给语境信息量过大，而推理出目标词实际上并不需要如此多的信息，这可能导致学习者只关注填空处或目标词周围的语境部分，而使其他内容失去存在的价值。如果希望提供学习者在复杂语境中理解目标词的机会，应选择以目标词为核心语义的语境，使学习者需要通过对语境与目标词的逻辑关系进行系统分析方可获得对目标词的深入理解。另一不足之处是测试题没有根据目标词词义的常用度设计测试频次。事实上，多义词一般都有核心词义与边缘词义，前者使用频率高，后者使用频率低。测试题应针对词义常用度设计相应的题型与题量，以反映真实条件下目标词的使用。此外，每个目标词测试的最后一轮都以该词在学习主界面的解释语为语境，将目标词挖空，请学习者输入该词拼写，并在呈现解释语的同时提供该词的发音（见表 12 中 precede 对应的题型）。此类题型的本意是考察学习者依据语境推理而产出目标词词形的能力。但是，学习者完全可以根据语音提示越过语境而直接填写出目标词，这使得此类题型的效度有所减低。为解决这一问题，该软件可效仿百词斩、扇贝单词、默默背单词的做法，并不在呈现题目的同时提供目标词发音，而是增加语音提示项。学习者只有在无法根据语境推理出目标词或对目标词的拼写不熟悉的情况下，才需要借助语音提示。如此设计可增加学习者的心理资源投入度，促进相关词汇知识的深度加工。

4.4.2.2 个性化

与前文我们评述的百词斩、扇贝单词、墨墨背单词相比，Vocabulary. com 的测试形式与内容并不是一成不变的。系统就目标词的重要词义向学习者提出一系列问题，每次回答正确，该词的进度条就填充一部分。进度条填满就意味着目标词的彻底掌握。该软件认为学习者至少需要在若干天的时间跨度内完成若干轮测试才可确保掌握一个词。而且，适度的遗忘是学习的一部分。掌握一个词所需的时间取决于义项的数量、学习者正确回答数以及在学词汇总量。具体而言，系统对多义词的考察往往更为细致、测试轮数更多；测试一般按照最常用一次常用的次序提供测试。学习者对目标词测试答错次数越多，完成所有测试的时间就越长。就学习量而言，如果学习者在学词汇数量很大，则系统就会延长掌握词语所需的时间。即使学习者通过测试“充满”了掌握目标词所需的进度条，即掌握了该词，系统仍然会周期性地给出“温习”题（“brush - up” questions）。学习者在掌握目标词过程中出错率越高，“温习”题出现的频率就越高。如果学习者顺利完成这些题目，则针对该目标词的测试全部结束。

该软件的这一功能设置既考虑到知识有一定的遗忘率，需要让学习者进行一定的间隔学习（spaced learning）以整固知识，又符合二语词汇习得规律，即掌握一个词意味着循序渐进地学习目标词的多个维度的知识（Read，2000；Qian，2002）。而且，该软件能够在记录学习者学习情况的基础上动态调整学习者的学习量与学习周期，这体现了移动学习的优势，即利用移动计算技术捕捉、记录、判断学习者学习行为，按照学习者的实际水平调整学习资源以及学习者的学习节奏，以满足学习者的独特需求。这种建立在诊断性反馈基础上的资料推送与互动能够帮助学习者明晰学习目的与学习结果，从而提高其自我效能感。

4.4.2.3　提示与鼓励

对一个目标词进行首轮测试时，学习者在做出选择前可点击题目下方的提示。以 mendacious 一词的第一道测试题为例（见图 36）：如果点选“50/50”，系统会将两个非正确选项打叉，以将学习者选择的成功率提高到 50%，通过降低任务难度减轻学习者选择压力，增强解题信心。如果点选 Word in the Wild，则会在题目下方切换至该词的 usage example 部分，学习者可按照需要一句一句查看例句，获得在真实语境下推断目标词义的机会；如果点选 Definition 则直接在下方显示该词的基本释义。将 usage example 与 definition 处的资源统合在测试界面上的这一呈现方式充分利用了移动网络的超文本特征，使词汇知识与语料间形成互通，得以通过学习者的自主选择在一个平面上以非线性方式呈现，帮助学习者进行词汇知识的主动建构。

当学习者错选时，系统会在错选项上打叉同时以手机震动形式提醒。第一次选错会随机给予 Um，no. What’s your second guess/ Strike 1. Give it another try! /Nope, that wasn't it, take another look. 等语句回应学习者。第二次选错会随机给予 That wasn't it either. / You're getting warmer... /Survey says, you're wrong again. / Look on the bright side 等语句；第三次选错会随机给予 I guess today isn't your lucky day. /It would be pretty easy now. /Let me make this really easy for you. / You can't miss it now. / Easy enough for you now /See if you can spot the right answer now 等语句。如果选择正确则会随机给予 You're a genius. /That's the one. /Nice job! /We have a winner! /You got! /Correct! /We knew you'd figure it out! 等形式的言语鼓励。无论是在错选处打叉、震动或是提供多样化的话语回应，都是系统尝试与学习者进行的互动，使每一个外显的学习行为得到情感或认知性反馈，以导引、维持甚至增强学习者的学习动机。

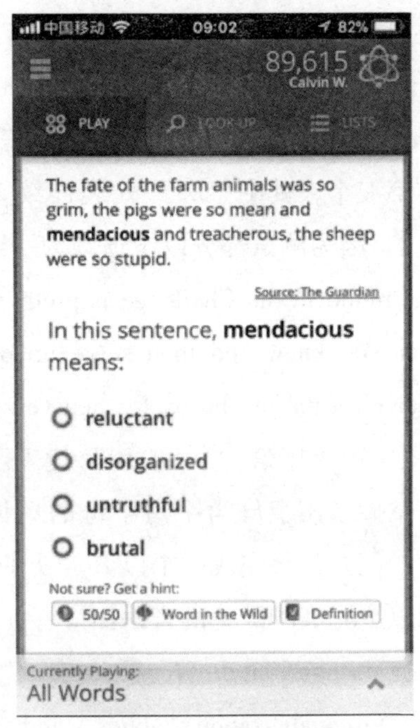

图 36 mendacious 第一轮测试题的界面

4.4.2.4 激励体系

Vocabulary. com 设有一套激励体系，记录学习者所取得的成绩并给予相应的强化。成绩由测试题正确数、连续答对数（Streaks）、全对的组数（每十个词的测试题为一组）、已掌握词数（Words Mastered）、某一首字母单词完成数体现。其中，测试题正确数以分数形式逐步积累，积累至5，000 分后由 Novice 升级为 Hotshot，并由此一步步升级为 Phenom、Prodigy、Brainiac、Savant、Maven、Verbivore、Logophile、Sage、Maestro、Guru、Ploymath、Sesquipedalianist、Lexicomaniac、Vocabularian、Walking Dictionary、Running Dictionary、Master Mind 直至 Word Czar（需达到 100 万分），每一级别都有对应的 logo 标识学习者的等级。其他成绩以徽章的形式记录（见图 37）。以连续答对20道题为例，系统给予“When you get a streak while you're playing the Challenge，we like to give you a pat on the back. Twenty in a row? That's two full Challenge rounds. Stupendous！”的言语奖励，并给予相应的徽章（见图中第4排第三个，其中“20”代表连续20道题正确，“3”代表该徽章已获得三枚）。因为测试部分以十道题为一组，如果一组全对，则可获得Scoring a perfect round in the Challenge is pretty rare，since the game is designed to figure out what you know and then serve up questions that are，well，challenging. So give yourself a pat on the back when you get a perfect round. 的言语奖励及相应徽章（图中第4排第一个，“10”代表已获得十枚）。图中含有大写字母的徽章代表掌握了该字母为手写字母的单词，右上方的阿拉伯数字代表对应的单词数。例如，每完成一个以B开头的单词，即完成该词所有轮的评测，就会得到以下充满幽默感的言语回应：

Mastered an B´Word

From aberration，abhor，and abject to zealous and zenith，every letter of alphabet is a new frontier for word learning. We celebrate with you each time you break into new territory with a badge. Think of them as stamps in your passport showing where you've been.

图中第5排第4个和第6排第1个的桂冠状徽章代表已掌握的单词数，每掌握5个、10个、50个、100个、150个等可获得相应的徽章。

在使用12个所选词进行测试的过程中，系统根据所选词的难度随机推送其他新词，因此实际检测到的词数超过30个，且随着选词的掌握，又有其他新词补入。测试过程中随着正确题数的增加，相应的徽章与分数奖励也增加。这些奖励可以在

图37 Vocabulary. com中的徽章举例

My Achievements 中随时查看，且点选任一徽章都可查看最近获得了相应徽章的其他学习者，并按照当日获得该徽章的个数为学习者排名。

如上所述，Vocabulary. com 具备一套针对学习者测试表现的激励体系。其中，分数及其对应的身份等级与各类徽章是奖励物。按照行为主义的观点，这些奖励物本质上都是积极强化物（positive reinforcer）。在斯金纳（B. F. Skinner）的操作条件作用（operant conditioning）下的学习模型中，强化（reinforcement）是能够增加目标学习行为再现频率与强度的刺激。强化物是能够起到强化作用的物质或非物质刺激。强化分为积极强化（positive reinforcement）与消极强化（negative reinforcement）。前者是在目标学习行为发生后给予个体的为其所喜好的刺激物；后者是在目标学习行为发生后移除的学习者所厌恶的刺激物。积极强化物（positive reinforcer）有多种类型（Alberto & Troutman，1999；Becker，1986；Duncan，Kemple，& Smith，2000；Kazdin，1982；Schloss & Smith，1994；Skinner，1953）（见图 38）

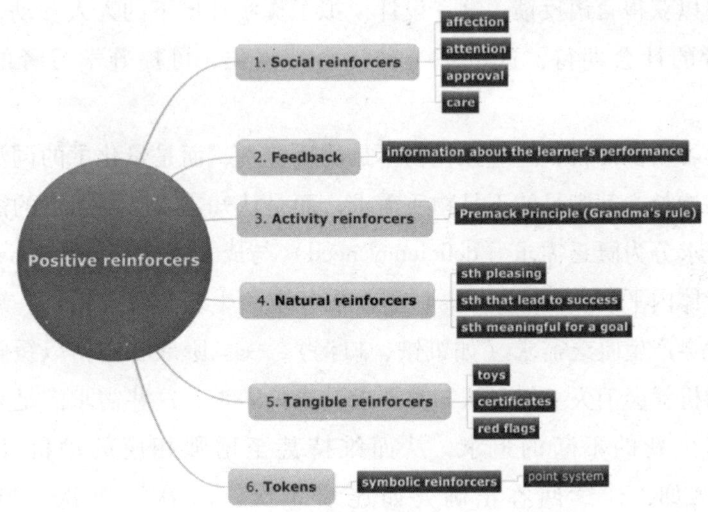

图 38　积极强化物的分类

其中，社会性强化物（social reinforcer）是能够满足学习者社会性需求的刺激，如口头赞许、微笑、掌声、同伴的鼓励等。反馈（feedback）是认知性强化，即对学习行为的判断与指导。活动类强化物（activity reinforcer）以活动形式出现，如游戏、和喜欢的人待在一起等。自然强化物（natural reinforcer）不是给予的，而是学习者在学习过程中自行获得的强化刺激，比如阅读过程中获得的乐趣与认知需求的满足。有形强化物（tangible reinforcer）是强化学习行为的实物，如奖状、徽章、奖学金等。代币（token）是象征性的无形强化物，如积分。虽然分数本身并无意义，但如果分数高低与对学习者的评价和具体强化相联系，那么它就具有了强化功能，如评分高可以得到他人尊重与羡慕或分数累积后可以换取实物或活动类强化物。这时代币作为二级强化物（secondary reinforcement），也会产生与一级强化物（primary reinforcement）相同的强化作用（Cruz & Cullinan，2001）。

在 Vocabulary. com 的激励系统中，分数、称号与徽章既具有代币功能，也具有社会强化物功能。称号体现了个人的词汇知识水平，是这一学习平台的核心评价指标，而各种徽章代表了学习者各个维度阶段性的成绩。这些奖励可以使学习者出现在平台上的各类排行榜中，因而具有了社会比较功能，成了学习者实现归属感、成就感的凭证。此外，学习者每一次答案选择无论对错都可以获得言语反馈，这一设计模拟了真实环境下的人人互动，体现为对学习者的社会期待，这也是一种社会性强化，可提升学习者的自我效能感。

就学习动机而言，这些强化物不是物质奖赏，而是量化了的词汇知识与词汇量的增长，其满足的不是物质需求，而是认知需求。马斯洛的需求理论认为，需求分为匮乏需求（deficiency need）与成长需求（growth need）。个体为保持体内平衡（homeostasis）需获取一定的生理与社会条件。缺乏了这些条件就会产生匮乏需求（如饥饿、口渴）。一旦匮乏状态得以缓解，与之相关的动机就会消失。但是认知类需求是成长需求，这些需求满足后个体会对认知产生新的不断的追求，从而维持甚至增强相应的动机（Maslow，1955）。例如，连续回答正确（如连续 5 次、10 次、15 次、20 次、25 次……）的设定使学习者珍惜每一次测试时所做的选择，确保获取更高阶的徽章。再如，每掌握一个单词都可获得相应的徽章并显示已获徽章数，这种追求在词汇学习中可以不断得到满足，而更高级别的徽章或更多的徽章数量对学习者构成了持续的牵引，使其更加专注于对目标词的学习和对题目的理解、分析、判断，并使用各种提示以求得正确选择。因为强化物的吸引，学习者在这一过程中投入更多的心理资源，也因此对词汇知识进行了更深入的加工，有助于深度学习的发生。

4.4.3 学习轨迹记录

Vocabulary. com 将所有已掌握词汇的测试题按照测试顺序记录下来，学习者可以在 Words I've Mastered 中点击任何已掌握的词，查看自己针对该词做过的所有测试题（包括正确选项与错选的题项），以此回顾自己的测试与学习过程，巩固记忆。同时，因为这些学习轨迹记录了学习者成功掌握目标词的过程，所以可以让他们重温过往学习的成功体验、总结成功经验，这是提升自我效能感的有效方式，有助于增强其学习新词汇的信心。

4.4.4 例句资源

Vocabulary. com 在学习主界面的 usage example 中从 Fiction、Arts/Culture、News、Business、Sports、Science/Med、Technology 等 7 个领域提供了选自文学作品、报纸、杂志的丰富且不断更新的例句。如 Sports 的内容可来自专业的体育类报刊，也可来自有 Sports 版块的综合类报纸杂志。按照领域的划分使目标词的使用环境得到了精细的界定。因为领域不同，所包含的词汇、语义、句法信息也就不尽相同。事实上，每个领域的例句形成了各自的语域。按照功能主义语言学的观点，一个语域就是一组适合于某种具体语言功能的意义以及用来表达这些意义的词汇和语法结构（Halliday，1985）。语域是使用口头或书面语言的特定情境类型（李努尔，1992）。表 13 是 burst 一词在 usage example 中的节选。从中可以看到，不同语域中的表达方式（如 fiction 中的 brave the storm 等）、专业术语（如 Science 中 climate... warming、tree buds，Technology 中的 financial professionals、"tulip mania" bubble 等）、句法、语义场都有各自的特征。学习者在理解这些按照语域分类的例句时，就已经在体会特定情境下目标词的使用。建构主义的情境观认为，知识的掌握需要依赖于具体的情境，在缺乏情境联结的情况下获取的知识不利于个体在特定情境中对该知识的理解与迁移。情境信息越丰富，情境的分类越明确，知识的存储、提取与迁移也就越准确。因此，按照不同语域提供富含该语域信息的例句，可以使学习者获得目标词丰富的语用信息，从而加深词汇理解，提高运用能力。

表 13 burst 在 Vocabulary. com 的 usage example 中的例句节选（截止日期：2018 年 2 月 9 日）

Fiction	I saw him frown darkly, and though he reminded me of a cloud about to burst, I decided to brave the storm and speak to him. *Ophelia*
Arts/Culture	The only signs of human life were the peaks of Calakmul's two other great pyramids bursting through the canopy like mountains through clouds. *New York Times* Feb 2, 2018
News	Chaudry was responding to the crisis with a characteristic burst of civic activity, participating in political forums and interfaith vigils. *The Guardian* Feb 8, 2018
Business	In Vietnam, the project is part of a burst of spending to meet rising electricity needs and support a fast - growing economy. *New York Times* Jan 26, 2018
Sports	The shape of his opponent's torso hinted he might rely more on strength and quick bursts of energy rather than longer endurance, George guessed. *Washington Times* Feb 7, 2018
Science/Med	But just moments later, a sound like an explosion burst from their bellies, in some cases followed by a beetle breakout. *Science Magazine*Feb 6, 2018 For example, as climate is warming, earlier springs are marked by earlier burst of tree buds and earlier arrival of a range of bird species. *Scientific American*Jan 31, 2018
Technology	Among some financial professionals, there is growing talk that the meteoric rise in bitcoin resembles the "tulip mania" bubble in the Netherlands in the 17th century that burst spectacularly. *Reuters* Dec 13, 2017

虽然这些数量不断增长的例句为学习者理解目标词提供了丰富的分语域语料，但其流动性与丰富性也为学习者的复习与拣选带来了困难。一方面，这些语料的快速更新使得学习者很难在不同时间回顾时发现原有关注的语料。以 burst 一词为例，我们在 2018 年 2 月 9 日翻找其 News 语域下的例句，发现需要翻过 5 个页面共 20 个例句才能找回 2017 年 12 月阅读过的例句。如果选择 All sources 这一不分语域的方式呈现所有类别的例句，则回到 2017 年

12 月的例句需要翻过 59 页约 240 个例句，而这只是 1 个月零 9 天所产生的信息跨度。庞大的信息流给学习者针对其所需要的例句进行回看与复习带来较大不便。即使学习者最初带着既定的目的，也会因走马观花式地浏览纷繁杂乱、未经细致筛选的语料使自己的注意力分散，难以集中对知识进行理解、分析、评价等深加工所需的心理资源，发生碎片化学习。

针对信息冗余的问题，建议基于该软件在 usage example 中所累积的涵盖丰富的语料库资源，按照目标词的词性、词义、语域以及例句发布时间、来源等维度对例句进行标记，供学习者根据学习需要进行例句拣选。也可参考语料库的检索功能，呈现在某一时段、某一语域中与目标词共现频率最高的词，请学习者按照数据驱动学习（Data Driven Learning）的方式通过分析语料发现目标词在某个语域的典型句法与语义特征，并获得地道的语境知识。

针对信息留存不便与学习者被动学习的问题，可考虑提供例句收藏、笔记功能，使学习者在学习例句时留存有价值的语料以备回看，并使学习者通过记录笔记摘录有价值的内容或记录自己的学习心得。此外，可考虑增加评价功能，即学习者可为有价值的例句点赞，以拣选出值得学习者特别留意的例句，减少无目的浏览的时间损耗，同时增加学习者之间的互动。

通过增加以上功能，学习者的学习自主性可以得到加强。同时，通过对信息进行甄别、分析、评价，学习者将增加心理资源的投入，有利于深度学习的发生。此外，因为学习者与语料和其他学习者的互动增加，系统可以获取更多的学习行为数据，通过挖掘这些数据更准确地分析出特定学习者的学习偏好、学习进度，从而有针对性的推送学习资料并提供个性化反馈。

4.5 Wordflex 述评

在本章 4.1－4.4，我们通过对百词斩、扇贝单词、墨墨背单词和 Vocabulary.com 的述评重点论述了背单词软件在促进词汇深度学习方面的优势与不足。但是，前文所探讨的移动学习软件在系统地对词汇知识进行可视化呈现方面都有所欠缺。而知识可视化可以凸显关键信息，揭示知识间的关系，帮助学习者建构图式、减轻学习者认知负荷、利用多通道处理信息、优化其知识结构（Eppler，Burkard，2004；王朝云，2007；严晓蓉，何高大，2015；王峥，2017）。为此，我们通过一款基于 iPad 移动端的可视化词典从可视化、交互式体验角度论述词汇深度学习在移动端实现的可能性。目前已有的可视化词典中还包括 Visual Thesaurus，但该软件不提供移动端版本，因此不在本研究考察之列。

Wordflex Touch Dictionary（以下简称 Wordflex）是在 iPad 上使用的一款可视化词典，其收词来源于《牛津英语词典》（Oxford Dictionary of English）第三版、《新牛津美语词典》（New Oxford American Dictionary）第三版、《牛津英语分类词典》（Oxford Thesaurus of English）第三版，提供了较为权威的释义与同、反义词信息。本节重点论述 Wordflex 的可视化与交互性特征，及其在词汇深度学习方面的有利与不利条件。

4.5.1 可视化与交互性

不同于传统纸质词典或网页类词典，Wordflex 最大的特点是可视化与交互性。学习者可以通过单击、双击、滑动页面等便捷的操作与词条互动，获得词汇知识结构清晰的词树图景与英语词汇网络生成、拓展的动态效果。

Wordflex 的使用模式分为检索、词语树（word tree）呈现以及随机词语呈现。学习者输入要查询的词时，目标词就会和与其在语音或词形上相近的词一同浮现在屏幕上，而目标词的字号最大且为粗体，方便锁定。点击该词后可进入该词的词树界面。我们以 lack 一词为例加以说明。图 39 显示了 lack 在 Wordflex 中包含了词源、词形、基本语义与句法知识信息的词树。其中，橙色或褐色的标记（badge）是经过点击后呈现出来的，分别以悬浮窗的形式展开词源或词义信息。图上方与下方的末端环形节点分别是 lack 作为动词和名词所对应的词义 be without 和 absence 的节点，单击后可各自打开相应词义的同义词和反义词（见图 40）。整个词树是以 lack 的词形、发音为根，以词性、词义、句法等词汇知识维度逐级伸展开来的树状结构。我们可以将 lack 的词树与其在网络版 Oxford English Dictionary 中的词条界面（见图 41）进行对比，发现在内容上后者除提供了较多的例句外，二者并无二致。二者的明显差异在于内容的呈现方式上：网络版的词典近似于纸质版的词典，仅有 More example sentences、Synonyms、Antonyms 可通过点击展开其隐藏信息，体现基本的超文本性。而其 Wordflex 版本表现出了极强的可视化效果与交互性。在 Wordflex 的搜索引擎中输入 lack 一词并点选后，词树可一次性全部展开其所有信息，也可单击节点逐级展开或收回下一级内容，可单击标记获得悬浮窗中的词源、词义信息，可单击与目标词相关词以进入该词的词树界面，还可通过双击节点打开悬浮窗点选收藏、复制或点选相关词以进入该词的词树界面。这一过程中，学习者可以自主在同一界面打开多层信息，也可从一个界面跳转至其他界面，并通过点选左边栏显示的上一目标词回到上一界面，或在历史栏中点选前几次进入过的其他目标词界面，以实现在不同界面的跳转。该软件可实现界面布局的调整、知识的动态呈现、层级的收放、同界面其他维度的开闭或不同界面间的切换，将词汇网络中的重要维度动态、系统地呈现出来，使学习者有机会不断探索复杂、丰富的词汇知识网络，获得多样的及时反馈与较强的操控感。

在随机呈现模式下，学习者在搜索引擎中输入目标词后，不仅可在屏幕上出现对应的词，而且会出现其他与目标词在词形、词义上相近的词语，供学习者点选进入。此外，Wordflex 还具备学习轨迹记录功能，即留存学习者最近查询过的词，以备学习者随时查看。

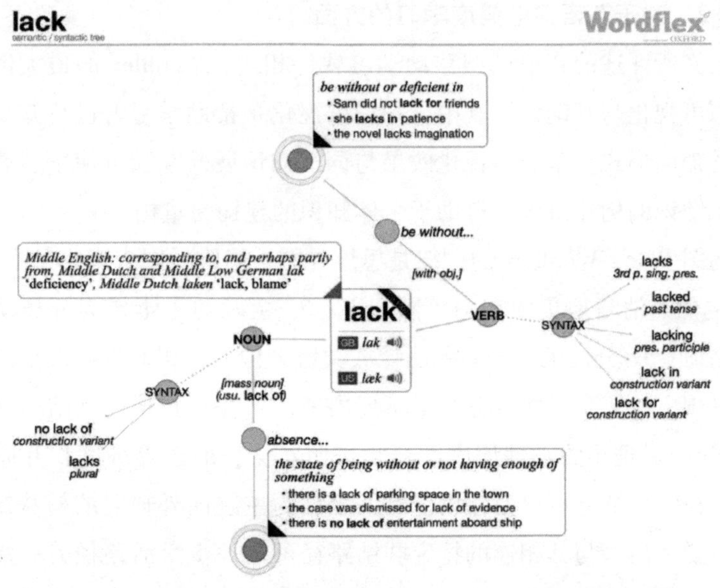

图 39　lack 在 Wordflex 中的词树（词源、词性、基本词义与句法知识）

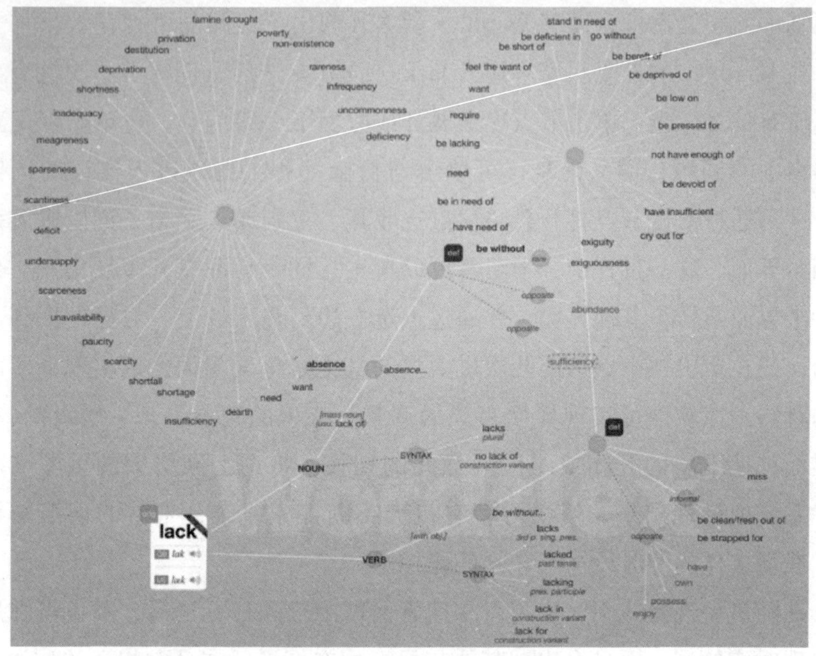

图 40 lack 在 Wordflex 中的完整词树

4.5.2 利于英语词汇深度学习的方面

与前文所评述的背单词型移动学习软件相比，Wordflex 的最大区别性特征是知识可视化与互动性。其中，知识可视化是帮助学习者进行知识结构表征的视觉辅助形式。基于可视化效果与词汇知识展开互动可使学习者主动探索结构化知识的构建过程，有助于个体知识的建构与重构。

从构图上看，Wordflex 的词树是思维导图。思维导图有四个基本的特征：1. 注意的焦点清晰地集中在中央图形上；2. 主题的主干作为分枝从中央图形向外辐射；3. 分枝由一个主题图像或关键词构成，相对次要的话题也以分枝形式呈现，从较高层次的分枝上延展出来；4. 整体形成树状结构（托尼·巴赞，1991）。理想的心理词库本身是按照意义、形态等维度相互联结的网状结构。视觉表征上可以看作以任意一个词为主题向外辐射的树状结构。当特定词被激活后，与其相连的特定联结路径可进一步激活路径另一端的其他词。在 Wordflex 中，语义、句法、词源上的任意一个词都可以经过点击、选

NOUN

[mass noun]

(usually **lack of**)

The state of being without or not having enough of something.

'there is no lack of entertainment aboard ship'

'the case was dismissed for lack of evidence'

[in singular] *'there is a lack of parking space in the town'*

More example sentences

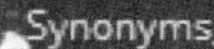

absence, want, need, deficiency, dearth, insufficiency, shortage, shortfall, scarcity, paucity, unavailability, scarceness, undersupply, deficit, scantiness, sparseness, meagreness, inadequacy, shortness, deprivation, destitution, privation, famine, drought, poverty, non-existence, rareness, infrequency, uncommonness

View synonyms

VERB

[WITH OBJECT]

Be without or deficient in.

'the novel lacks imagination'

[no object] *'she lacks in patience'*

'Sam did not lack for friends'

More example sentences Synonyms

be without, have need of, be in need of, need, be lacking, require, want, feel the want of, be short of, be deficient in, stand in need of, go without, be bereft of, be deprived of, be low on, be pressed for, not have enough of, be devoid of, have insufficient, cry out for

View synonyms

Origin

Middle English: corresponding to, and perhaps partly from, Middle Dutch and Middle Low German lak 'deficiency', Middle Dutch laken 'lack, blame'.

图 41 lack 在 Oxford English Dictionary 中的词条

（More example sentence 部分未展开）

取进入以该词为核心节点的网络中，提供给学习者心理语义网络的可视化表征，作为视觉辅助为学习者的心理词汇网络建构提供了内容、路径。此外，词树以孢子裂变的形式动态呈现词汇网络的延展，在思维导图的样态下利用隐喻视觉表征了词汇的网络化特性。例如，用来展开目标词词源或词义的标记（badge）在点击后具象化地呈现了内容便签，给人以实际使用纸质便签的体验感。因此，Wordflex 的词树静态模拟了心理词汇网络，动态模拟了词汇网络的层级递展效果，这有助于学习者进行心理词汇网络的搭建与优化。

Wordflex 的另一可视化效果体现在随机模式中。进入随机模式，学习者可以看到从屏幕深处涌现出随机的词、词组、例句。它们以不同速度、不同角度由远及近地涌向学习者的正前方、上方、下方、侧方，通过由小变大、交错、叠加创造出运动感、层次感与空间感，使学习者感觉自己处在宇宙中的某一个点，向着词汇星辰挺进，给人以强烈的视觉冲击。学习者随意点击任意一个“星辰”，就可进入它的词语树，开始直观的词汇学习，这能够激发学习者的探索兴趣。

Wordflex 为学习者提供了多样的操作方式并提供了相应的操作反馈，如双指缩放内容、划动解锁内容、拖拽以调整节点及其相应内容的位置，通过拖拽移动节点的位置，在不改变节点间关系结构的前提下调整不同节点间的远近位置。节点随着拖拽而表现出惯性的晃动，模拟了实物移动的物理特征，给人以现实操作感，提供了生动、有趣的交互体验，激发学习者的探索兴趣，促使发现式学习的产生。学习者可以在这一学习探索过程中借助词汇知识的可视化表征搭建、优化自己的英语心理词汇网络。

4.5.3　在英语词汇深度学习方面的不足及建议

如上文所述，Wordflex 从严格意义上说只是一款可视化词典，并不具备百词斩、扇贝单词、Vocabulary. com 等背单词类学习软件所具有的测试、激励、打卡、社区学习等功能。因此，就学习管理、个性化学习等角度而言，该软件不具备促进英语词汇深度学习发生的条件。即使就其现有功能来看，Wordflex 在词汇知识涵盖深度与组织度、可视化设计等方面也存在尚需改进之处。

4.5.3.1　词汇知识深度与组织度

作为一部词典，Wordflex 提供了类联接（colligation）、词源、语境化释义、发音、语域（俚语、书面语）、插图等较为丰富的词汇知识与表征形式。但是，该软件并未提供较为丰富、多样的例句。而情境化知识是词汇存储与提取的重要条件。建议为词设置悬浮框，包含简短释义、例句，使学习者自主点选进入以拓展目标词的语境知识，同时又不必因为需要了解该词的进一步信息而离开主要界面。此外，该软件提供的有关词语形态方面的知识量明显不足。例如，original 没有包含派生词信息，仅有 originals；origin 也没有包含丰富的派生词，仅有 origins；dispose 的派生词也仅为 disposer。相较而言，扇贝单词中 origin 和 dispose 的派生词提供得较为完整，且这些派生词通过树状图得到了较为充分的可视化表征。此外，Wordflex 几乎没有提供目标词的词根词缀解析，更没有以此为维度架设词汇间的网络。因此，建议利用思维导图式表征优势充分表征词语间在形态上的联系，帮助学习者搭建相应维度的词汇网络。

除此之外，Wordflex 的相关推送功能并未充分体现词与词之间多个维度上的联系。我们将 get、lack、burst、straggle、previous、precede、scaffold、bulb 等词输入搜索引擎，得到它们在界面上浮现的相关推送词（见表 14），从表中可以发现，推送词大致分为两类，一类为目标词的形近/音近词（如 get、lack、burst、previous、bulb 的推送词），一类为目标词的曲折变化与派生词（如 straggle、precede、scaffold 的推送词）。这些推送词对学习者来说几乎没有语义提示作用。事实上，相关推送的价值在于帮助学习者初步了解与目标词在音、形、义等方面有关的词或短语，引起学习者的选择性注意从而激活其心理词库相关部分，使学习者为构建词语之间的某种联系进行准备。因此，建议为学习者提供语音、词形、语义、句法等维度的筛选项，当输入目标词后，学习者通过筛选可获得在特定维度上与目标词相关的词语，进而可以此维度呈现思维导图，帮助学习者整合自己的心理词汇网络。

表 14　部分选词在 Wordflex 搜索引擎中对应呈现的关联词

选词	所给相关词
get	GED；gut；got；gets；gat；gods；God's acre；God help you；for God's sake；God's truth；God willing；GTis；Getty，J. Paul；have got...
lack	lac；lick；LACW；Van，Lake；Nicaragua，Lake；Superior，Lake；lacks；Maggiore，Lake...
burst	burs；burse；burnt；Bursa；burs；Burse；bursting；burst with；bursty...
straggle	straggles；straggler；struggle；straggly；straggled；strangle；straggles

续表

选词	所给相关词
previous	precious; pervious; previses; previously; previews; previous to
precede	preceded; precedes; preceded; precede something with; precedes; preceding
scaffold	scaffolds; scaffolded; scaffolder
bulb	bull; Bull; bulbs; bulk; BLOBs; Bulge, Battle of the

4.5.3.2 视觉设计

1. 词树的主干信息链条视觉效果不够突出、对比度不够。知识可视化的重要作用之一是厘清知识结构与知识重点。而在 Wordflex 的词树中，词汇主干网络与枝干网络的对比不清晰，这不利于学习者快速发现词汇知识结构层次。为此，建议使用粗线条或不同色调凸显主干结构，使核心词义、句法、词性等骨架结构与同义词、反义词、词组等枝干结构形成对比，以利于辨识，帮助学习者厘清词汇网络的层次。

2. 思维导图不足以表征心理词汇网络。有些目标词一个节点的连线过长，中间空白地带过多，导致一个节点所涵盖的空间范围过大，影响了其他节点在同一界面下的信息呈现，从而限制了词语信息的整体呈现。而且，Wordflex 不能在同一界面展开以核心词之外的其他词为核心的语义网络。如前所述，该软件模拟了以目标词为核心的结构良好的语义网络。但是，人脑中的语义网络是词与词在多个维度上的联结。虽然激活目标的不同导致网络节点的激活次序有所不同，但所有的词是以立体结构同时存在的。Wordflex 的一个界面上只能呈现学习者所关注的核心词发散出来的语义网络，却无法将以其他词为核心的网络呈现出来，这并非广义上的语义网络的全面表征。事实上，语义网络在结构上更近似于概念图，即图中不以一个节点为主题，而是在节点间形成各种联系。虽然概念图式的表征形式可能使节点形成交错、使信息复杂化，但可考虑一次仅对一种维度（如语义）进行概念图化表征，如此将更逼真地表现有组织的较为完整的心理词汇网络。

3. 色彩单一。除了词源（origin）、发音图标、反义词（opposite）的字体颜色为橙色或褐色外，词语的颜色统一为黑色，词性、核心同义词仅仅通过字体加粗以示强调。在一个信息量极大的灰色界面上（如图4－25），黑色与灰色的对比度较低，且不同节点、节点内部的各个词/词组全部毫无区分的呈现，无法一目了然地知晓区别性特征，这是一个遗憾。色彩是可视化设计中使用的重要元素。色彩本身可携带丰富信息，恰当地运用色彩对数据编码能够使可视化表达更加准确、富于表现力（Weiskopf，2004）。色彩可以帮助用户理解数据的结构（Tennekes，de Jong，2014），将用户注意力快速吸引至目标信息（Healey *et al.*，1996），突出重点信息以强化对信息的记忆（Moroney，2003），提升可视化的美感（杨欢等，2015）。建议词的归类除使用文字（如 syntax、opposite 等）表达目标词与其他词之间的关系外，可将不同关系的词标成其他颜色或改为差异醒目的字体。增加标识的信息，充分利用可视化效果，传达更为清晰、明了的信息。

4. 词汇知识呈现重点不突出。高频词所承载的信息过多，可考虑节点的精简。图42是 get 词树完整展开后的约二分之一的面积截图。我们看到，这些节点信息相互重叠，已很难看出层次与词汇关联。事实上，对于词义较多且具有两个及以上词性的高频词而言，提供一次性完全展开模式虽然忠实地再现了相关语义网络，但是学习者得到的却是有限界面内过于细密以至于繁乱的信息。为防止信息过载所造成的认知负担，可考虑设置逐步展开按钮。在设置中设定一个目标词首次全部展开时基本义项的数量、同反义词的数量。这要求对目标词的义项在语料库中出现的频率进行排序，对同反义词的频率及其与目标词共现的频率进行排序，从而在设定了某个呈现数量后，将最常见的信息首先呈现出来并提供继续展开的超级链接按钮，给学习者以最重要的信息。此后，如果学习者希望继续展开隐藏内容，只需点击按钮就可进一步知道其余信息。

此外，学习者也可进行个性化收藏。由学习者点选希望继续留意的义项、同反义词、句法等信息，在下一次展现该词时优先呈现这些信息。此外，学习者也可以在相应的词语信息旁做标记，甚至添加希望链接的其他词语，以进行个性化的词汇网络搭建。

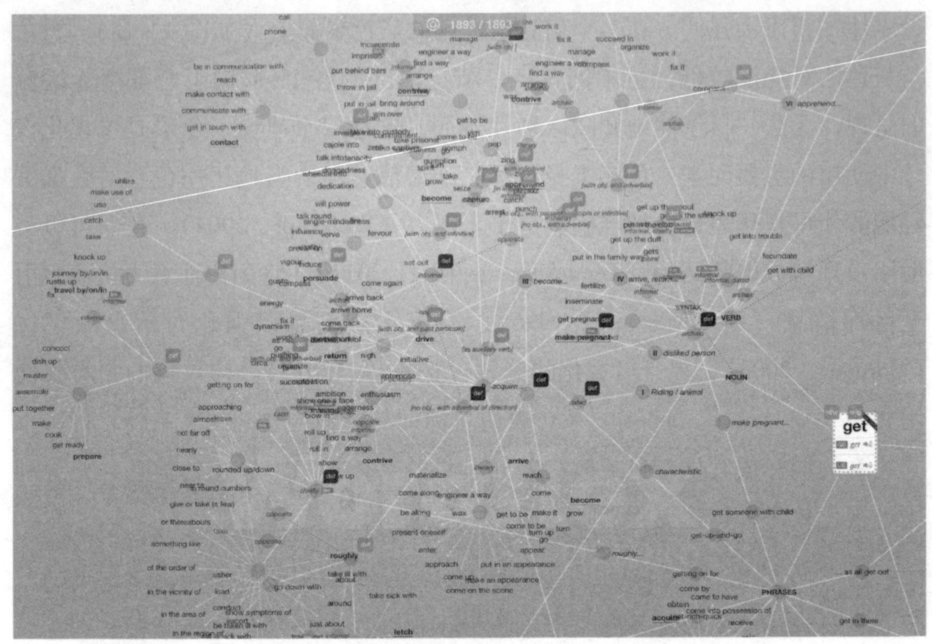

图 42　get 在 Wordflex 中的词树片段（约占词树总面积的二分之一）

作为一部在英语词汇知识方面规约严谨、结构权威的可视化词典，Wordflex 的目标之一是帮助学习者建立良好的词汇知识结构。如其官方网站上所述，该软件的重要目标是“为教学提供视觉辅助方案，帮助词汇迷深挖语言的复杂结构”（“Wordflex”，n. d.）。有鉴于此，可考虑为学习者提供一些半结构化的词，请学习者在这些词之间架设语义、句法等相应的关系，以提高学习者的词汇知识敏感度，以视觉辅助的形式帮助他们建构自己的心理词汇网络。

4.6　小　结

本章从英语词汇深度学习的视角考察了主要移动词汇学习软件所提供的学习功能及其在促进英语词汇深度学习方面的优势与不足，并给出了相应的建议。

我们利用所选取的 12 个目标词在这些软件中进行了查询、学习等操作，发现基于移动端的英语词汇学习与传统的英语词汇学习相比，在学习管理、学习动机激发、知识多元表征、知识可访问性、知识可视化、社会学习网络等方面具备优势。在学习管理方面，词汇移动学习软件所提供的打卡功能帮助学习者建立学习契约，有助于学习者的自我管理；选词功能可一定程度上满足学习者的个性化学习需要，增强学习的目的性；学习轨迹记录功能有助于学习者回顾已学知识，通过在新旧知识间架设联系进行知识建构。在激发学习动机方面，移动学习可通过提供认知、情感反馈与学习者展开互动，也可提供富于趣味性的学习材料减低学习压力。在知识的多元表征方面，移动学习可将学习材料进行多模态呈现，使基于移动端的词汇学习更逼近于真实情景下的学习，为学习者提供词汇知识建构所需的多样情境。借助于超文本技术，学习者可以在移动学习平台对实现了相互超级链接的知识进行查询、互访，强化了知识间的联系。可视化技术使有组织的词汇知识得到视觉表征，突出了结构，便于学习者掌握。而社会学习网络为学习者提供了发现、比较、合作的平台，有利于学习共同体的组建。

同时，我们也发现目前的移动学习软件在个性化学习设计、学习材料组织与呈现、元词汇知识、产出性技能训练与考察、高阶思维技能运用等方面存在不足。就个性化学习而言，目前的词汇移动学习软件在学习材料的呈现上较为程式化，没有依据学习者的现有词汇水平、学习偏好与学习风格推送有针对性的学习材料。就学习材料的组织与呈现而言，现有背单词型软件的学习材料对词汇知识的涵盖面不广，体现为形态、句法、语义知识不够丰富，且知识间欠缺组织，无法为学习者提供图式化的知识以便于其英语心理词汇网络的搭建与优化。现有软件也未能着眼于提高学习者的元词汇知识水平，使其内生自主、深入掌握词汇知识所需的知识框架，对其词汇知识学习进行自我指导与统摄。现有移动学习软件的另一突出问题是未能着重训练与考察学习者的产出性技能，而产出性技能是英语词汇深度学习的最终目的之一。现有软件虽然主要对学习者的接受性技能进行了训练与考察，但基本上仅关注词汇知识的宽度，而对词汇知识深度、组织度、语义自主性等维度重视不够，这不利于对词汇的深度学习。最后，现有词汇学习软件尚未创造出可以让学习者运用分析、评价、创造等高阶思维技能的学习环境。事实上，这些软件大多针对目标词反复呈现为数较少、形式相对单一的学习任务，旨在通过增加复现率加强学习者对目标词的机械记忆效果，这属于一种浅层的词汇学习，因为在这一过程中学习者无法进行复杂的认知活动。而心理资源投入度决定了词汇知识的加工深度。

英语词汇深度学习的过程涉及学习动机、知识建构水平与高阶思维运用度，其目的涉及词汇能力所包含的词汇知识宽度、词汇知识深度、元词汇知识、词汇组织度、接受性-产出性技能、语义自主性等多个维度。目前的英语词汇学习软件尚无法满足所有这些促进英语词汇深度学习实现的条件，本研究也无意于比较主要移动词汇学习软件在促进词汇深度学习方面的优劣。事实上，就本章对 5 个学习软件的述评结果来看，这些软件有功能上的重叠，但各自也都在特定的领域具有优势或存在不足。通过从深度学习的视角对这些有代表性的移动词汇学习软件进行述评，我们发掘并汇总了移动端促进英语词汇深度学习的具体途径，同时也有针对性地提出了进一步提高词汇移动学习效果的建议。

第五章　学习者视角下的英语词汇移动学习效果研究

5.0　引　言

上一章重点考察了目前有代表性的词汇移动学习软件的共性特征及其各自的特点，尤其探讨了它们在促进学习者词汇深度学习的发生方面所具备的条件及存在的不足。获得这些认识的目的是了解词汇深度学习在移动端实现的可行性及其特点。虽然深度学习是切实提高词汇能力的重要保障，但移动学习平台是不是学习者进行深度学习的重要渠道尚不知晓。换言之，我们需要了解目前移动词汇学习在词汇学习中所占的大致比重。如果移动学习在目前的词汇学习中占比很低，则系统性地研究移动端英语词汇深度学习缺乏现实意义。同样重要的是，体验、实践移动词汇学习的主体是学习者，只有了解他们的学习目的、需求与感受，才能提供更有针对性的移动词汇学习平台，提高学习者的深度学习效果。但是，学习者使用这些软件的具体目的、所投入的时间以及获得的学习效果尚未可知。我们需要探讨学习者为什么选择移动词汇学习以及移动学习软件能否帮助他们达到预期目的等问题。鉴于第四章的结论帮助我们找到了描述与观测移动端英语词汇学习过程与结果的具体角度，利用这些角度，我们可从学习者的视角了解目前移动端学习软件在哪些方面、在多大程度上能够帮助学习者实现词汇深度学习。由此获得的反馈可验证我们在评述软件时的判断，同时发现学习者的具体需求，以对移动端英语词汇深度学习的促进方式提出进一步的建议。

5.1 研究设计

5.1.1 研究问题

我们在第三章中探讨了英语词汇深度学习的内涵，将其划分为过程与目的两部分。英语词汇深度学习的过程是学习者调用高阶思维能力对系统组织过的学习材料进行主动建构的过程，其发生条件可分为学习主动性、学习材料的系统组织与呈现、创造动用高阶思维技能的条件。英语词汇深度学习的最终目的是提高学习者的词汇能力，而词汇能力包括词汇宽度知识、词汇深度知识、词汇组织度、元词汇知识、接受性－产出性技能与语义自主性。在第四章我们从英语词汇深度学习的视角评述了目前有代表性的英语词汇移动学习软件，发现了移动端可以引发词汇深度学习的一些途径以及不足。但是，尚不清楚学习者是否有深度学习的需求，移动词汇学习在促进深度学习方面的这些优势与不足是否真正反映在学习者的学习过程与结果中以及移动词汇学习是否满足了学习者的需求。为此，我们提出以下问题：

1. 学习者目前在移动词汇学习上有多大的投入度？

2. 学习者使用英语词汇学习软件最主要的目的是什么？

3. 从学习者的视角来看，目前此类学习软件从多大程度上促进了英语词汇深度学习的发生？

5.1.2 研究方法

本研究采取混合研究法，即研究者在一项研究或调查项目中，兼用定性和定量的研究方法，来收集、分析数据，整合研究发现，并得出推论。混合研究法的价值在于采用多元的视角看待所研究的问题，拓展理解和证实的广度与深度。“研究者可用一个访谈式的质化研究开头，接下来是一个问卷调研式的量化研究阶段，而后又是一个质化研究阶段，以更多的访谈深入挖掘前面量化调研中呈现出来的问题（张培 2010）” 本研究的问卷编制基于文献分析法与访谈，从文献中析出考察的维度，根据相应定义编制访谈问题，在访谈中获取受访者对各个问题较为详细的回答，并就此编订问卷内容，经过试测与修订后正式发放。收集数据后进行描述性统计分析。

5.1.3 抽样方法

我们选取的学习者群体是在校大学生。选择大学生群体的原因是，这一群体在毕业前一般至少要达到大学英语四级及相应水平，而求职或升学对英语水平的要求往往更高。因此，这一群体对词汇学习的需求比较强烈。我们基本上能够从这一群体中调查到本研究希望了解到的数据。没有选择中学生群体的原因是，中学生因以升学为目标，往往偏向在指定词汇范围内进行应试化的词汇学习，对词汇深度学习的要求相对不高，因此不列为考察对象。

本研究目的在于考察大学生移动端词汇深度学习的情况。因为目前的词汇移动学习主要是一种自主学习，与课程设置、课堂教学的关联度较低。因此在选取被试来源上，更多关注的因素是移动设备持有率、英语词汇水平与英语总体水平。考虑到移动设备在大学生群体中的普及率已不受经济条件与地域的限制，而英语水平可以得到水平考试或移动学习软件的测量，因此在选取被试时，我们并未将地域、学校类型等社会文化因素作为样本选取的重要指标。本研究的样本选取需要考虑的因素是被试的参与愿望与答卷的信度。为此我们选取了与研究者有学术交往的二语习得领域研究者，请他们将问卷转发给其教授的学生，通过教师与学生的相互信任关系提高问卷的填写质量。为此，我们选取了上海市的三所高校，其中一所为语言类211高校，一所为理工类211高校，一所为经贸类地方高校，并选取了东北一所理工类985高校。

5.1.4 问卷的编制

确定研究问题后，我们将这些问题细化为子问题，并带着这些问题进行了小规模的访谈，获得尽可能多的回应，从中析出可以进行测量的题项，而后进行了试测，再从中检验题项设置的合理性与清晰度，形成正式施测的问卷。

为应对问题一（学习者目前在移动词汇学习上的投入度），需了解学习者花费在词汇学习上的时间及其花费在移动词汇学习上的时间，并调查英语词汇移动学习在学习者词汇学习中所占的比重。此外，鉴于移动学习软件在功能、设计等方面的差异，需了解学习者使用过的移动学习软件以及常用的移动软件，以从侧面了解学习者的移动学习偏好，并重点审视常用学习软件在词汇深度学习方面的优势与不足，从而为移动端词汇深度学习的路径研究提供实践思路。因此，我们拟定了以下 5 个问题：

1. 自上大学以来，你每天花在单词记忆上的平均时间是多少？
2. 你使用过的移动端单词学习软件是什么？
3. 你最常使用的移动端单词学习软件是什么？
4. 自上大学以来，你每天使用移动端单词学习软件的平均时间是多少？
5. 使用移动端单词学习软件在你英语单词学习总时间中占多大比重？

针对问题二（学习者使用英语词汇学习软件最主要的目的），可采取直接提问的方式收集受访者的回应。但是，该问题是问题三的参照项，即我们所探讨的移动词汇深度学习效果要以学习者的移动学习目的作为衡量标准。考虑到问卷填写是受访者针对问卷所涉及的问题进行思考、回应的过程，为保证问题二得到有效回应，有必要引发受访者对目标问题的充分思考。因此，我们为此问题做了铺垫，即先请受访者回应词汇学习的总体目的、移动词汇学习相较纸质单词书的优势这两个问题，帮助受访者在此过程中梳理思路，以期受访者对目标问题做出经过充分思考后的回应，提高问题二相关数据的有效性。针对问题二拟制定的条目为：

1. 你学习英语单词最终想达到的目的是什么？
2. 相较于纸质单词书、教材或词典，你认为现有移动端词汇学习软件的长处有哪些？
3. 通过使用现有移动端词汇学习软件，你最希望能够达到什么目的？

针对问题三（从学习者的视角来看，目前此类学习软件可以从多大程度上促进英语词汇深度学习的发生），需要根据在第三章所获得的对英语词汇深度学习内涵的理解，将词汇深度学习的内涵细分为词汇深度学习的发生条件与结果两项。前者包含主动性、学习材料组织与呈现、引发高阶思维的条件；后者包含元词汇知识、词汇宽度、词汇深度、词汇组织度、接受性 - 产出性技能与语义自主性。对于前者，我们参考了第四章评述主要单词学习软件时所获得的移动端英语词汇深度学习的一些现有途径，如激励机制、多元表征、打卡、学习管理等，在此基础上设置了条目；对于后者，我们对词汇能力各个子维度的概念进行了语义分析，在此基础上编订了条目。将二者综合在一起，我们拟定了《英语词汇深度学习效果量表》（见表15）。

表15　英语词汇深度学习效果量表

维度	子维度	题项
深度学习的发生条件	学习材料的内容、组织与呈现	通过图片、视频等非文字学习材料加深我的记忆。
		所给例子很好理解，有助于掌握单词的具体含义。
		所给例子很好理解，足以让我知道如何使用单词。
		单词讲解贴近生活，很实用。
		复习时，不只是一味地重复，而是通过不同方式让我全面掌握单词。
	主动性	给我自己准确地组词、造句的机会。
		使单词学习变得不那么枯燥。
		通过点击、划屏等操作给我一种对单词学习的操控感。
		帮助我分析我在单词的哪些方面需要提高。
		督促、鼓励我学习。
		利用我取得的过往成绩激励我继续前进。
	创造动用高阶思维能力的条件	在我学习遇到困难时给予有针对性的提示或引导。
		使我能够寻找所学单词与新单词在构词、拼写、用法等方面的联系。
		使我能够经常对所学的单词进行比较、归类。
		就所提供的单词资料（如释义、例句、搭配、图片、视频等）恰当与否或方便记忆与否，自己经常给出评判。
		使我除了打卡，完成指定进度，也对自己的词汇学习有一定的规划（如该背多少单词、该学习哪些单词、该怎样复习）。
		使我获得与其他学习者相互学习、相互激励的平台。 让我能够发挥我的创造力，将看似不相干的单词联系在一起。

续表

<table>
<tr><th>维度</th><th>子维度</th><th>题项</th></tr>
<tr><td rowspan="13">深度学习的结果（词汇能力）</td><td>词汇量</td><td>使我掌握了单词的发音、拼写与基本意思。</td></tr>
<tr><td rowspan="3">词汇知识深度</td><td>使我解决了一词多义的理解问题。</td></tr>
<tr><td>使我掌握了一个单词在不同语境下的不同用法。</td></tr>
<tr><td>使我掌握了一个单词的搭配、用法、词根/词缀、派生词等多方面知识。</td></tr>
<tr><td rowspan="2">元词汇知识</td><td>使我清楚地知道了掌握一个单词需要学习单词的哪些方面知识。</td></tr>
<tr><td>使我学习单词时能够自觉按照拼写、发音、搭配、构词法、词根/词缀、派生词等角度给单词归类。</td></tr>
<tr><td rowspan="2">词汇组织度</td><td>使我把学过的单词知识串起来，整合我的词汇知识。</td></tr>
<tr><td>借助我已有的词汇知识来帮助我学习新单词。</td></tr>
<tr><td rowspan="2">接受性-产出性技能</td><td>使我很容易把学到的单词用到阅读与听力中。</td></tr>
<tr><td>通过例句学习，使我有造出新短语或句子的能力。</td></tr>
<tr><td rowspan="2">语义自主性</td><td>通过汉英对比，使我知道一个英语单词的含义与用法不能完全参照与之相对应的汉语词（例如 can 与“会”并不完全同义）。</td></tr>
<tr><td>通过讲解或对比，使我知道有些英语词虽然经常翻译成同样的汉语（如 question 和 problem 都翻译成“问题”），但实际上它们的意思和用法并不相同。</td></tr>
</table>

为力求问卷条目编订的合理性，我们不断审视条目是否有助于回答研究问题、表意是否清晰、评价刻度是否有意义、问卷的指导性语言是否明确。力求明确在问卷中写下的每一个字甚至包括标点符号背后的用意（潘绥铭等，2008）。所形成的中文问卷，请二语习得领域在量化研究方面有一定经验的学者以及有代表性的一部分被测试对象就问卷内容、编排设计的合理性给出看法。

5.1.5 前测

初版的问卷编制完成后，我们选择研究者所执教的两个班级共50名学生进行了小范围试测。试测后听取了试测学生对问题的理解和回答。我们发现有些题项的设计不合乎被试填写习惯，如：（1）词汇量选项过于细密；（2）术语不易于理解（如整合、对等翻译词）。此外，发现在“你使用过的移动端单词学习软件”一项中，选项较集中于百词斩（61.2%）、有道词典（50.13%）、扇贝（37.52%）三个软件，没有一名被试选择Wordflex。而后者在词汇可视化方面特点极为突出。经与学生咨询并向他们推介后，发现没有学习者使用该软件的原因包括：（1）在软件应用商店中Wordflex排名较低，排在前列的都是国内软件；（2）该软件没有中文释义、例句缺乏，且没有背单词软件所具有的学习进度管理、复习、评测、激励等功能；（3）该软件需购买（80元左右）。虽然受访者对该软件的可视化效果极为好奇，且表示愿意尝试，但以上三方面原因仍可能是阻碍其使用的因素。考虑到这些因素在大学生群体中有一定代表性，原问卷中可视化相关题项“思维导图或概念图式样的呈现方式有利于我学习”很可能失去考察意义，因此在问卷中将其删除。

根据学生的反馈，删减了某些条目，修改、调整了某些条目的表述，形成了最终用于施测的正式问卷。

5.1.6 问卷的发放与回收

调查期间将问卷的链接经由各校教师通过微信群发给学生，与链接同时发送关于本问卷的调查目的，即了解学习者单词学习软件的使用体验，以期做出改进，并恳请感兴趣的同学参与调查。最后，共获得问卷520份，回收的问卷在进行处理之前均由研究者进行了检视，剔除了无效问卷。判定无效问卷的标准为：（1）选项选择趋同（如全部选择“完全不符合”）或有明显规律（如选择完全按照“完全未达到”“基本未达到”“一般”“基本达到”“完全达到”的顺序填写）；（2）答卷时间过短，试测后我们听取了学生对问题的理解和回答，发现完成问卷的时间为3分钟左右。考虑到问卷中的信息容量较大，答卷时间过短无法形成充分的思考，影响回答质量，因此剔除了答卷在 2 分钟以下的问卷。(3) 回答前后不一致。问卷中第 7 题为"自上大学以来,你每天花在单词记忆上的平均时间是多少?",第 10 题为"自上大学以来,你每天使用移动端单词学习软件的平均时间是多少?",合理回答应为后者的答案等于或低于前者的答案,因此删除了在此处有逻辑错误的答卷。经过以上筛查,共得到合格问卷 463 份,合格率约为 89.04%。

在 463 份有效答卷中,留下联系方式的有 217 份,占有效答卷总数的 46.87%,表明近一半的被试有与研究者进一步交流的意愿,为下一步的访谈提供了充足的选择余地,也从侧面反映出答卷的完成质量有一定保障。

5.2 问卷数据的描述性分析

描述性统计主要涉及数据的频数、比例、比率,以及集中趋势、离中趋势、数据的分布形式和标准值等统计量的计算和数据表达。它是使用任何统计检验方法进行分析的前提和基础,目的是用适当的描述性统计量来简化变量数据。本问卷中包含四个主要维度:受访者基本信息、受访者在时间上对移动词汇学习的投入度、英语词汇移动学习的目的以及基于移动端的英语词汇深度习得过程与结果。因为本研究只是探查不同学习者对相关子维度的主观看法与判断,并不涉及维度间的相关性分析,因此采取描述性分析方法。

5.2.1 受访者基本信息

表 16 受访者性别分布

选项	小计	比例
男	231	49.89%
女	232	50.11%
总计	463	

表 17　受访者年级分布

选项	小计	比例
大一	190	41.04%
大二	145	31.32%
大三	58	12.53%
大四	70	15.12%
总计	463	

表 18　受访者专业分布

选项	小计	比例
英语	99	21.38%
非英语专业的文史类	73	15.77%
其他类	291	62.85%
总计	463	

表 19　受访者目前的英语水平分布

选项	小计	比例
四级以下	134	28.94%
四级	200	43.2%
专业四级	19	4.1%
pets 5	1	0.22%
专业八级	2	0.43%
其他	29	6.26%
六级	78	16.85%
总计	463	

表 20　受访者预估词汇量分布

选项	小计	比例
4000 以下	204	44.06%
4000–7000	198	42.76%
7001–10000	46	9.94%
10000 以上	15	3.24%
总计	463	

本次问卷调查的对象从性别来看男、女基本上各占50%；从年级来看，一、二年级的大学生约占总数的72%。从专业上来说，英语专业占总数的21.38%，非英语专业的文史类专业人数占总数的15.77%，其他专业占总数的62.85%。受访者的英语水平以四级占比最多，为43.2%，六级水平的人数占总数的16.85%，而专业四、八级通过者仅占总数的5%，与英语专业超过21%的受访人数相比，说明这些英语类受访者中一、三年级的占比较高。就受访者自我评估的词汇量来看，约44%的受访者词汇量低于4000，词汇量在4000－7000的人数占比次之，为42.76%；词汇量在7001－10000间的人数占9.94%，而超过10000的人数仅占总数的3.24%。根据大学英语四六级的考纲要求，四级与六级需掌握的词汇分别约为4500个和6000个，英语专业四八级所需词汇量相应更高，从应试角度看，大部分学习者都对词汇量增长有实际需求。

5.2.2 英语词汇移动学习的投入度

表21 每天花在单词记忆上的平均时间

选项	小计	比例
15分钟以下	330	71.27%
15-30分钟	105	22.68%
31-60分钟	19	4.1%
60分钟以上	9	1.94%
总计	463	

由问卷可知，自上大学以来，每天花在单词记忆上的平均时间为15分钟以下的受访者占比高达71.27%。考虑到专门的单词学习只占英语学习的一小部分，且受访者中非英语专业的人数占比超过78.6%，英语并非他们的主要学习任务，这可能是平均学习时间低于15分钟的比例如此之高的原因。

表 22　使用过的移动端单词学习软件（多选）

选项	小计	比例
百词斩	327	70.63%
有道词典	254	54.86%
扇贝	201	43.41%
金山词典	74	15.98%
沪江开心词场	73	15.77%
百度词典	54	11.66%
墨墨	37	7.99%
知米背单词	32	6.91%
其他	30	6.48%
不背单词	26	5.62%
我爱背单词	21	4.54%
必应词典	21	4.54%
乐词	12	2.59%
海词词典	12	2.59%
拓词	7	1.51%
vocabulary.com	6	1.3%
轻轻松松背单词	1	0.22%
迈西英语	1	0.22%
Wordflex	1	0.22%
总计	463	

数据显示，受访者中使用过百词斩、有道词典、扇贝三个软件的分别占 70. 63%、54. 86%、43. 41%，其中百词斩作为背单词软件的代表、有道词典作为词典类软件的代表均占据了 50% 以上的比例。在“其他”中填写的软件更为分散，填写次数最多的为“欧陆词典”，共 5 次，此占比不足 1. 1%。相较而言，占比不足 10% 的调查软件有 13 个，占调查软件总数的 68. 4%，这说明受访者对移动学习软件的选择十分集中，这与软件商店的下载量数据较为一致。但是，集中度如此之高是因为排名靠前的软件更能满足学习者的需求还是其市场宣传更能吸引住学习者而导致其没有意愿去探索更适合自己的学习软件，尚不可知。不论怎样，这种集中度也说明学习者很可能忽视了有潜在价值的其他软件，如 Vocabulary. com 与 Wordflex。

表 23 最常使用的移动端单词学习软件（最多选 2 个选项）

选项	小计	比例
百词斩	237	51.19%
有道词典	154	33.26%
扇贝	115	24.84%
金山词典	40	8.64%
沪江开心词场	31	6.7%
其他	24	5.18%
墨墨	21	4.54%
百度词典	21	4.54%
不背单词	14	3.02%
知米背单词	13	2.81%
我爱背单词	7	1.51%
乐词	7	1.51%
必应词典	7	1.51%
海词词典	7	1.51%
vocabulary.com	3	0.65%
拓词	2	0.43%
迈西英语	2	0.43%
总计	463	

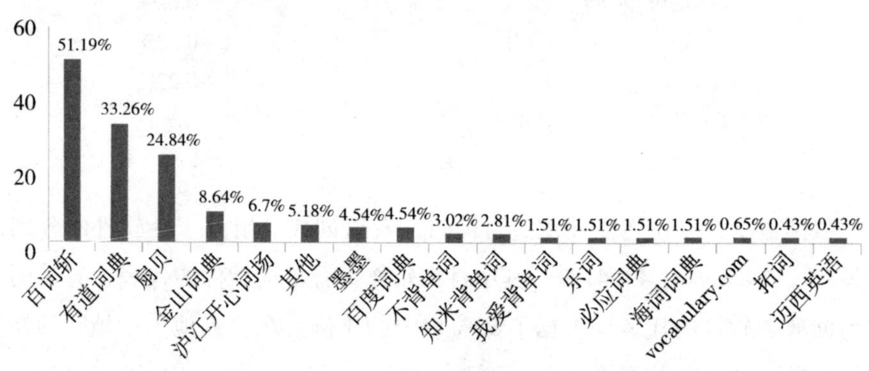

图 43 最常使用的移动端单词学习软件（最多选 2 个选项）

“最常使用的移动端单词学习软件”这一题项的调查结果显示，受访者最常用的软件前三位依次为百词斩（51.19%）、有道词典（33.26%）与扇贝单词（24.84%）（见表23与图43）。第四章我们专门论述了百词斩与扇贝的特点：二者都有较为成熟的学习社区、成体系的学习管理模式、激励模式。前者更擅长通过视频、语音、图片等多媒体形式多元表征词汇知识，减轻学习者认知负荷并提高其学习兴趣；后者在知识整合与激励手段上更为突出。我们没有论述有道词典，是因为该词典虽然在下载量排名上位于词典类第一，且集中体现了词典类软件词汇知识系统、丰富的特点，但缺乏包括复习、检测在内的学习管理功能与激励体系，而互动、反馈、学习轨迹记录是提升学习者动机的重要手段。此外，我们发现第四章评述了的墨墨背单词仅占 4.54%，Vocabulary. com 仅占 0.65%，甚至没有一位受访者将 Wordflex 列为最常用软件。

因为在前测时了解到有些学习者将背单词类软件与词典类软件结合使用，或两个背单词软件同时使用，因此本题设置为最多可选两项的多选题。从本题回答结果看，许多学习者也的确不只常用一个软件。为此，我们对此题进行了分类统计。分别以百词斩、有道词典、扇贝单词为主题项，以调查在选择三者作为常用软件的同时，分别还有哪些软件也同列为常用软件。

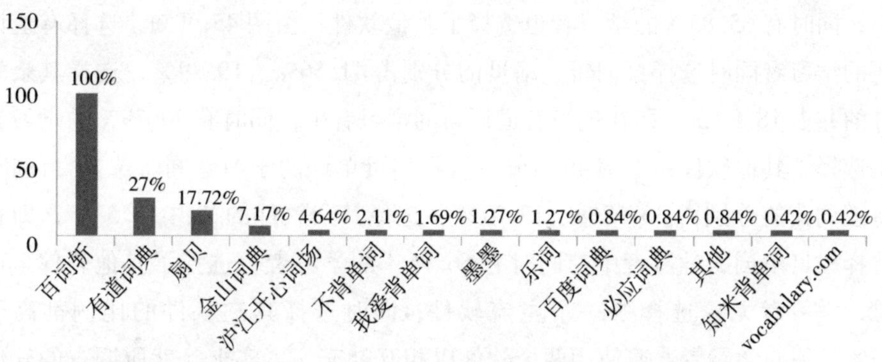

图 44　选择百词斩为常用软件的学习者同时选取其他软件的情况

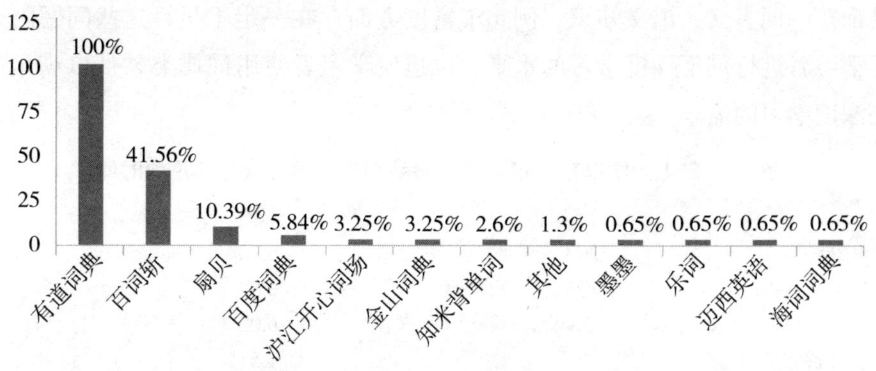

图 45　选择有道词典为常用软件的学习者同时选取其他软件的情况

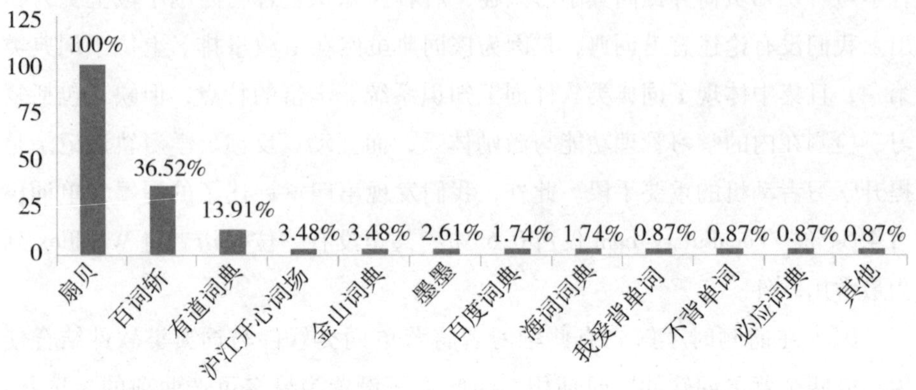

图 46 选择扇贝单词为常用软件的学习者同时选取其他软件的情况

由图 44 可知，选择百词斩的学习者同时选择有道词典、扇贝的分别占 27%、17.72%，选择其余软件的共占 21.13%，即在选择百词斩的学习者中，同时有 65.85%的学习者也选择了其他软件；由图 45 可知，选择有道词典的学习者同时选择百词斩、扇贝的分别占 41.56%、10.39%，选择其余软件的共占 18.84%，即在选择有道词典的学习者中，同时有 70.79%的学习者也选择了其他软件；由图 46 可知，选择扇贝单词的学习者同时选择百词斩、有道词典的分别占 36.52%、13.91%，选择其余软件的共占 16.53%，即在选择扇贝单词的学习者中，同时有 66.96%的学习者也选择了其他软件。可见，学习者无论选择哪一个主流软件，同时选择其它软件的比例都高于 65%，说明学习者普遍使用两个软件以相互补充。事实上，就所调查的软件来看，它们之间也的确存在互补性。而从词汇知识完整性来看，百词斩与扇贝都在一词多义、语义知识、例句丰富度方面存在一定不足，这些问题阻碍了学习者进行词汇深度学习的水平，也迫使学习者使用词典类软件以满足词汇深度学习的需求。

表 24 自上大学以来，每天使用移动端单词学习软件的平均时间

选项	小计	比例
15 分钟以下	303	65.44%
15-30 分钟	125	27%
31-60 分钟	28	6.05%
60 分钟以上	7	1.51%
总计	463	

如表24所示，使用词汇移动学习软件的平均时间与表21所示的词汇学习平均时间的分布情况相似，但因为题项设置的时间分段无法进一步细分，因此无法看出移动词汇学习占总的词汇学习时间的比重。

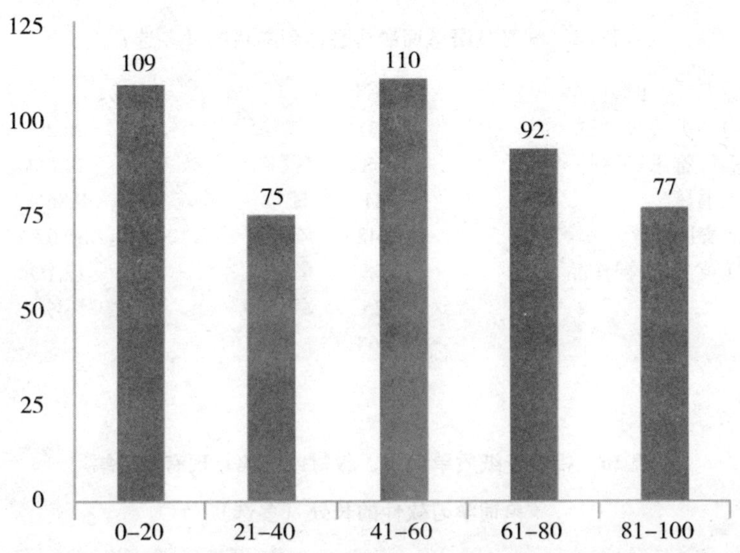

图47 使用词汇移动学习软件在英语词汇学习总时间中所占比重

为使学习者能够更为精确地表示自己花在移动学习上的时间比重，本题采取了滑动比重条的形式。结果显示，受访的463名大学生词汇移动学习软件在英语词汇学习总时间中所占比重的均值为49.42%。图47为对区间（0－100）进行5等分后均值的分布图。由这些数据可知，样本中的大学生在移动词汇学习上所花费的时间占据其词汇学习总时间的近一半，这从一定程度上表明移动词汇学习在当今大学生的词汇学习中占据了较为重要的位置。结合移动学习在00后一代学习生活中所占的较高比例，我们估计这一占比将继续增长。鉴于移动学习可能承载更为重要的角色，有必要对词汇学习软件进行优化设计，将移动学习技术与词汇学习材料设计充分融合，提高内容质量，促进词汇深度学习，使词汇移动学习能够有效提高学习者的词汇能力。

5.2.3 英语词汇移动学习的目的

表 25 学习英语单词最终想达到的目的（多选）

选项	小计	比例
通过国内各类等级考试	131	28.29%
通过托福、雅思等海外考试	68	14.69%
阅读英文书籍	41	8.86%
日常生活交际	142	30.67%
听、看懂英美影 视作品	56	12.1%
其他	25	5.4%
总计	463	

表 26 相较于纸质单词书、教材或词典，现有移动端单词学习软件的长处（多选）

选项	小计	比例
利用零碎的课余时间	349	75.38%
使用便捷	274	59.18%
有助于自我学习管理	145	31.32%
获得详细的单词讲解	139	30.02%
提供及时反馈	137	29.59%
检测词汇量	124	26.78%
有趣	120	25.92%
帮助我整合自己的词汇知识	64	13.82%
应付考试	38	8.21%
学过之后就能真正拿来灵活使用	16	3.46%
其他	4	0.86%
总计	463	

就英语单词学习目的这一问题，有 30.67% 的受访者认为是为了日常生活交际，12.1% 的受访者以听、看懂英美影视作品为目的，8.86% 的受访者以阅读英文书籍为目的。换言之，学习词汇为了语言实际运用的人数约占总数的 51.6% 。而有高达 42.98% 的受访者以通过国内外各种考试为最终目的，这说明接近一半的受访者具有明确的应试类工具性动机。“其他”目的占

5.4%，包括考研、去国外听懂专业课、喜欢且需要、工作应用或以上多个目的并存。

就词汇移动学习软件的长处来说，有75.38%的学习者认为是利用了零碎的课余时间，有59.18%的学习者认为是使用便捷，选择这两项的受访者人数均超过半数。对于学习者来说，词汇学习可以每个词为一个学习单元，而一个词虽然包含多个维度，但学习者可以有取舍地学习每个维度的知识，即学习任务的容量可自主调节。此外，目前词汇学习软件的评测内容一般只针对词汇知识宽度，因此完成评测所耗费的时间也较短。从计量角度看，移动词汇学习可以在较短的时间内完成多个独立的学习任务，因此使词汇的碎片化学习成为可能。就使用便捷性角度看，移动设备不仅方便携带，且移动学习可利用其超文本性提供便捷的搜索、查询等功能，使学习者随时获得需要了解的词汇基本信息。此外，因为移动学习软件具有学习轨迹记录功能，学习者可随时开启、结束学习而不影响学习的连贯性。

认同有助于自我学习管理、获得详细的单词讲解、提供及时反馈、检测词汇量、有趣这5项为移动词汇学习优势的受访者占比相近，在31.32%－25.92%之间，说明这些方面获得的认同并不高。而在这5项中，详细的单词讲解是知识建构的重要辅助手段，学习者获得有组织的、可理解的学习材料方可进行知识的内化；自我学习管理是高阶思维技能的组成部分，提供学习者目标规划与管理、学习监测、自我激励与评估的机会是提高深度学习效果的保障因素；及时反馈、词汇量检测、趣味性可为学习者提供激励与诊断等情感或认知反馈，提升学习者的主动性。鉴于学习者目前对这5项的认同度普遍不高，应考虑对其发挥的作用予以加强。

选择帮助自我知识整合、学过后可灵活应用的学习者分别仅占13.82%和3.46%，说明目前的移动学习未能有效帮助学习者进行知识建构与转化。这印证了我们在第四章做出的现有移动学习软件学习材料整合度不高、触发学习者思考与鼓励学习者进行可理解性产出的机会少等判断。

表 27 通过使用现有词汇移动学习软件最希望达到的目的

选项	小计	比例
看到单词想到基本意思就可以	129	27.86%
在不同的语境中判断出单词的具体含义（解决对一词多义的理解）	129	27.86%
在口语、写作中较为灵活地使用单词	202	43.63%
其他	3	0.65%
总计	463	

调查显示，学习者使用移动学习软件最希望达到的目的是“在口语、写作中较为灵活地使用单词”，该占比为43.63%，选择“看到单词想到基本意思就可以”和“在不同的语境中判断出单词的具体含义（解决对一词多义的理解）”的受访者各占27.86%。三个选项中，“看到单词想到基本意思就可以”只涉及词汇知识宽度与浅层学习，而另外两项涉及的是词汇知识深度以及接受性与产出性技能，选取后两项为最终目的的受访者共占71.49%，这充分说明学习者希望通过移动学习软件达到深度学习的效果，即掌握较为完备的词汇知识、具备灵活运用词汇的能力，尤其是词汇的产出能力。遗憾的是，就第四章中所做分析来看，所调查的词汇移动学习软件中百词斩、扇贝单词与墨墨背单词虽然在学习界面为学习者提供了一定量的词汇知识，但在评测时基本只关注于词汇知识宽度，很少涉及一词多义的考察、词义在情境中的推断以及词汇产出，这显然无法帮助学习者达到其预期目的。

5.2.4 基于移动端的英语词汇深度习得过程与结果的描述性统计分析

问卷第14题至43题为量表题，旨在从学习者的视角考察词汇移动学习从多大程度上促进了词汇深度学习的发生与深度学习效果的达成。表28列出了量表中所有题项的得分情况。因为我们采用里克特5级量表，且为每个选项赋值（“完全未达到”记0分，“基本未达到”记1分，“一般”记2分，“基本达到”记3分，“完全达到”记4分），因此每题的及格分值均为2.4

分。从表中可知，仅有有关词汇知识宽度（即 14 题）的题项得分超过了及格分。这说明学习者对移动学习软件的最大认可体现在词汇量的提高方面。而其他题项的平均分全部低于 2.4 分，这反映出目前的词汇移动学习软件所提供的词汇学习条件与词汇深度学习的要求之间还存在很大距离。

表 28　英语词汇深度学习量表统计结果

维度	题项	平均分
词汇量	14. 使我掌握了单词的发音、拼写与基意思。	2.43 ±0.94
词汇知识深	15. 使我解决了一词多义的理解问题。	1.98 ±0.84
	16. 更我掌握了一个单词在不同语境下的不同用法。	1.81 ±0.87
	17. 使我掌握了一个单词的搭配、用法、词根/词缀、派生词等多方面知识。	1.79 ±0.89
元词汇知识	18. 使我清楚地知道了掌握一个单词需要学习单词的哪些方面知识。	1.73 ±0.84
	19. 使我学习单词时能够自觉按照拼写、发音、搭配、构词法、词根/词缀、派生词等角度给单词归类。	1.70 ±0.86
词汇知识的组织度	20. 使我把学过的单词知识串起来，整合我的词汇知识。	1.70 ±0.87
	21. 借助我已有的词汇知识来帮助我学习新单词。	1.92 ±0.87
接受性 - 产出性技能	22. 使我很容易把学到的单词用到阅读与听力中。	1.87 ±0.87
	23. 通过例句学习，使我有造出新短语或句子的能力。	1.90 ±0.91
语义自主性	24. 通过汉英对比，使我知道一个英文单词的含义与用法不能完全参照与之相对应的汉语词（例如 can 与“会”并不完全同义）。	1.90 ±0.94
	25. 通过讲解或对比，使我知道有些英语词虽然经常翻译成同样的汉语（如 question 和 problem 都翻译成“问题”），但实际上它们的意思和用法并不相同。	1.81 ±0.90

续表

维度	题项	平均分
主动性	26. 使单词学习变得不那么枯燥。	2. 19 ±0. 96
	27. 通过点击、划屏等操作给我一种对单词学习的操控感。	2. 06 ±1. 02
	28. 帮助我分析我在单词的哪些方面需要提高。	1. 89 ±0. 89
	29. 督促、鼓励我学习。1. 96 ±0. 91	
	30. 利用我取得的过往成绩激励我继续前进。	2. 00 ±0. 93
	31. 在我学习遇到困难时给予有针对性的提示或引导。	1. 89 ±0. 96
学习材料的内容、组织与呈现	32. 通过图片、视频等非文字学习材料加深我的记忆。	2. 27 ±0. 99
	33. 所给例子很好理解，有助于掌握单词的具体含义。	2. 21 ±0. 89
	34. 所给例子很好理解，足以让我知道如何使用单词。	2. 00 ±0. 88
	35. 单词讲解贴近生活，很实用。	2. 06 ±0. 85
	36. 复习时同治只是一味地重复，而是通过不同方式让我全面掌握单词。	2. 10 ±0. 94
	37. 给我自己准确地组词、造句的机会。	1. 77 ±0. 90
创造动用高阶思维能力的条件	38. 使我能够寻找所学单词与新单词在构词、拼写、用法等方面的联系。	1. 87 ±0. 84
	39. 使我能够经常对所学的单词进行比较、归类。	1. 85 ±0. 86
	40. 就所提供的单词资料（如释义、例句、搭配、图片、视频等）恰当与否或方便记忆与否，自己经常给出评判。	2. 02 ±0. 84
	41. 使我队季打卡，完成指定讲度，也对自己的词汇学习有一定的规划（如该背多少单词、该学习哪些单词、该怎样复习。	2. 13 ±0. 93

续表

维度	题项	平均分
	42. 使我获得与其他学习者相互学习、相经激励的平台。	1. 95 ±0. 93
	43. 让我能够发挥我的创造力，将看似不相干的单词联系在一起。	1. 88 ±0. 94

5. 2. 4. 1 基于移动端的英语词汇深度习得过程的描述性统计分析

5. 2. 4. 1. 1 主动性子维度的描述性统计

第 26 题 使单词学习变得不那么枯燥。

本题平均分：2. 19

选项	小计	比例
完全未达到	19	4.1%
基本未达到	82	17.71%
一般	191	41.25%
基本达到	132	28.51%
完全达到	39	8.42%
总计	463	

第 27 题 通过点击、划屏等操作给我一种对单词学习的操控感。

本题平均分：2. 06

选项	小计	比例
完全未达到	30	6.48%
基本未达到	103	22.25%
一般	178	38.44%
基本达到	115	24.84%
完全达到	37	7.99%
总计	463	

第 28 题 帮我分析我在单词的哪些方面需要提高。

本题平均分：1. 89

选项	小计	比例
完全未达到	24	5.18%
基本未达到	124	26.78%
一般	207	44.71%
基本达到	93	20.09%
完全达到	15	3.24%
总计	463	

第 29 题　督促、鼓励我学习。

本题平均分：1.96

选项	小计	比例
完全未达到	25	5.4%
基本未达到	110	23.76%
一般	208	44.92%
基本达到	100	21.6%
完全达到	20	4.32%
总计	463	

第 30 题　利用我取得的过往成绩激励我继续前进。

本题平均分：2

选项	小计	比例
完全未达到	20	4.32%
基本未达到	115	24.84%
一般	195	42.12%
基本达到	109	23.54%
完全达到	24	5.18%
总计	463	

第 31 题　在我学习遇到困难时给予有针对性的提示或引导。

本题平均分：1.89

选项	小计	比例
完全未达到	31	6.7%
基本未达到	129	27.86%
一般	181	39.09%
基本达到	102	22.03%
完全达到	20	4.32%
总计	463	

本问卷有关提高学习者主动性的题项有 6 个，涉及学习的趣味性（第 26 题）、操控感（第 27 题）、诊断性反馈（第 28 题）、激励（第 29 题）、自我效能感（第 30 题）与提示或指导（第 31 题）。从统计数据看，该维度的平均得分约为 2 分，高于词汇能力各维度的平均分，但仍低于 2.4 分的及格分。其中，第 26 题“使单词学习变得不那么枯燥”的得分最高，为 2.19 分。该题考察学习者对移动词汇学习趣味性的总体感觉，而学习枯燥与否不仅体现为呈现内容的趣味性、易懂性、有用性，还可体现为内容呈现的多样性、有效性以及互动性。与使用纸质单词书或从教材中进行词汇学习相比，移动学习软件在互动性方面占有明显优势。在移动学习平台上学习者有一定的自主选择机会，参与学习管理，每一次对移动设备的操作都可以获得反馈，学习材料的多模态化使学习增添了维度从而更逼近于真实语言环境，网络学习社区作为虚拟的学习共同体使学习者在其中进行合作学习、观察式学习，学习轨迹记录使学习者了解自己的过往成绩，这些传统词汇学习所没有的形式都可能激发学习主动性，将学习转化为内在动机，从而使单词学习不那么枯燥。主动性这一维度中分值相对较高的题项还有第 27 题“通过点击、划屏等操作给我一种对单词学习的操控感”（2.06 分）与第 30 题“利用我取得的过往成绩激励我继续前进”（2 分）。前者说明人机互动使学习者获得了基本的及时反馈，这给人一种主导自己学习的感觉，而这种感觉可以泛化到学习者对学习过程的掌控上，提升学习者主导学习的信心；后者所涉及的激励应该是从学习软件的学习轨迹以及复习过程中获得的：学习轨迹可记录学习者既往成绩，既包括打卡天数这种体现成功的自我管理的指标，也包括已掌握单词数量这种学习成绩指标。此外，所调查的学习软件都具有复习以往词汇的功能。学习者在复习过程中发现已掌握的词汇并继续正确地完成相关评测，可以看到已取得的成绩，提升其自我效能感。但是，主动性这一维度中的第 28 题“帮助我分析我在单词的哪些方面需要提高（1.89 分）”与第 31 题“在我学习遇到困难时给予有针对性的提示或引导（1.89 分）”得分很低。前者涉及诊断性反馈，即告诉学习者在目标词的哪个知识维度上需要加强。因为目前的学习软件在评测时只关注词汇宽度，所以无法判断学习者在词汇知识深度方面的信息，也就无法达到全面诊断的效果。第 31 题涉及

"有针对性"的提示与指导。如第四章所述，本研究所调查软件在学习者学习过程中虽然会提供种类丰富的提示，如提示发音、部分拼写、例句、释义等信息，但这种提示是机械性的，不会因学习者的情况而调整。本题涉及个性化教学，需要对学习者的认知水平、学习轨迹与需求等因素有深入的分析、判断才能提供有针对性的认知支架。显然，目前的学习软件还达不到此效果。而个性化提示与指导才能帮助学习者提取与目标知识相关的先前知识以完成意义建构，实现深度学习。

5.2.4.1.2　学习材料的内容、组织与呈现子维度的描述性统计

第 32 题　通过图片、视频等非文字学习材料加深我的记忆。

本题平均分：2.27

选项	小计	比例
完全未达到	18	3.89%
基本未达到	77	16.63%
一般	182	39.31%
基本达到	135	29.16%
完全达到	51	11.02%
总计	463	

第 33 题　所给例子很好理解，有助于掌握单词的具体含义。

本题平均分：2.21

选项	小计	比例
完全未达到	11	2.38%
基本未达到	74	15.98%
一般	221	47.73%
基本达到	121	26.13%
完全达到	36	7.78%
总计	463	

第 34 题　所给例子很好理解，足以让我知道如何在口语或写作中使用单词。

本题平均分：1.99

选项	小计	比例
完全未达到	20	4.32%
基本未达到	103	22.25%
一般	222	47.95%
基本达到	98	21.17%
完全达到	20	4.32%
总计	463	

第 35 题　单词讲解贴近生活，很实用。

本题平均分：2.06

选项	小计	比例
完全未达到	14	3.02%
基本未达到	93	20.09%
一般	224	48.38%
基本达到	113	24.41%
完全达到	19	4.1%
总计	463	

第 36 题　复习时，不只是一味地重复，而是通过不同方式让我全面掌握单词。

本题平均分：2.1

选项	小计	比例
完全未达到	17	3.67%
基本未达到	102	22.03%
一般	196	42.33%
基本达到	114	24.62%
完全达到	34	7.34%
总计	463	

第 37 题　给我自己准确地组词、造句的机会。

本题平均分：1.77

选项	小计	比例
完全未达到	38	8.21%
基本未达到	128	27.65%
一般	210	45.36%
基本达到	76	16.41%
完全达到	11	2.38%
总计	463	

学习材料的内容、组织与呈现直接关系到知识建构的效果。从以上各表可以看出，该维度的整体得分相对其他维度而言最高，但即使分值最高的第32题（2.27分）也未达到及格水平。该题涉及学习材料的多模态表征，即目标词及其使用环境通过文字之外的其他模态表征，这一点最为学习者所认同。但是，该题得分仍未达到及格分。这或可从两方面说明。一方面，有相当一部分学习者没有使用百词斩与扇贝这两种含有多媒体学习材料的软件，拉低了均分。另一方面，如第四章所述，百词斩在部分图片选取、视频内容编排等方面与目标词的关联性较低，而扇贝中的视频一般不以词汇学习为内容，因此达不到词汇学习效果。这些不足限制了多元表征在记忆方面本应发挥的作用。第33题（2.21分）与第34题（2分）相关度较高，涉及目标词语境对目标词的接受性与产出性技能的影响。前者高出后者0.21分，说明受访者认为所提供的语境信息更能够起到增加接受性知识的作用，但这种呈现方式对学习者的产出性知识帮助不大。从对学习软件的调查来看，目前的主流软件提供的例句在复杂度、长度上有所选择，确实有助于学习者对语料的可理解性输入。但是，提供例句及其译文本身并不足以使学习者解读进而内化其产出该词汇所需的句法知识与横组合知识。事实上，这些软件本可提供有关目标词句法知识的讲解，也可通过创设问题情境引发学习者的高阶思维去分析、推断并发现其句法特征。就横组合知识来说，也本可通过可视化手段（如划线、加粗、更改字体）使学习者注意到含有目标词的搭配、类联接，使其有借助语境加工这些语块进而内化目标词横组合知识的机会，提高其运用该目标词的几率。本维度中的第37题均分只有1.77分，是整个量表中的次低分。因为该题涉及是否给学习者灵活运用目标词的机会。灵活运用主要涉及产出技能，应当通过在测试或复习中提供给学习者可理解性产出的

实践机会而使其获得这项技能。目前的学习软件基本未关注学习者的产出技能：百词斩、墨墨背单词和 Vocabulary. com 在产出方面只要求学习者产出目标词的词形，扇贝只要求学习者产出目标词对应的例句。这与给学习者自由组词、造句并提供反馈的要求相去甚远。而本问卷调查的第 13 题显示，有高达 46. 63% 的受访者希望"在口语、写作中较为灵活地使用单词"。目前的软件无法做到这一点，这应当是本题学习者评分极低的原因。剩余题项中得分相对较高的是第 36 题（2. 1 分）。可以说，所调查的软件在复习手段上不拘泥于单一的词形 - 释义匹配，有时利用听写、拼写、例句填空等形式给学习者较为多样的复习机会。但正如我们在第四章结论中所述，这种复习只关注了目标词的知识宽度，即仅考察了音、形、基本词义以及相应语境，没有帮助学习者较为全面地掌握词汇知识，因此受访者给此题的评分仍低于及格分。

5. 2. 4. 1. 3　创造动用高阶思维能力的条件子维度的描述性统计

第 38 题　使我能够寻找所学单词与新单词在构词、拼写、用法等方面的联系。

本题平均分：1. 87

选项	小计	比例
完全未达到	23	4.97%
基本未达到	118	25.49%
一般	227	49.03%
基本达到	86	18.57%
完全达到	9	1.94%
总计	463	

第 39 题　使我能够经常对所学的单词进行比较、归类。

本题平均分：1. 85

选项	小计	比例
完全未达到	22	4.75%
基本未达到	134	28.94%
一般	212	45.79%
基本达到	83	17.93%
完全达到	12	2.59%
总计	463	

第 40 题 就所提供的单词资料（如释义、例句、搭配、图片、视频等）恰当与否或方便记忆与否，自己经常给出评判。

本题平均分：2.02

选项	小计	比例
完全未达到	15	3.24%
基本未达到	99	21.38%
一般	230	49.68%
基本达到	102	22.03%
完全达到	17	3.67%
总计	463	

第 41 题 使我除了打卡、完成指定进度，也对自己的词汇学习有一定的规划（如该背多少单词、该学习哪些单词、该怎样复习）。

本题平均分：2.13

选项	小计	比例
完全未达到	15	3.24%
基本未达到	94	20.3%
一般	209	45.14%
基本达到	108	23.33%
完全达到	37	7.99%
总计	463	

第 42 题 使我获得与其他学习者相互学习、相互激励的平台。

本题平均分：1.95

选项	小计	比例
完全未达到	28	6.05%
基本未达到	108	23.33%
一般	207	44.71%
基本达到	98	21.17%
完全达到	22	4.75%
总计	463	

第 43 题　让我能够发挥我的创造力，将看似不相干的单词联系在一起。

本题平均分：1.88

选项	小计	比例
完全未达到	22	4.75%
基本未达到	108	23.33%
一般	242	52.27%
基本达到	86	18.57%
完全达到	5	1.08%
总计	463	

本维度涉及深度学习发生的第三个条件，即学习者能够使用元认知技能以及分析、评价、创造等高阶思维技能。这些技能可以帮助学习者对知识进行深加工，促进词汇知识建构。该维度 6 个题项的得分全部低于及格分。其中得分最高的为第 41 题（2.13 分），即“使我除了打卡，完成指定进度，也对自己的词汇学习有一定的规划（如该背多少单词、该学习哪些单词、该怎样复习）”。该题考察学习者对自我规划能力的评价。我们所调查的软件中，百词斩、扇贝、墨墨背单词都提供打卡功能。打卡可对学习者产生督促学习的作用，且打卡可以分享至朋友圈或微信群，从而产生社会监督的效果。学习者通过打卡与学习软件以及学习者的社会关系达成了契约，将这种社会期待转化为学习动机。此外，学习进度、选词、复习内容选择是学习者可以自主调节的，这给了学习者自我规划的机会。这应该是该项得分相对较高的原因。

该维度得分最低的三个题项为第 39 题（1.85 分）、第 38 题（1.87 分）和第 43 题（1.88 分）。这三个题项透过学习者视角考察移动学习软件是否有助于学习者对词汇进行比较与归类、在其新旧词汇之间创设联系以及在词汇学习中发挥创造力。这三项分数极低，说明学习者并不认为移动学习软件为他们提供了这些机会。事实上，目前的背单词型学习软件在词语归类、辨析方面着力不足。在软件实际使用中我们没有发现百词斩在学习主界面上有对词汇知识的系统组织、联系，在扇贝单词与墨墨背单词的笔记部分也仅散见词汇知识的归类、联想，遑论帮助学习者在其既有词汇知识与其在学词汇知识之间架设联系。而引发学习者观察与思考，让学习者自行分析、判断、创造的机会就更少（在百词斩的学习社区中有此类尝试）。退一步说，即使学习材料的组织与呈现体现了词汇知识的分类与整合，这对学习者的知识建构也是不够的。因为知识不应只是单向灌输。机械地插入原有知识结构中的新知识因未与原有知识发生联系而容易脱落或不易被激活、提取。知识的建构需要学习者本人的认知投入——学习者在面对新知识时调用分析、评价等高阶思维方能判定对新知识应该同化、顺应还是弃用，如此的双向建构才可形成新旧知识间的勾连，使新知识生长在其知识体系中，完成内化。

第 40 题（2.02 分）考察学习者对学习资料的评价能力。该题得分高于以上 3 项，说明相对而言，学习者认为自己在学习过程中有一定的审辨式思维能力，但其分值低于及格分，表明这方面的高阶思维技能投入不足。第 42 题（1.95 分）涉及移动学习是否提供了社会学习网络，即是否搭建了网上学习共同体。该得分也较低。但是，我们所调查的国内三款词汇学习软件都有小组学习功能，且百词斩与扇贝除此之外还有内容丰富、活跃度较高的学习社区。我们预想学习者对此题的给分应较高，即这些软件应该是为学习者们提供了较为理想的网络平台。但从评分来看事实并非如此。这一问题有待于日后做进一步的探究。

5.2.4.2 基于移动端的英语词汇深度学习结果的描述性统计分析

本研究将词汇能力分为词汇知识宽度（词汇量）、词汇知识深度、元词汇知识、词汇组织度、接受性 - 产出性技能与语义自主性。从调查结果来看，在词汇能力这一部分得分最高的是第 14 题，分值为 2.43，这是所有题项中唯一高过平均分的题项。其他题项分值均低于 2 分。其中，第 17、18、19、20 题的分值均低于 1.8 分。第 17 题涉及词汇知识深度，即考察学习者是否通过移动学习获得了多维度的词汇知识，统计结果显示学习者认为这方面的目的远未达到。虽然从软件调查来看，百词斩、扇贝单词等主流软件所提供的词汇知识中包含了不止一个义项，且也会涉及一定量的形态、句法知识，但是在复习/测评环节只关注于词汇宽度知识，这导致学习者并未通过复习掌握多维度的词汇知识。第 18、19 题的分值极低，分别只有 1.73 和 1.70，这两个题项涉及元词汇知识，即有关词汇知识的知识。在对软件调查时我们就发现，这些软件虽然也按照词汇知识维度（如释义、派生词、词根词缀、同义词、反义词等）分类提供词汇知识，但并没有使学习者意识到掌握一个词到底需要哪些维度的知识以及这些维度中有哪些规律。为使学习者具有自主建构词汇知识的意识与能力，必须帮助学习者掌握包括一词多义的形成规律、派生词的构成方式、词根词缀的含义及组合方式、语义关系的分类等在内的元词汇知识，使其获得有关词汇知识的图式。第 20 题有关词汇组织度，为 1.7 分，是所有题项中的最低分。显然，学习者普遍认为学习软件没有帮助他们整合自己的词汇知识，而知识整合是防止学习碎片化的重要途径。

词汇能力各维度中得分仅次于词汇宽度知识的是第 15 题（1.98 分），即对一词多义的理解效果，而与之对应的第 16 题（有关单词在不同语境中的用法的掌握度）得分较低，仅为 1.81 分。这说明移动学习软件可以在一定程度上使学习者记住目标词的不同词义，但却难以保证学习者在具体语境中完成对目标词的正确理解，因为这牵涉语境与词义、句法、语义等多方面知识的匹配，需要更为全面的词汇知识。鉴于一词多义在背单词软件和词典类软件中有巨大差异，我们分别以百词斩和有道词典为参照指标，考察两类软件的使用者在一词多义掌握效果和不同语境下词汇用法掌握度的自评上是否存在差异。

表 29　使用百词斩的学习者对一词多义理解程度的自评情况（本题平均分为 1.89 分）

选项	小计	比例
完全未达到	8	3.38%
基本未达到	69	29.11%
一般	104	43.88%
基本达到	52	21.94%
完全达到	4	1.69%
常用百词斩的学习者总数	237	

表 30 使用有道词典的学习者对一词多义理解程度的自评情况（本题平均分为 2.08 分）

选项	小计	比例
完全未达到	4	2.6%
基本未达到	33	21.43%
一般	68	44.16%
基本达到	44	28.57%
完全达到	5	3.25%
常用有道词典的学习者总数	154	

由表 29 和表 30 可知，使用有道词典的学习者在自我评价一词多义的掌握情况上得分比百词斩高出 10%，虽然得分在 2 分上下，只达到“一般”的评价，但相较而言词典类软件在帮助学习者掌握一词多义上的确比背单词软件的效果好。

表 31 用百词斩的学习者对不同语境下的词汇用法掌握程度的自评情况（本题平均分为 1.8 分）

选项	小计	比例
完全未达到	13	5.49%
基本未达到	69	29.11%
一般	111	46.84%
基本达到	40	16.88%
完全达到	4	1.69%
常用百词斩的学习者总数	237	

表 32 常用有道词典的学习者对不同语境下的词汇用法掌握程度的自评情况（本题平均分为 1.9 分）

选项	小计	比例
完全未达到	8	5.19%
基本未达到	42	27.27%
一般	68	44.16%
基本达到	30	19.48%
完全达到	6	3.9%
常用有道词典的学习者总数	154	

由表 31 和表 32 可知，使用这两种软件的学习者在第 16 题上的分值（百词斩为 1.8 分，有道词典为 1.9 分）差距不大，且分值较低，这一定程度上

可以表明两类软件均未能使学习者有效拓展词汇知识深度。

词汇组织度方面，相较分数最低的第 20 题，第 21 题“借助已有词汇促进新单词的学习”得分较高，为 1.92 分，但仍远低于及格分。事实上，在先前知识与新知识间假设联系是知识建构的必要条件。帮助学习者建立新旧知识间的关联的前提是利用学习者已知词汇知识作为其新知识的生长点。例如，在讲解词根词缀知识时，利用学习者已知的词汇作为说明，加强学习者对词根词缀的理解与应用。百词斩和扇贝的学习社区、扇贝与墨墨背单词的笔记中都含有一定量有关词汇知识整合的学习材料。而 Wordflex 本身就是语义、句法知识网络的可视化呈现。使学习者关注这些材料并培养其在词汇间归类、联系的意识与能力，可帮助他们主动在既有知识与新知识间架设联结，提高其词汇组织度。但就学习者对这两个题项的反馈来看，目前的词汇移动学习还远未帮助他们取得这样的效果。

第 22、23 题涉及接受性—产出性技能，两道题的分值分别为 1.87 与 1.9。接受性 - 产出性技能体现了词汇运用能力。评分远低于及格分，说明移动学习软件未能使学习者实现词汇的自如运用。

第 24、25 题考察语义自主性的实现情况，由表 28 可知，两题的均值也较低，分别为 1.9 与 1.81。从对常用软件的分析得知，目前的移动学习平台较少涉及英语语义易混词的辨析以及英汉词汇在语义、概念上的比较。只有在扇贝单词和墨墨背单词的笔记中会出现一些有关同译效应的讲解，但数量较少。更未有软件在测试或复习环节涉及相关辨析，致使学习者缺乏语义自主方面的意识，不利于其二语心理词汇网络摆脱对一语的过度依赖，减低一语词的负迁移效应。

5.2.4.3　有关移动学习软件对英语技能贡献度的描述性统计

为了解学习者如何评价移动词汇学习对其英语技能水平提高的价值，我们设计了以下问题：

44 题 背单词软件能够从多大程度上满足你对于阅读理解的需要？

45 题 背单词软件能够从多大程度上满足你对于听力理解的需要？

46 题 背单词软件能够从多大程度上满足你对于口语的需要？

47 题 背单词软件能够从多大程度上满足你对于写作的需要？

为使学习者更为精确地表达其判断，我们设置了划动百分比条的形式。

统计结果见图 48 至 51：

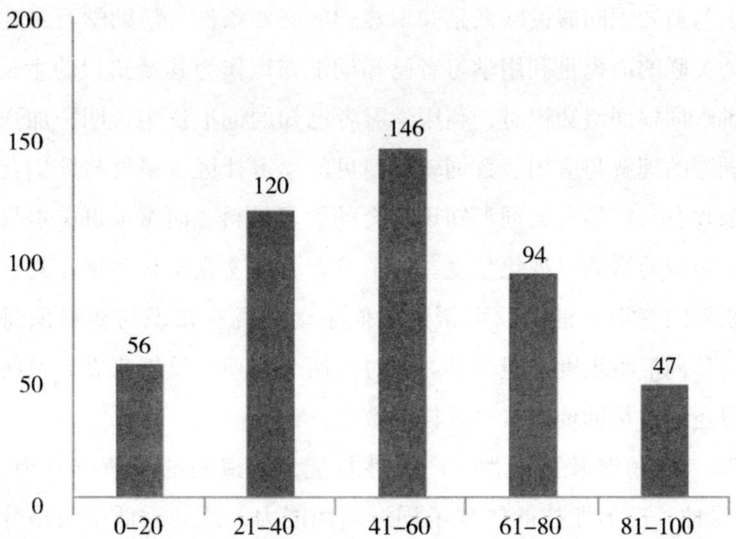

图 48　背单词软件满足阅读理解需要的程度（平均值：49.12%）

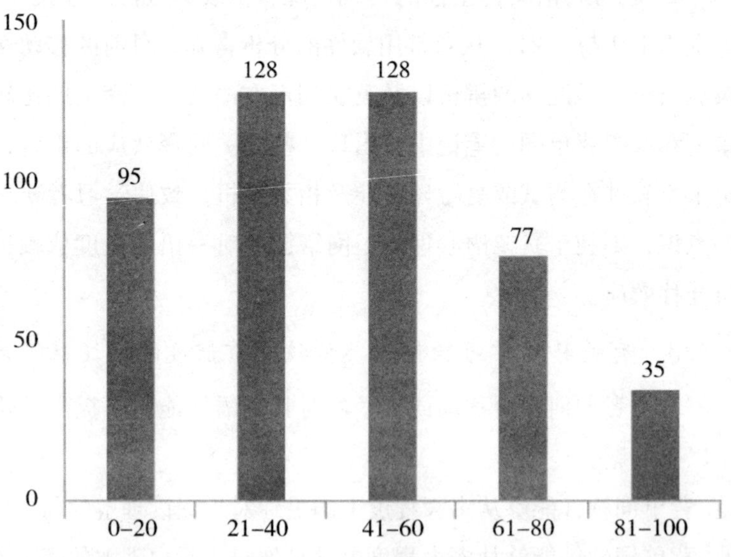

图 49　背单词软件满足听力理解需要的程度（平均值：43.28%）

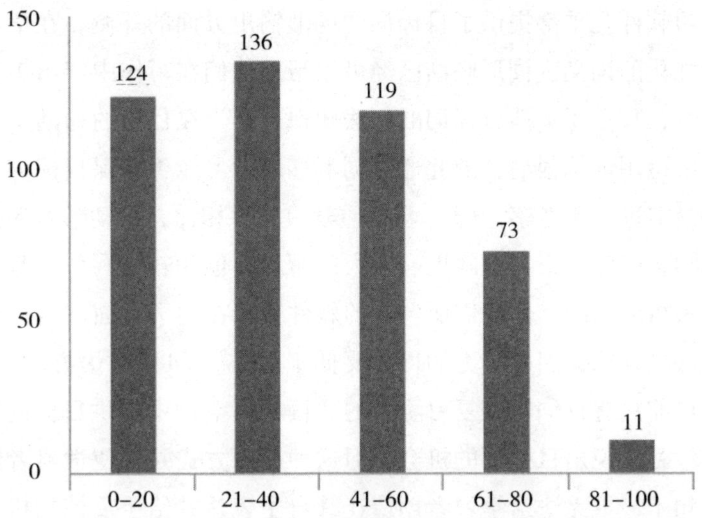

图 50　背单词软件满足口语需要的程度（平均值：37.46%）

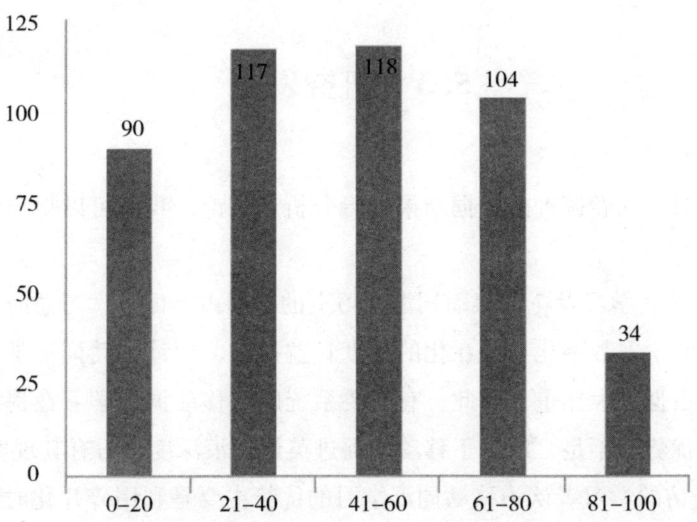

图 51　背单词软件满足写作需要的程度（平均值：45.03%）

由统计结果可知，受访者认为词汇移动学习对他们的阅读理解帮助最大（49.12%），写作次之（45.03%），其后是听力理解（43.28%）与口语（37.46%）。贡献度的高低差异较好理解：（1）即使在词汇移动学习平台上，目标词的词形、词义、例句及其他相关知识的输入也主要通过阅读学习材料实现，学习者在阅读方面得到的锻炼最多，因此此项得分最高。（2）我们所调查的学习软件几乎都提供了目标词的词形输出方面的评测，在学习软件中得到不断强化的词义 - 词形联结已经可以帮助他们在写作中产出想表达的目标词。不过，写作还牵涉目标词的句法知识。鉴于在目前的移动学习中有关句法知识的运用训练很少，因此通过词汇移动学习能否确保目标词句法运用的准确性尚需进一步考察。(3) 与纸质学习材料相比，移动学习还提供了音频甚至视频，因此对听力理解也有较大的帮助。但相较于写作，听力理解还牵涉语音解析的问题，而我们所调查的软件并未在句子层面对目标词的听力理解有足够的训练，因此听力的得分要低于写作。(4) 口语方面得分最低。事实上，目前只有百词斩在复习阶段的"读句填空"中提供目标词被挖空的主例句给学习者说出目标词的机会。但这种评测方式并未使学习者输出语块甚至整个句子，更无法给学习者创造让其自主表达并给予反馈的机会，因此对其口语表达帮助不大。

5.3 研究发现

经过对本问卷调查的数据结果进行分析、讨论，我们可以得出以下研究发现：

1. 受访的学习者花在移动词汇学习上的时间占其词汇学习总时间的近一半。考虑到学习数字化与泛在化的程度日益提高，预计移动词汇学习将在词汇学习中占据更大比重。因此，有必要系统研究移动词汇学习在提高词汇能力方面的优势与不足，即基于移动端促进英语词汇深度学习有其现实意义。

2. 受访的学习者认为移动词汇学习的优势主要是利用碎片化时间、使用便捷。此外，移动学习也有助于自我学习管理、可提供较为详细的单词讲解、形式有趣、可提供及时反馈（包括词汇量检测），但在应付考试、词汇活学活用方面效果较低。有超过 40% 的受访者（43.63%）使用英语词汇学习移动端的目的是为了在口语、写作中较为灵活地使用单词。另有 27.86% 的受访者的目的是在不同的语境中判断出目标词的具体含义（解决对一词多义的理解）。这反映出学习者对移动词汇学习的要求较高，而目前的词汇学习软件达不到此需求。

3. 受访的学习者常用的英语词汇移动学习软件相对集中在百词斩、有道词典、扇贝单词这三种软件上。样本中其他软件的使用比例很低。虽然我们所评述的两个国外学习软件 Vocabulary. com 与 Wordflex 分别在词汇知识的组织度、呈现的系统性、激励手法的多样性等方面与知识可视化方面较为出色，但受访者对二者的选取率极低。这说明学习者在学习工具选取方面的视野有待拓宽。

4. 共有超过 7 成的受访者把理解不同语境中的词义或灵活使用词汇作为移动学习的最终目的，而仅把词汇量增加作为最终目标的受访者不足 3 成。这说明学习者有切实提高词汇能力的需求。而目前的词汇移动学习软件只能满足学习者对于词汇知识宽度的基本需求。

5. 从有关词汇能力和深度学习产生条件的量表数据统计中，我们发现仅有词汇量一项得到了受访者的及格以上评价。这一方面说明现有软件的确在词汇知识宽度方面发挥了作用，另一方面也表明其在促进深度学习以提高词汇能力方面尚有很大不足。其他得分相对较高的包括学习材料的多模态呈现与内容可理解性、学习方式的趣味性以及学习者的评价能力。

6. 相较移动学习软件所提供的深度学习的条件，其词汇能力提升效果方面所得到的评价更低。在词汇能力的六个方面（词汇量、词汇知识深度、词汇组织度、元词汇知识、接受性—产出性技能、语义自主性）中，元词汇知识方面的得分最低，这说明目前的移动学习软件并未帮助学习者建立词汇知识方面的图式，也未培养学习者获取具体词汇知识时所需的技巧。其他得分极低的包括词汇知识深度方面的对一个词在不同语境下的不同用法的掌握、对各维度词汇知识的掌握以及对目标词的灵活运用；词汇组织度方面的词汇知识整合能力；语义自主性方面的目标词与其汉语同译词的差异辨析。

7. 在深度学习实现条件的三个方面中，整体得分最高的是学习材料的内容、组织与呈现，其次是主动性，最低为动用高阶思维技能的条件。

总体而言，从深度学习的实现程度与词汇能力的提高程度上看，学习者对目前所使用的词汇移动学习软件满意度较低。鉴于学习者对词汇移动学习效果有较高期待，移动学习软件需要使学习材料的内容更加丰富化、系统化，使材料的呈现更加多元化，增加学习者与学习系统的互动，为学习者创造问题情境使其对学习材料有更多的分析、评价并提供其进行可理解性输出的机会。

第六章　结论与展望

本章总结本研究的主要发现，以及本研究的理论与实践意义。本章结尾部分讨论本研究的局限并对未来研究提出展望。

6.1　研究回顾

本研究是在英语学习需求日益增长与移动学习愈发成为学习趋势的背景下进行的。移动技术使世界加速互联，催生了信息大爆炸与大交换。移动学习技术使泛在学习成为可能，也将学习者置于信息洪流之中。移动学习一方面以泛在化、个性化、互动性的特点促进了学习，另一方面也因所涉信息繁杂而使学习碎片化。教育界对这种浅层学习表现出忧虑。我们采用文献法首先回顾了现有英语词汇移动学习的相关研究，发现这些研究关注于三个方面：英语词汇移动学习效果、英语词汇移动学习模式、英语词汇移动学习平台设计。就对以上研究回顾的情况看，现有研究的理据包括建构主义学习理论、多模态学习认知理论、工作记忆理论、双编码理论、艾宾浩斯记忆曲线。但是，具体到词汇学习，其关注点主要在词汇量的扩展上，而很少着眼于词汇的习得过程与方法。为提高学习者在移动端的英语词汇学习效率，避免学习碎片化，本研究试图探讨利用移动端进行英语词汇深度学习的可行性。为此，提出了以下两个研究问题：

1. 英语词汇深度学习的内涵是什么?

2. 目前的英语词汇移动学习软件从哪些方面可以促进英语词汇深度学习?

对于研究问题1，本研究首先回顾了二语词汇习得研究中的主要问题，涉及词的定义与基本要素、词的表征与提取、心理词库的结构与搭建方式、各种二语词汇知识框架以及二语词汇习得的过程，以获取二语词汇习得的基本认识与研究方法。随后，本研究回顾了学习科学中深度学习的概念缘起与发展，对比了深度学习与浅层学习的差异，并给出了深度学习的工作定义：深度学习是指学习者主动探究新知识并动用包括元认知在内的高阶思维实现知识建构的过程。针对这一定义以及先前研究对深度学习的认识，本研究进一步阐述了深度学习的三个维度，即主动性、知识建构与高阶思维技能。其中，主动性是指学习者有自发、自主学习的意识与动机；知识建构是指学习者与外部信息开展互动并利用先前知识甄选新知识，以确定是否进行同化或顺应，完成意义建构与知识内化；高阶思维技能包括元认知，即学习者的自我认知水平与学习调控能力。在阐明深度学习的内涵后，本研究重构了词汇能力的框架，除阐明词汇知识宽度、词汇知识深度、词汇组织度、接受性—产出性知识、语义自主性这些要素外，尤其建构了元词汇知识概念，认为元词汇知识是对词汇知识的认识，是学习者自主、深入掌握词汇知识所需的图式化的知识框架，对词汇知识学习有指导、统摄作用。这些要素共同作用，最终指向英语词汇接受性—产出性水平的提高。

目前的移动学习软件在学习管理、激发学习动机、对词汇知识进行多元表征、超文本性、知识可视化、社会学习网络等方面有助于英语词汇深度学习。

目前的移动学习软件在英语词汇深度学习方面存在的问题有：

1. 个性化不足，体现在学习内容没有根据学习者的具体需求与水平相应变化；没有给学习者提供自选材料的机会；诊断性反馈较少。

2. 学习材料对词汇知识的涵盖面不够、学习材料的组织与呈现达不到词汇知识建构的要求。

3. 没有提供学习元词汇知识的机会。

4. 产出性技能考察较少。

5. 复习手段单一，较少涉及词汇知识宽度以外的其他词汇能力维度。

学习者视角下的英语词汇移动学习效果研究表明：

1. 受访的学习者花在移动词汇学习上的时间占其词汇学习总时间的近一半。

2. 共有超过 7 成的受访者把理解不同语境中的词义或灵活使用词汇作为移动学习的最终目的，而仅把词汇量增加作为最终目标的受访者不足 3 成。这说明学习者有切实提高词汇能力的需求。

3. 现有软件在词汇知识宽度方面发挥了一定作用，但在促进深度学习以提高词汇能力方面尚有很大不足。

6.2 本研究对基于移动端的英语词汇深度学习的启示

6.2.1 搭建本体库，实现学习资料的个性化推送

本体库（ontology）源于哲学的概念，知识工程学者借用了这个概念，在开发知识系统时用于领域知识的获取。本体是用于描述一个领域的术语集合，其组织结构是层次结构化的，可以作为一个知识库的骨架和基础。其意义在于获取、描述和表示相关领域的知识，提供对该领域知识的共同理解，确定领域内共同认可的词汇，提供该领域特定的概念定义和概念之间的关系，提供该领域中发生的活动以及该领域的主要理论和基本原理，达到人机交流的效果。

本体库可用于筛选、个性化推送。例如，学习者输入某一特征，可获得符合此特征的词语；学习者输入某一词语，可根据某一特征提取该词的相关词语。而语音、词形、词义（一词多义）、句法、语用等词语内部关联与以语音、词形、语义、句法、语用为核心关系进行网络化组织的词语间关联都为本体库所组织、记录。

已有词汇网络的联结、镶嵌受呈现界面的空间限制与学习者的认知负荷

限制而无法充分呈现，但这些词语间关系在后台存储后，可根据联结距离、关系类别，按需提取。比如，breach 一词就可按照语音分为 br，ea，ch，each 四个子类，按照词频、词性等筛选条件提取至界面。

本体库的搭建可以开放性与发展性为原则。借助移动学习平台，面向高水平的英语学习者或专家提出围绕某些主题或词语知识特征搭建词汇网络的请求，而后由有此意愿的参与者以众包的形式完成语义标注和其他词汇知识特征的标注。这一过程可以循环往复，不断累积、拓展本体库的节点数与联结数，结合元词汇知识，在学习资源中形成音－形、形态、一词多义、横组合、纵聚合等知识体系，并以此为框架请词汇专家、学习者贡献学习资料或讲解以形成巨大的、结构化的、可以不断生长的超媒体学习资源库，可搜索、可筛选，帮助实现学习材料的重组、智能推送，使学习者在学习结构化的学习材料过程中提高心理词库网络的组织度，以语音、形态、词义、语义等维度进行聚类，并以概念图、思维导图等形式可视化表征。学习者输入目标词，可选择以上任一维度，生成相应的知识可视化结构。

问卷调查结果显示，通过各级各类英语考试是学习者很重要的词汇学习目的。因此，可考虑将本体库的选词范围设定为特定考试（如大学英语四级或六级）所要求的词汇。在其间进行形近、音近、近义、反义、派生、上下位、一词多义、类联接、搭配等关系的搭建，并利用超文本技术在不同的词之间建立关系网络。在提取某一个词的同时，通过各种关系选项可以搜索出与该词相关的词并利用可视化工具呈现它们之间的关系，以直观呈现词汇网络的可能形式，为学习者提供结构良好的词汇知识，助其搭建并优化自己的心理词汇网络。

6.2.2　为学习者提供可理解性输出的机会

Swain（1995）认为输出在语言习得中有四个主要作用：1）提高表达流畅性；2）帮助学习者注意到想要表达的和可以表达的差距；3）提供验证表达可理解性与监控语言准确性的机会；4）帮助学习者获得目标语的元语言知识。输出增加了学习者对语言的操控。在口语与写作中，学习者可为完成交际目标而拓展其中介语的使用。为了产出，学习者需要付出一定的努力：

创造语言形式与意义，并在此过程中发现自己的表达能力范围。输出也可刺激学习者从理解中占主流的基于语义的开放式、策略式加工转向准确产出所需的完整的语法加工。因此，学习者的有意义语言产出（即输出）在语言发展过程中有着至关重要的作用（Swain，2000）。语言产出不仅是语言习得的结果，也是语言习得的联系过程（Swain，2005）。通过围绕主题的表达，学习者有意或无意地自我监控输出质量，不断调试、反馈、再组织（宋丽娟，2009），演练了词汇与语法应用能力、交际策略、概念组织，这是建构意义和将内隐知识外显化的过程。大量的实证研究证实输出在语言习得中所发挥的独特作用（Pica，1994；Van den Branden，1997；Izumi & Bigelow，2000；Swain，2000）。学习者在理解过程中对语义推理的心理投入大于句法推理，而在输出过程中，为生成可被理解的目标语表达，句法加工投入就需要增加（Swain & Lapkin，1995），迫使学习者必须激活心理词条中的形态与语音信息（de Bot，Paribakht & Wesche，1997）。这要求学习者在表达过程中演练句法知识，并在此后的输入过程中对句法增加关注与理解投入，以此促进语言习得。

6.2.3 发展学习者的元词汇知识

使学习者在脑海中形成关于词汇知识的认识，即遇到一个词，马上就能想到要从语言、词形、形态、句法、语义、词频等角度对其加以认识，并能够自觉地在这些词汇知识维度上展开该词与其他词的联系，将该词纳入自己的心理词库网络，并不断完善。

任何一个词都可以在人们的记忆里唤起一切可能跟它有这种或那种联系的词。”（索绪尔，2002）。Richards（1976）曾提出一个假设，即词是根据联想结（associative bonds）来储存或回忆的。建立这些联结有助于词汇知识的掌握。关联词场（associative field）理论把词的联想分为形式联想和意义联想，每个词都可与其他词在形式与意义上相连，构成网络（转引自陈万会，2006）。这一假设可以从深度学习概念中的知识建构角度加以解释，即知识间可以通过共性特征发生关联，形成层级结构。组织良好的层级结构有助于知识的相互通达以及新知识的纳入。因此，搭建与优化英语心理词汇网络不仅要着眼于语义关系，也要关注语音、词形、形态等维度，并据此在词汇间建立各个维度的联结。

6.2.3.1 注重对词汇知识归类

不断归类，是实现词语内部与外部组织的前提。归类是形成图式的基础。就某一共性特征将词汇进行梳理、规整，这本身就是对词汇知识分析、评价、判断的过程。学习者在此过程中获得并强化了有关共性特征的陈述性知识，同一类属中的词之间借由该共性特征而相互关联，形成了词汇的组织。以该共性特征为指针，可通达其统摄的词汇而便于在需要时对其进行调取。当学习者界定了各种词汇知识的特征后，可以在特征间进一步归类，从而不断形成词汇图式之间的联结与镶嵌，形成范围更大、更为结构化的词汇知识网络。因为词与词之间在同一特征内部，在特征与特征之间建立联系，所以一旦一个词的某个特征被激活，就可以扩散至与其共享该特征的词，或借由该特征扩散至相关特征所统摄的词，实现随机通达（random access），增加该词灵活运用的可能性。可见，归类可以帮助学习者明确词汇知识、增加元词汇知识、促进词汇的组织、存储与提取。

6.2.3.2 注重语音与词形学习

心理词库研究表明，心理词汇并非像词典一样严格按照字母顺序排列，而是既有语音排序，也有语义排序（Fya&Culter，1977；Hotpof，1983；肖旭月，2003；张萍，2016）。中国英语学习者在识别书面英语词汇时，依赖最多的是词形，其次是语音，最后才是词义（桂诗春，李威，1992）。对此，一种解释是，词形的视觉效果明显，有利于视觉表征。词形的识别直接影响到语音和词义的掌握。众多学者的研究表明，学习者心目中的难词主要是指词形难以发音和拼写的词汇，即容易造成拼写错误的词汇（陈万会，2006）。因此，词形在英语学习中有一定重要性（娄宝翠，2001）。

虽然有学者认为二语学习者不应过多按照词形或语音对词汇聚类（Nation，2001），但是国内有研究表明，中国英语学习者的二语词库发展有音、义混杂的现象（张萍，2016）。不应以回避的方式应对语音优先发展却发展不健全的问题，因为即使教学中不提倡强调音－形维度上的词汇归类，学习者也会因为语音提取通道的便捷性而内隐地自行归类，从而仍旧产生语音联结问题，但却又因为语音知识方面的缺陷而产生错误的联结。为此，应当帮助学习者掌握音-形联结知识，从而使其有能力辨认易混音形组合，形成相关图式，以指导学习者进行词汇语音、词形知识的学习。

事实上，即使在儿童期习得本族语的过程中，也会在音素、形素层面将语音、词形相关的词聚类。幼儿学习歌谣与韵文就是符合了这种词汇习得规律。这样做的价值在于：1）音素与形素存在高度的相关性。以声音模态将词语聚类、串联，可帮助学习者建立有关音-形的图式。提高学习者拼写的效率与准确率；2）除语义维度外，通过音素或形素的维度增加词汇间的联系，使词汇通过音、形相互通达，再通过语义等维度激活其他词，利用多维度的联结增加词与词相互激活的概率，提高思路的发散性，激发创造力。

6.2.3.3 注重派生词学习

在词汇联想测试中，二语学习者和母语者对刺激词的反应明显不同。母语者很少把同一词族的其他成员视作反应词。这表明在母语者的心理词汇中，同一词族的成员是作为一个整体单位储存在一起的。而中国学习者往往把本属于同一词族的成员用作反应词，这似乎表明在二语心理词库中同一词族的不同成员是独立储存的（陈万会，2006）。这一点在 Vocabulary. com 与 Wordflex 中得到了证明：这两个词汇学习软件都是基于英语本族语者的视角设计的，其中都缺少派生词的呈现与讲解。但是，对于中国的英语学习者来说，充分、系统的派生关系分析与讲解有利于其在学习与使用中将整体存取与部分存取方法相结合，以有利于同词族成员的相互通达与存取。

以我们调查过的 Vocabulary. com 与 Wordflex 为例。二者对派生词的列举都不够充分与系统，因为二者都没有顾及词汇形态方面的二语学习规律。就本族语者而言，派生词属于一个词族，如 true、truly、truth 对英语本族语者来说不存在语义识别困难。本着这样的思路，两个软件均未系统地介绍派生词。而二语学习者倾向于将派生词认作是新词，初学者往往意识不到派生词的词缀与词基的关系，而对其进行整存整取。一旦遇到新的派生词，因为欠缺形态知识且缺少语境接触而难以解析其派生特征。例如，intend、intention、intentional、unintentional、intentionally、unintentionally 等6个词中后五者是intend 的派生词，词基为 intend。如果了解这一点，那么这 6 个词就形成了以“意愿、目的”为共性含义的语义网络。这 6 个词中的任意一个在心理词库中建立了词条，都会作为掌握其他 5 个词所需的先前知识，使新词在心理词库中获得附着点。如果学习者已经掌握与该词族语义相关的 mean to、be meant for、be intended to、deliberate、purposeful、on purpose、purposefully 等词或语块中的任意一个或多个，都可将其作为新知识纳入的附着点。因此，词汇移动学习软件可以基于本体库，利用移动技术的呈现手段，对派生词进行有组织的可视化表征，帮助学习者拓展相应的词汇深度。

6.2.3.4　注重词根词缀学习

词根词缀知识是元词汇知识的一部分。掌握词根词缀知识有助于对目标词进行切分、组装。在移动端可以思维导图形式从词根词缀角度讲解相关词。以 dissonance 一词为例。它的前缀为 dis -，词根为 - son -。在词根词缀学习界面输入 dissonance，可呈现以该词为核心，以 dis - 与 - son - 为分支的思维导图。点击 dissonance 旁的声音图标可直接获取发音。点击该词本身可分出该词的词根词缀解释与词义：“dis 分 + son 声音 = 声音分开不和谐：n. 不一致、不和谐；不和谐音”。分别点击前缀 dis - 与词根 - son - 可分叉出它们的释义，进一步点击可分别展开含有该前缀或词根的词，这些词也可分别点开以获得各自的词义与发音。单击这些词可展开对应的词义与发音；双击这些词可打开“收藏”“例句”“词根词缀展示”的选项，分别点击可获得相应操作。其中，点击“词根词缀展示”选项，则切换至以该词为中心的界面。

这种设计充分利用了超文本技术，使词汇知识按照非线性次第展开，其呈现方式符合深度学习的要求，即通过非线性、跳转的方式呈现知识间的网状关联，使知识可视化被学习者内化以促进其知识组织与建构。学习者按照自己的需求逐级操作，自主探索词语之间的关联，并在过程中收藏感兴趣的词或词根词缀以备继续学习，这也增强了学习者的自主性。

限于移动终端显示器的尺寸，这种呈现方法不可能穷尽有相同词根词缀的所用词及其所有词义；且即使将可呈现的内容全部编织在一起，也会因为信息过载而造成学习者认知困难、学习动机下降。为此，可考虑呈现的词语按照词频排序，根据显示面积的大小调整呈现的词语数量，未显示的词语可通过进一步点击获取，从而在保证知识结构的清晰度的同时保留知识内容的完整度。这种呈现手法传递给学习者的概念是：词与词之间可以通过多个维度发生关联。学习过程中应有意识地发展元词汇知识，带着多个维度视角看待目标词，尝试从各个维度建立该词与其他词的关系，优化自己的心理词汇网络。

6.2.4 注重复习的多样化

本研究发现，学习者对词汇移动学习最认可的方面是词汇宽度知识的学习，这与学习软件通过不断复现、评估性反馈、激励等方式引导学习密不可分。但是，基于艾宾浩斯遗忘曲线所设置的诸如利用间隔学习法将目标词重复5－7次的做法更适用于机械学习。如果实现词汇学习上的意义建构，必须使词汇学习置于丰富的语境中，且深化词汇知识与词汇间的组织。而复习是导引学习者注意力与学习目标的有效手段。

复习要涵盖语音、形态、语义、一词多义等多个词汇知识维度，考察目标词的词汇知识深度，同时考察词汇间的联结度；此外，为学习者提供元词汇知识，即音－形联系、形态、语义、一词多义等方面的规律性知识。最后，要提供给学习者诊断报告，告知学习者在词汇知识的哪些发面需要提高，如音－形、搭配等，并提供专项练习，使其有机会获得相应的提升。

复习阶段提供丰富的语境，使学习者获得目标词更多的语义信息。词汇能力不仅仅是对一个词词义的辨识能力，也包括在语境中推断目标词具体含义的能力，甚至是依据语境对目标词的词义进行再造的能力（于翠红等，2012）。为解决词义推断问题，学习者需调用目标词知识、句法知识、语境相关知识对语境进行分析、理解、评价，这一过程有利于知识重组与转化并为目标词建立新的语义联结，丰富目标词的语义联结，从而使日后的提取更加快速、精准。

6.3　本研究的创新点

1. 丰富了二语词汇习得理论。本研究采取整合性视角将移动学习与二语词汇习得、深度学习相结合。移动学习不仅为学习提供了技术手段，也因其泛在性、可访问性、超文本性与超媒体性等特征提升了学习者与知识、学习者之间互动的维度。而深度学习的视角使得动机激发、知识建构、高阶思维技能运用等学习科学领域的概念及其相应策略与二语词汇习得理论相结合，以此丰富了二语词汇习得理论。

2. 重构了元词汇知识概念。本研究利用建构主义理论的知识建构观提出元词汇知识作为对词汇知识的认识，是学习者自主、深入掌握词汇知识所需的图式化的知识框架，对词汇知识学习有指导、统摄作用。在此认识基础上，本研究提出应基于移动端提高学习者对语音、词形、句法、形态、语义等知识规律的理解水平，通过请学习者参与词汇知识的标识以促使其元词汇知识外显化、精致化，形成词汇知识建构所需的图式。

3. 提出了基于移动端的英语词汇深度学习途径。本研究较为系统地探讨了词汇移动学习软件在词汇深度学习方面可发挥的作用，为建立立体化英语词汇网络学习平台提供了具体的操作建议。

6.4　研究局限

本研究的局限是：对词汇移动学习软件在词汇深度学习支持度方面的研究虽建立在选词所对应的客观语料及就选词与词汇学习软件所进行的互动之上，并提供了必要的统计数据，但建立在研究者本人的参与观察基础上的判断、评论避免不了研究者的主观性。此外，本研究在使用调查问卷进行量化研究后，未能就尚未获得十分清晰理解的问题进行深度访谈，而获取学习者较为详尽的学习软件使用体验与评价能够加深我们对研究问题的理解。

6.5 未来研究展望

为加深对基于移动端的英语词汇深度学习的理论与实践认识，今后拟对词汇移动学习软件在促进英语词汇深度学习方面的有效性进行类实验研究，探明学习者因素（如学习需求、学习风格、先前词汇能力、学习投入度）与词汇移动学习条件（包括移动学习的技术条件与词汇学习材料的组织）之间的作用关系。在此基础上，尝试优化英语词汇学习软件的架构，使之更能够促进学习者的英语词汇深度学习效果。

参考文献

1. 安德森·布卢姆教育目标分类学［M］. 北京：外语教学与研究出版社，2009.

2. 陈莉斯，王耀晖. 移动微型学习理论指导的英语单词记忆研究［J］. 现代教育技术，2012，22（09），70－74.

3. 陈琦，刘儒德. 当代教育心理学（第2版）［M］. 北京：北京师范大学出版社，2007.

4. 陈琦，刘儒德. 教育心理学（第二版）［M］. 北京：高等教育出版社，2011.

5. 陈燕. 试论词源教学在英语词汇教学中的作用和意义［J］. 外语与外语教学，2002（11），29－30.

6. 陈万会. 中国学习者二语词汇习得认知心理研究.（Doctoral dissertation，华东师范大学），2006.

7. 崔艳嫣. 词汇能力概念框架及其在英语教学中的应用［J］. 海外英语，2010，（07），1－2.

8. 崔艳嫣，刘振前. 第二语言词汇能力概念框架的构建及其应用［J］. 中国外语教育，2015，8（01），77－83＋107.

9. 邓晖，邵银娟，赵玉婷，王颖. 日常情境中使用移动应用程序进行自我导向的英语词汇学习［J］. 现代远距离教育，2012（03），75－80.

10. 段金菊，余胜泉. 学习科学视域下的 e－learning 深度学习研究［J］. 远程教育杂志，2013（4），43－51.

11. 范莎莎，陈丛梅. 双语学习词典插图对二语词汇深度习得的影响［J］. 辞书研究，2016（04），49－56.

12. 顾小清，冯园园，胡思畅. 超越碎片化学习：语义图示与深度学习

[J]. 中国电化教育, 2015 (03), 39-48.

13. 郭绍青, 黄建军, 袁庆飞. 国外移动学习应用发展综述 [J]. 电化教育研究, 2011 (05), 105-109.

14. 何克抗. 关于建构主义的教育思想与哲学基础--对建构主义的再认识 [J]. 现代远程教育研究, 2004 (3), 12-16.

15. 何玲, 黎加厚. 促进学生深度学习 [J]. 计算机教与学: 现代教学, 2005 (5), 29-30.

16. 洪堡特. 论人类语言结构的差异及其对人类精神发展的影响 [M]. 北京: 商务印书馆, 1999.

17. 康淑敏. 基于学科素养培育的深度学习研究 [J]. 教育研究, 2016, 37 (07), 111-118.

18. 李努尔. 科技英语的语域特征 [J]. 外国语, 1992 (2), 21-24.

19. 李思萦, 高原. 移动技术辅助外语教学对英语词汇习得有效性的实证研究 [J]. 外语界, 2016 (04), 73-81.

20. 李战子. 多模式话语的社会符号学分析 [J]. 外语研究, 2003 (05), 1-8+80.

21. 林馥嫌, 连小英. 微信公众平台的大学英语词汇学习效果研究 [J]. 福建医科大学学报 (社会科学版), 2016, 17 (03), 59-62.

22. 刘敏娜, 张倩苇. 国际高等教育领域移动学习研究: 回顾与展望 [J]. 开放教育研究, 2016, 22 (06), 81-92.

23. 刘绍龙. 论二语词汇深度习得及发展特征--关于词义与词缀习得的实证调查 [J]. 外语教学与研究, 2001, 33 (6), 436-441.

24. 刘绍龙. 论二语词汇深度习得及发展特征--关于词义与词缀习得的实证调查 [J]. 外语教学与研究, 2001 (06), 436-441+480.

25. 娄宝翠. 中国学生英语写作中的造词现象 [J]. 外语教学与研究, 2001, 33 (1), 63-68.

26. 洛林 W. 安德森 (Lorin W. Anderson) 等. 布鲁姆教育目标分类学 (修订版) [M]. 北京: 外语教学与研究出版社, 2009.

27. 马广惠. 二语词汇知识理论框架 [J]. 外语与外语教学, 2007 (4), 22-24.

28. 米丽萍, 任福继. 图画优异性效果在编码和提取中的促进作用 [J]. 科技导报, 2009, 27 (20), 80-86.

29. 潘绥铭，黄盈盈，王东．" 元假设"：社会调查问卷的灵魂［J］．学术界，2008（3），85－92.

30. 濮建忠．英语词汇教学中的类联接、搭配及词块［J］．外语教学与研究，2003（06），438－445.

31. 桑凤平．" 语言创新" 破解日语透支现象－－基于洪堡特语言创造性理论的分析［J］．外语学刊，2012（02），73－76.

32. 孙璐璐．基于移动学习环境的研究生英语词汇 App 设计策略［J］．邢台学院学报，2016，31（04），134－137.

33. 宋丽娟．认知理论视角下的二语词汇学习模式研究．（Doctoral dissertation，上海外国语大学），2009.

34. 索绪尔．普通语言学教程［M］．高名凯，译．北京：商务印书馆，2002.

35. 唐家益，杨达复．英语语篇难度的计算机测定［J］．外语教学，1992（02），59.

36. 托尼·巴赞．思维导图：放射性思维［M］．北京：作家出版社，1991.

37. 田延明．心理认知理论与外语教学研究［M］．北京：北京大学出版社，2010.

38. 王朝云．知识可视化的理论与应用［J］．现代教育技术，2007（6），18－20.

39. 王初明．补缺假设与外语学习［J］．外语学刊，2003（01），1－5＋112.

40. 王伟，钟绍春，吕森林．面向大学英语词汇学习的移动智能系统研究［J］．电化教育研究，2011（11），64－68.

41. 王峥．概念图的应用对二语词汇深度习得的作用分析［J］．江苏外语教学研究，2014（1），19－21.

42. 王峥．建构主义学习理论观照下的大学英语课堂有效教学－－以第四届" 外教社杯" 全国高校外语教学大赛为例［J］．外语界，2014（4），71－79.

43. 王峥．基于学习行为分析的英语网络自主学习中心架构研究［J］．中国电化教育，2017（03），96－102.

44. 王文斌．英语词汇中的屈折词与派生词［J］．外语教学，2002（01），55－58.

45. 吴旭东，陈晓庆. 中国英语学生课堂环境下词汇能力的发展［J］. 现代外语，2000（04），349－360.

46. 王伟，钟绍春. 利用多类终端实现移动学习的支撑系统研究［J］. 中国电化教育，2008（07），108－112.

47. 魏雪峰，杨现民. 移动学习：国际研究实践与展望－－访英国开放大学迈克·沙普尔斯教授［J］. 开放教育研究，2014（01），4－8.

48. 维克托·迈尔－舍恩伯格，肯尼思·库克耶. 大数据时代－－生活、工作与思维的大变革［M］. 杭州：浙江人民出版社，2013.

49. 吴庆麟. 认知教学心理学［M］. 上海：上海科学技术出版社，2000.

50. 肖旭月. 语音表征在取词拼写过程中的作用－－中国学生英语拼写错误的心理语言学分析［J］. 外语教学与研究，2001（06），422－429.

51. 徐歌. 基于构建式词汇联想的二语心理词库组织模式及重组研究［J］. 西安外国语大学学报，2016，24（1），76－79.

52. 严晓蓉，何高大. 视觉学习视角下的语言可视化表征与教学应用［J］. 远程教育杂志，2015（2），46－54.

53. 杨丽芳. 移动学习在大学英语词汇学习中的应用［J］. 外语电化教学，2012（04），54－58.

54. 于翠红，蔡金亭. 中国英语学习者心理词汇量、组织模式和词汇知识深度的关系［J］. 中国外语，2014，11（05），56－65.

55. 于翠红，张拥政. 关联语境视角下的二语词汇习得－－－项基于词汇语义认知的实证研究［J］. 现代外语，2012，35（03），270－277.

56. 叶成林，徐福荫. 移动学习及其理论基础［J］. 开放教育研究，2004（03），23－26.

57. 余胜泉. 从知识传递到认知建构、再到情境认知－－三代移动学习的发展与展望［J］. 中国电化教育，2007（06），7－18.

58. 药盼盼，李妮，陈宝国. 词根频率对汉语母语者英语屈折词和派生词表征方式的影响［J］. 外语教学与研究，2012，44（05），694－705.

59. 杨欢，李义娜，张康. 可视化设计中的色彩应用［J］. 计算机辅助设计与图形学学报，2015，27（09），1587－1596.

60. 约翰·特拉克斯勒，肖俊洪. 用移动设备学习：中国的可能性［J］. 中国远程教育，2014（01），35－44＋46＋45＋95－96.

61. 张浩，吴秀娟，王静．深度学习的目标与评价体系构建［J］．中国电化教育，2014（7），51－55.

62. 张浩，吴秀娟．深度学习的内涵及认知理论基础探析［J］．中国电化教育，2012（10），7－11.

63. 张晋林．移动互联网英语词汇自主性习得模式研究［J］．现代教育技术，2014，24（04），60－65.

64. 张建伟，孙燕青．建构性学习：学习科学的整合性探索［M］．上海：上海教育出版社，2005.

65. 张培．混合方法研究的范式基础与设计要素［J］．中国外语，2010（4），98－103.

66. 张萍．中国英语学习者心理词库联想模式对比研究［J］．外语教学与研究，2010（1），9－16.

67. 张萍．中国英语学习者心理词汇语义加工中的同译效应［J］．外语教学与研究，2016（3），382－395.

68. 张兴梅，张兴华．基于手机的大学英语词汇移动学习模式研究［J］．中国教育信息化，2015（18），23－26.

69. 郑维勇．移动微型英语词汇学习系统的设计［J］．实验室研究与探索，2014，33（03），176－179.

70. 钟志贤．面向知识时代的教学设计框架［J］．电化教育研究，2004（10），18－23.

71. 朱永生．多模态话语分析的理论基础与研究方法［J］．外语学刊，2007（05），82－86.

72. 祝智庭、彭红超．深度学习：智慧教育的核心支柱［J］．中国教育学刊，2017（5），36－45.

73. 北京阿凡题科技有限公司．2016 年中国 00 后互联网学习行为报告［R/OL］．（2016－10－22）［2017－05－20］. http：//www.360doc.com/content/16/1002/07/34414231_ 595227998.shtml.

74. Anderson，J. R.（1983）. *The architecture of cognition.* Mahwah，NJ：Lawrence Erlbaum.

75. Anderson，J. R.（1993）. *The rules of cognition.* Mahwah，NJ：Lawrence Erlbaum.

76. Anderson，C. A.，& Bushman，B. J.（2001）. Effects of video games

on aggressive behavior, aggressive cognition, aggressive affect, physiological arousal, and prosocial behavior: A meta-analytic review of the scientific literature. *Psychological Science*, 12 (5), 353-359.

77. Alberto, P. A., & Murphy, P. K. (1999). Nurturing the seeds of transfer: A domain-specific perspective. *International Journal of Educational Research*, 31 (7), 561-576.

78. Baer, J. M. (1993). *Creativity and divergent thinking* [*M*]. Hillsdale, NJ: Erlbaum.

79. Bandura, A. (1971). *Psychological modeling: Conflicting theories*. Chicago: Aldine-Atherton.

80. Bandura, A. (1986). *Social foundations of thought and action: A social cognitive theory*. Upper Saddle River, NJ: Prentice Hall.

81. Bandura, A. (1997). *Self-efficacy: The exercise of control*. New York: Freeman.

82. Bandura, A. (1999). Social cognitive theory of personality. In L. A. Pervin & O. P. John (Ed.), *Handbook of personality theory and research* (2nd ed., pp. 154-196). New York: Guilford.

83. Bandura, A, Barbaranelli, C., Caprara, G. V., & Pastorelli, C. (2001). Self-efficacy as shapers of children's aspirations and career trajectories. *Child Development*, 72 (1), 187-206.

84. Becker, W. C. (1986). *Applied psychology for teachers*. Chicago: Science Research Associates.

85. Berge, Zane L., Muilenburg, Lin. (2013). *The Handbook of Mobile Learning*. New York: Routledge.

86. Bloom, B. S. (Ed.), Engelhart, M. D., Furst, E. J., Hill, W. H., & Krathwohl, D. R. (1956). *Taxonomy of educational objectives: Handbook I: Cognitive domain*. New York: David McKay.

87. Bock, k. & Levelt, W. (1994). Language production: Grammatical encoding. In M. A. Gernsbascher (Ed.), *Handbook of Psycholinguistics*, 945-984.

88. Boekaerts, M., Pintrich, P. R., & Zeidner, M. (2000). *Handbook of self-regulation*. San Diego: Academic Press.

89. Bot, K. D., Paribakht, T. S., & Wesche, M. B. (1997). Toward a

lexical processing model for the study of second, language vocabulary acquisition: evidence from ESL reading. *Studies in Second Language Acquisition*, 19 (3), 309 –329.

90. Borsook, T. K. , & Higginbotham – wheat, N. (1992) . A psychology of hypermedia: a conceptual framework for R & D. *Cognitive Processes*, 21.

91. Boulton, A. (2009) . Testing the Limits of Data – Driven Learning: Language Proficiency and Training. *ReCALL*, 21 (1), 37 –54.

92. Bruner, J. S. (1965) . The growth of mind. *American Psychologist*, 20, 1007 –1017.

93. Chapelle, C. 1998: Construct definition and validity inquiry in SLA research. In Bachman, L. F. and Cohen, A. D. , editors, *Interfaces between second language acquisition and language testing research*. Cambridge: Cambridge University Press, 32 –70.

94. Carroll, David W. (2008) . *Psychology of Language*, 北京: 外语教学与研究出版社.

95. Cohen, L. Ml, & Younghee, M. (1999) . Piaget's equilibration theory and the young gifted child: A balancing act. *Roeper Review*, 21 (3), 201 –206.

96. Collins, A. M. , & Loftus, E. F. Loftus. (1975) . A spreading activation theory of semantic processing. *Psychological Review*, 82, 407 –428.

97. Collins, A. M. , & Quillian, M. R. (1969) . Retrieval time from semantic memory. *Journal of Verbal Learning and Verbal Behavior*, 8, 240 –247.

98. Collins, A. M. , & Quillian, M. R. (1970) . Does category size affect categorization time? *Journal of Verbal Learning and Verbal Behavior*, 9, 432 –438.

99. Collins, A. M. , & Quillian, M. R. (1972) . Experiments on semantic memory and language comprehension. In L. W. Gregg (Ed.), *Cognition in learning and memory* (pp, 117 –137) . New York: Wiley.

100. Coon, Danis & Mitterer, John O. *Introduction to Psychology Gateways to Mind and Behavior* (14th *Edition*) . Belmont: Wadsworth Publishing, 2015.

101. Cruse, D. (2009) . *Lexical Semantics*. Cambridge: CUP.

102. Cruz, L. , & Cullinan, D. (2001) . Awarding points using levels to help children improve behavior. *Teaching Exceptional Children*, 33 (3), 16 –23.

103. de Bot, K., Paribakht, T., & Wesche, M. (1997). Toward a lexical processing model for the study of second language vocabulary acquisition: Evidence from ESL reading. *Studies in Second Language Acquisition*, 19 (3), 309 – 329.

104. Degani, T., A. Prior & N. Tokowicz. (2011). Bidirectional transfer: The effect of sharing a translation. *Journal of Cognitive Psychology*, 23, 18 – 28.

105. de Groot, A. M. B. (1992). Determinants of word translations" . *Journal of Experimental Psychology: Learning, Memory, and Cognition*, 18.

106. de Groot, A. M. B. (1995). Determinants of bilingual lexicosemantic organization. *Computer Assisted Language Learning*, 8, 151 – 180.

107. de Groot, A. M. B., Dannenburg, L. & van Hell, J. G. (1994). Forward and backward word translation by bilinguals. *Journal of Memory and Language*, 33, 600 – 629.

108. de Groot, A., L. Dannenburg & J. van Hell. (1994). Forward and backward word translation by bilinguals. *Journal of Memory and Language*, 33.

109. Dong, Y., S. Gui & B. MacWhinney. (2005). Shared and separate meanings in the bilingual mental lexicon. *Bilingualism: Language and Cognition*, 8 (3), 221 – 238.

110. Duncan, T. K., Kemple, K. M., & Smith, T. M. (2000). Reinforcement in developmentally appropriate early childhood classrooms. *Childhood Education*, 76 (40), 194 – 203.

111. El – Hussein, M. O. M., & Cronje, C. J. (2010). Defining mobile learning the higher education landscape. *Educational Technology & Society*, 13 (3), 12 – 21.

112. Ellis, N. C. (2002). Frequency effects in language processing: A review with implications for theories of implicit and explicit language acquisition. *Studies in Second Language Acquisition*, 24, 88 – 143.

113. Entwisle, D. (1966). *Word Associations of Young Children*. Baltimore: John Hopkins University Press.

114. Eppler, M. J. & Burkard, R. A. (2004). Knowledge Visualization: Towards a New Discipline and its Fields of Application. In Schwartz, D. G (Ed.) *Encyclopedia of Knowledge Management*. Idea Group.

115. Fay, D., & Cutler, A. (1977). Malapropisms and the structure of the mental lexicon. *Linguistic Inquiry*, 8 (2), 505 – 520.

116. Fetsco, T. & McCluer, J. (2005). *Educational psychology: An integrated approach to classroom decisions.* Boston: Allyn and Bacon.

117. Flavell, J. (1979). Metacognition and cognitive monitoring: A new area of cognitive – developmental inquiry. *American Psychologist*, 34, 906 – 911.

118. Gaskell, D. and Cobb, T. (2004). Can learners use concordance feedback for writing errors *System*, 32 (3): 301 – 319.

119. Gerrig, Richard J., Zimbardo, Philip G. (2014). *Psychology and Life* (20th *edition*), Pearson Education Limited.

120. Gibbon, Dafydd, IngeMertins & Roger K. Moore (2000). *Handbook of Multimodal and Spoken Dialogue Systems.* Boston: Kluwer Academic Publishers.

121. Guan X. (2013). A Study on the Application of Data – driven Learning in Vocabulary Teaching and Leaning in China's EFL Class. *Journal of Language Teaching & Research*, 4 (1).

122. Guilford. J. (1959). Three faces of intellect. *American Psychologist*, (14), 469 – 479.

123. Halliday, M. A. K. & R. Hasan. (1985). *Language, Context, and Text: Aspects of Language in a Social – semiotic Perspective.* Oxford University Press, 20 – 86.

124. Harris, M. (1992). *Language Experience and Early Language Development: From Input to Uptake.* Hove & Hillsdale, NJ: Lawrence Erlbaum.

125. Healey, C. G, Booth, K S, Enns J T. (1996). High – speed visual estimation using preattentive processing. *ACM Transactions on Computer – Human Interaction*, 3 (2): 107 – 135.

126. Henriksen, B. (1999). Three dimensions of vocabulary development. *Studies in Second Language Acquisition*, (21), 303 – 317.

127. Henriksen, B. (2008). Declarative lexical knowledge. In D. Albrechtsen, K. Haastrup & B. Henriksen (eds). *Vocabulary and Writing in a First and Second Language: Processes and Development.* London: Palgrave Macmillan.

128. Hill, W. F. (2002). *Learning: A survey of psychological interpretations* (7th *ed.*). Boston: Allyn and Bacon.

129. Hotopf, W. H. N. (1983) . Lexical slips of the pen and tongue. In B. Butterworth (ed.), *Language Production II: Development, Writing and Other Language Processes* (pp. 147 – 200) . London: Academic Press.

130. Hussin, S. , Radzi Manap, M. , Amir, Z. , & Krish, P. (2012) . Mobile learning readiness among Malaysian students at higher learning institutes. *Asian Social Science*, 8 (12), 276 – 283.

131. Izumi, S. , & Bigelow, M. (2000) . Does output promote noticing and second language acquisition. *TESOL Quarterly*, 2 (34), 239 – 273.

132. Jackendoff, R. S (2002) . *Foundations of Language: Brain, Meaning, Grammar, and Evolution.* Oxford University Press.

133. Jackson, H. & E. Z. Amvela. (2000) *Words, Meaning and Vocabulary*. London: Cassell.

134. Jacobson, M. J. & Spiro, R. J. (1995) . Hypertext learning environments, cognitive flexibility, and the transfer of complex knowledge: an empirical investigation. *Journal of Educational Computing Research*, 12 (4), 301 – 333.

135. Jiang, N. (2000) . Lexical representation and development in a second language. *Applied Linguistics*, 21 (1), 47 – 77.

136. Jiang, N. (2002) . Form – meaning mapping in vocabulary acquisition in a second language. *Studies in Second Language Acquisition*, 24, 617 – 637.

137. Jiang, N. (2004) . Semantic transfer and its implications for vocabulary teaching in a second language. *The Modern Language Journal*, 88, 416 – 432.

138. Kazdin, A. E. (1982) . Applying behavioral principles in the schools. In C. R. Reynolds & T. B. Gutkin (Eds.), *The handbook of school psychology* (pp. 501 – 529) . New York: John Wiley.

139. Krotov, V. (2015) . Critical success factors in m – learning: a socio – technical perspective. *Communications of the Association for Information Systems*, 36, 105 – 126.

140. Kukulska – Hulme, A. G. , & Traxler, J. (2005) . *Mobile Learning. A handbook for educators and trainers.* Britain: Psychology press, 1 – 2.

141. Laird, T. F. N. , Shoup, R. , Kuh, G. D. (2006) . Measuring Deep Approaches to Learning Using the National Survey of Student Engagement. *The Annual Forum of the Association for Institutional Research*, 1 – 21.

142. Lapinski, M. K., Rimal, R. N. (2005). "An explication of social norms". *Communication Theory*. 15 (2), 127 - 147.

143. Landow, George. (2006). *Hypertext* 3.0: *Critical Theory and the New Media in an Era of Globalization*. Maryland: Johns Hopkins UP.

144. Laufer, B. (1998). The development of passive and active vocabulary in a second language: same or different. *Applied Linguistics*, 19 (2), 255 - 271.

145. Laufer, B., & Goldstein, Z. (2004). Testing vocabulary knowledge: size, strength, and computer adaptiveness. *Language Learning*, 54, 399 - 436.

146. Levelt, W. J. M. (1989). Speaking from Intention to Articulation. Cambridge, MA: Bradford.

147. Lyons, J. (1968). *Introduction to theoretical linguistics*. Cambridge: Cambridge University Press.

148. Lyons, J. (1995). *Linguistic Semantics*. Cambridge: Cambridge University Press.

149. Luszczynska, A., & Schwarzer, R. (2005). Social cognitive theory. In M. Conner & P. Norman (Eds.), *Predicting health behaviour* (2nd ed. rev., pp. 127 - 169). Buckingham, England: Open University Press.

150. Marton, F., & Säljö, R. (1976). On qualitative differences in learning: i - outcome and process. *British Journal of Educational Psychology*, 46 (1), 4 - 11.

151. Marshall, G. (1994). *The concise Oxford dictionary of sociology*. Oxford: Oxford University Press.

152. Maslow, A. H. (1987). *Motivation and personality* (3rd ed.). New York: Harper & Row.

153. Maslow, A. (1955). Deficiency motivation and growth motivation. In M. R. Jones (Ed.), *Nebraska symposium on motivation* (pp. 1 - 30). Lincoln, NE: University of Nebraska Press.

154. Meara, P. (1996a). The dimensions of lexical competence. In G. Brown, K. Malmkjaer & J. Williams (eds.). *Performance and Competence in Second Language Acquisition*. Cambridge: Cambridge University Press, 35 - 53.

155. Meara P. (1996b). The third dimension of lexical competence. *Paper presented at the* 11*th AILA Congress*, Jyvaskyla, Finland.

156. Milton, J. (2009) . *Measuring Second Language Vocabulary Acquisition*. Clevedon: Multilingual Matters.

157. Moore, A. , & Malinowski, P. (2009) . Meditation, mindfulness and cognitive flexibility. *Consciousness & Cognition*, 18 (1), 176.

158. Moroney, N. (2003) . Unconstrained web – based color naming experiment//Proceedings of Electronic Imaging. *Bellingham: Society of Photo – Optical Instrumentation Engineers Press*, 36 – 46.

159. Nation, I. S. P. (2010) . *Learning Vocabulary in Another Language*. Cambridge: Cambridge University Press.

160. Nation, I. S. P. (1990) . *Teaching and learning vocabulary*. New York: Newbury House.

161. Nation. I. S. P. (2001) . *Learning vocabulary in another language*. Cambridge: Cambridge University Press.

162. Palmer, H. E (1917) . *The Scientific Study and Teaching of Languages*. London: Harrap.

163. Paradis M. (2007) . L1 attrition features predicted by a neurolinguistic theory of bilingualism. In Kpke B *et al.* (eds.) . *Language Attrition: Theoretical Perspectives*. Amsterdam: John Benjamins Publishing Company, 121 – 133.

164. Piaget, J. (1962) . *Play, dreams, and imitation*, New York: Norton.

165. Piaget, J. , & Inhelder, B. (1969) . *The psychology of the child* (H. Weaver, Trans.) . New York: Basic Books.

166. Pica, T. (1994) . Research on negotiation: What does it reveal about second – language learning conditions, processes, and outcomes? *Language Learning*, 44 (3), 493 – 527.

167. Pignot – Shahov, Virginie. (2012) . Measuring L2 Receptive and productive vocabulary knowledge. *Language Studies Working Papers*. University of Reading. Vol. 4, 37 – 45.

168. Qian, D. D. (1998) . *Depth of vocabulary knowledge: assessing its role in adults' reading comprehension in English as a second language*. Unpublished doctoral thesis, University of Toronto.

169. Qian, D. D. (1999) . Assessing the roles of depth and breadth of vocabulary knowledge in reading comprehension. *Canadian Modern Language Review*,

56, 282 – 308.

170. Qian, D. D. (2000) . *Validating the role of depth of vocabulary knowledge in assessing reading for basic comprehension tasks in TOEFL* 2000. Princeton, NJ: Educational Testing Service.

171. Qian, D. D. (2002) . Investigating the relationship between vocabulary knowledge and academic reading performance: an assessment perspective. *Language Learning*, 52, 513 – 36.

172. Qian, D. D. Schedl, M. (2004) . Evaluation of an in – depth vocabulary knowledge measure for assessing reading performance. *Language Testing*, 21 (1), 28 – 52.

173. Read, J. (1993) . The development of a new measure of L2 vocabulary knowledge. *Language Testing*, 10 (3), 355 – 371.

174. Read, J. (2000) . Assessing Vocabulary. Cambridge: Cambridge University Press.

175. Richard, G. (2008), *Psychology: The Science of Mind and Behaviour* 6E, Hachette UK.

176. Richards, J. C. (1976) . The role of vocabulary teaching. *TESOL Quarterly*, 10, 77 – 89.

177. Runco, M. A. (2004) . Creativity. *Annual Review of Psychology*, 55, 657 – 687.

178. Salamoura, A. (2004) . *The representation of syntactic information in the bilingual lexicon.* PhD. Dissertation of Research Center of English and Applied Linguistics. Cambridge: University of Cambridge.

179. Sawyer, R. Keith. *The Cambridge handbook of the learning sciences.* New York: Cambridge University Press, 2006.

180. Schmitt, N. (1998) . Tracking the incremental acquisition of second language vocabulary: A longitudinal study. *Language Learning*, 48, 281 – 317.

181. Schmitt, N. (2010) . *Researching Vocabulary. A Vocabulary Research Manual.* Basingstoke: Palgrave Macmillan.

182. Schraw, G. (1998) . Promoting general metacognitive awareness. *Instructional Science*, 26, 113 – 125.

183. Schloss, P. J. , & Smith, M. A. (1994) . *Applied behavior analysis in*

the classroom. Boston: Allyn & Bacon.

184. Scott, M. and Tribble, C. (2006) *Textual patterns: key words and corpus analysis in language education.* Amsterdam: John Benjamins.

185. Sharples, M. Learning as conversation: Transforming education in the mobile age. (2005 - 01 - 10) [2017 - 6 - 20]. https://www.researchgate.net/publication/228389244_ Learning_ as_ conversation_ Transforming_ education_ in_ the_ mobile_ age.

186. Sinclair J. (1991). *Corpus, concordance, collocation.* London: Oxford University Press.

187. Skinner, B. F. (1953). *Science and human behavior.* New York: McMillan.

188. Swain, M. (1995). *Three functions of output in second language learning.* In G. C. B. Seidlhofer (Ed.), *Principles and practice in the study of language.* Oxford: Oxford University Press.

189. Swain, M. (2000). The output hypothesis and beyond: Mediating acquisition through collaborative dialogue. In J. P. Lantolf (Ed.), *Sociocultural theory and second language learning* (pp. 97 - 114). Oxford: Oxford University Press.

190. Swain, M. (2005). Teaching and researching intercultural competence. in *Handbook of Research in Second Language Teaching and Learning* (Ed. E. Hinkel), Mahwah, NJ: Lawrence Erlbaum, pp. 911 - 930.

191. Swain, M., & Lapkin, S. (1986). Immersion French at the secondary level: The goods' and the bads'. *Contact*, 5 (3), 2 - 9.

192. Tennekes, M. de Jonge, E. (2014). Tree colors: color schemes for tree - structured data. *IEEE Transactions on Visualization and Computer Graphics*, 20 (12), 2072 - 2081.

193. Traxler, J. (2007). Defining, Discussing, and Evaluating Mobile Learning: The Moving Finger Writes and Having Writ.... *International Review of Research in Open & Distance Learning*, 8 (2), 1 - 12.

194. Traxler, J. (2010). Students and mobile devices. *Research in Learning Technology*, 18 (2), 149 - 160.

195. Van den Branden, K. (1997). Effects of negotiation on language learners' output. *Language Learning*, 47 (4), 589 - 636.

196. Verhallen, M., & Schoonen, R. (1993). Lexical knowledge of monolingual and bilingual children. *Applied Linguistics*, 14, 344-363.

197. Vygotsky, L. S. (1962). *Thought and language*. Cambridge, MA: MIT Press.

198. Vygotsky, L. S. (1978). *Mind in society*. Cambridge, MA: Harvard University Press.

199. Wang, Y. S., Wu, M. C., & Wang, H. Y. (2009). Investigating the determinants and age and gender differences in the acceptance of mobile learning. *British Journal of Educational Technology*, 40 (1), 92-118.

200. Weiskopf, D. (2004). On the role of color in the perception of motion in animated visualizations //Proceedings of the IEEE Conference on Visualization. *Los Alamitos: IEEE Computer Society Press*, 305-312.

201. Wesche, M. & TS Paribakht. (1996). Assessing vocabulary knowledge: depth vs. breadth. *Canadian Modern Language Review*. 53 (1), 1340.

202. Wichmann, A., Fligelstone, S., McEnery, T. & Knowles, G. (eds.). (1997). Teaching and language corpora. *Harlow: Addison Wesley Longman*, 116-130.

203. Widdowson, H. G. (1998). Context, community, and authentic language. TESOL quarterly, 32 (4), 705-716.

204. Wilson, E. (1997). *The automatic generation of CALL exercises from general corpora*. London and New York: Longman.

205. Wittrock, M. C. (1974). Learning as a generative process. *Educational Psychologist*, 11, 87-95.

206. Wittrock, M. C. (1990). Generative processes of comprehension. *Educational Psychologist*, 24, 345-376.

207. Wittrock, M. C. (1992). Generative Learning Processes of the Brain. *Educational Psychologist*, 27 (4), 531-541.

208. Wittrock, M. C. (1999). Generative teaching of comprehension. *Elementary School Journal*, 92, 169-184.

209. Wordflex, http://www. wordflex. com.

210. Zimmerman, B. J., & Schunk, D. H. (Eds.) (1997). *Self-regulated learning: From teaching to self-reflective practice*. New York: Guilford Press.

附录1：前期访谈提纲

1. 你所在的年级及现有英语水平是？

2. 自从上大学以来，你每天花在单词记忆上的平均时间是？

3. 你的英语词汇学习以哪种途径为主？

4. 你用过哪些单词记忆 App？（如百词斩、扇贝、不背单词、拓词、乐词、墨墨、知米背单词、沪江开心词场、金山、有道……）

5. 你使用单词记忆 App 的目的是？

6. App 与传统单词书或语篇中单词记忆的区别？

7. 怎样衡量单词记忆 App 是否有用？

8. 你觉得词汇 App 能从多大程度上满足你的学习目的？

9. 你喜欢哪一种（几种）App？App 的哪些方面是你喜欢的？

10. 可否对 Apps 进行比较。

11. 可否举一些 App 中的亮点和缺憾？如果有缺憾，有何建议帮助其弥补缺憾？

12. 以下哪一种情况能够让你更有成就感？为什么？

A. 词汇量不算大，但对于一定数量的单词掌握得较为透彻，体现在对其中每个单词的多个义项、派生词、正反义词等有较好的掌握，可以在多种情况下熟练地使用这些单词。

B. 虽然对大部分单词的使用方法不甚了了，即不大能够将其用于口语、写作中，但是知晓每个单词的基本含义，词汇量大。

13. 就你的学习体验，你觉得最有效果的单词记忆方式是？

图片与单词联想 词根 词缀 给出正反义 英文注释 给出派生词 机械性重

复呈现 给出搭配、例句

14. 如果有以下两种单词App，你更愿意选择哪一个？

	特征	优点	缺点
简单粗暴型	1. 单词仅呈现语音与基本的词意。 2. 单词反复呈现。 3. 侧重于扩大目标单词掌握的绝对数量。	1. 词形 - 词意匹配一目了然 2. 页面简约，一个单词的记忆仅需一两个页面搞定，不在一个单词上纠缠 3. 短期内识认的目标单词数量激增	1. 无法利用你的想象力与既有词汇知识进行联想记忆。 2. 因解决不了一词多义的问题，所以难以在真实的语境中有效识认与使用单词。
细致周全型	1. 尽可能提供一个单词较为全面的知识（如多个词义及其对应的相关例句、搭配、词根/词缀、派生词、正反义词、趣味联想）。 2. 要求学习者学习搭配、例句、词根/词缀等相关词汇知识后，有自主造句、相关词联想与归类的能力。 3. 侧重于目标词汇的深度学习。	1. 调动你的想象力、既有知识。 2. 多语境、多角度的学习，使语汇知识形成网络，得以举一反三，在真实语境下活学活用。	1. 围绕一个单词展开的学习量大，单纯从目标单词的掌握数量看没有太多成就感。 2. 需要学习的与目标单词相关的内容繁多，且要求你动脑搭建自己的语汇网络，产出自己的表达，对你的耐心是个挑战。

附录 2：前期访谈转录文本节选

访谈一（受访者 A）

访谈者：你好。感谢你接受这次访谈。平时你使用什么单词 App 吗？

受访者 A：我一般使用墨墨背单词。

访谈者：你觉得这个 App 怎么样？

受访者 A：我觉得很好，因为我考 GRE 那段时间经常要去坐地铁。我觉得就是坐地铁使用比较方便。那会儿看。因为用 App 背单词很大的一个特点就是方便，你不用随时带那么厚一本单词书。而且这个 App 比较有意思的地方就是它会对应你正在学的那本词汇书。

访谈者：会相应一个纸质版本，对吧？

受访者 A：对。上面有一个绿宝书，所以我就用它的。我觉得这个是比较好用的。

访谈者：现在你的英语水平怎么样？听说你的托福是考满分的。

受访者 A：没有，是 118 分。

访谈者：那基本满分了。GRE 呢？

受访者 A：325 分。

访谈者：挺高的，现在的满分是 340 分吧？

受访者 A：对的。

访谈者：好厉害。

受访者 A：所以我不太喜欢用垃圾 App 的一个很大原因，就是我尽量能避免自己和手机进行接触。因为手机会分散注意力。就是你如果用了 App，同时可能会刷一条微信、朋友圈，这些你会忍不住去看。这些我会经常避免。就只有在坐地铁的时候，我会用这个单词 App。其他时间我都会用那个单词书。单词书可以保证我写一些 footnotes，这些都是你在 App 上面很难做到的。

访谈者：那墨墨背单词给你提供这个功能了吗？

受访者 A：它也不能提供笔记。但它比较有意思的一个地方就是首先它有对应的纸质书。第二个就是我喜欢它的设置。就是选词之后，如果想复习它就会这样子（展示墨墨背单词的界面），你自己就这样看、扫。比如背 GRE 的话我背乱序的［单词］，我会经常就这样直接扫下去，直接就这样，看哪些词我是不懂的，之后我给他做标注，做标注之后，它就会在这里显示出来。

访谈者：下次就只出现标记过的？

受访者 A：对。因为我大概知道自己哪些词是不熟的。我用 App 的时间就是在坐地铁上。有的时候去五角场那边去找朋友玩，那有两个小时的车程。我拿本书在地铁上面背的话就看着不舒服。地铁有的时候人多的话就不如直接拿一个手机。

访谈者：而且你觉得你用这个 App 和使用那本书的效果是一样的？

受访者 A：肯定没有书好。但是我觉得这个 App 对我来说的价值就是把我不懂的词做一个再学习。如果是一本纸质书的话，我大概会把书扫 1 到 2 遍，就是系统地背 1 到 2 遍。我用黄色的荧光笔标记完全忘掉了的词，用红色的代表我有印象。如果再进行复习的时候还要忘的话，我会用红笔在前面做一个勾。而这个过程中我还能顺便去扫一下别的已经背过的。可是用 App 我只能是再背我不会的。毕竟地铁上不适合用书。

访谈者：就好像去旅行时，在去一个目的地的过程中也会有一些事物收入眼中。

受访者 A：对。

访谈者：但如果是 App，就直接只看那些不会的单词了。

受访者 A：对对，App 就是很有目的性，都是我会去背一些我不会的词儿。或者是我来检测一下我的词儿到底现在怎么样，因为我也喜欢这样子。在 App 里，单词都可以遮住汉语意思，就这样一直往下看。这里面没有意思的话，正好方便我一直找下去，哪个不会我就再作标记，就是达到一个巩固的地步。学习的话，我觉得用单词 App 肯定是没有学书来得扎实，因为书的话你可以做一些 footnotes。

访谈者：那你的 footnotes 一般都是怎么做？再从别的地方查一些东西，然后放上去？

受访者 A：我可能不会。我从来不太建议我周围的人背词根，因为我觉得就像老外记我们的偏旁部首，而我们自己记汉字时也没有刻意地背偏旁部首啊。但是……我可以直接在上面写吗？（指着访谈者用的记录纸）

访谈者：可以写。

受访者 A：就比如说我背草食动物这个词的时候，我就会想一下，我之前学的跟它相关的词有什么，就比如说那草，这 carnivore 的话是那个“食肉的、肉欲的”，然后 herb 的话就是“药草”，那么我就想它们的形容词是什么？然后再想想看还能有哪些词是从它变出来的，然后再想到 incarnate，从 incarnate 想到 reincarnate。我就喜欢做这些。就是把一些相似的或者是具有同样特征的词联想在一起，这会方便我记忆。

访谈者：你有没有见过这样的单词书，它会直接给你归类呢？

受访者 A：我不喜欢这样子，因为它是按它的逻辑，而我有我自己的逻辑，我有我自己的一个思维构图。比如说 bony 这个词，一个意思是“骨瘦嶙峋的”，一个是“美丽的”，我有时会记不清。我就会给它写在旁边。就比如说在有相似意思的词旁边写上 bony。也就是说我会写一下我自己对这个词的认知。

访谈者：就是自己组织自己脑子里的这些网络。

受访者 A：对。然后我比较喜欢看那些……像这个词叫“享乐主义” hedonism，这种表示“主义”的词它有一些渊源。我就会去认真看一下。我喜欢用韦氏词典，看词源，看它是怎么来的。

访谈者：喜欢看词源。

受访者 A：对。

访谈者：喜欢看 etymology。

受访者 A：对。每次看 etymology 我都会附上这个词有哪些有意思的地方，我会写在旁边。对，就是写一下增强我记忆。

访谈者：那你很早以前背四级、六级的时候也是这样学习的？

受访者A：我倒没有背过四级和六级词汇。六级词汇可能和托福有overlap的地方，但是可能也没有，但是我想着什么时候抽空把它背掉，因为它的词汇应该不会有很难，我觉得。

访谈者：当初四六级都没有考？

受访者A：我现在都还没考，因为那几次。一次没报，是时间错过了。还有一次是临考时身份证丢了，所以都没有考。

访谈者：那今年大几？

受访者A：我现在大三。

访谈者：大三。

受访者A：我今年把它全考掉。我会做我说的这种风格。我倒不是说我会特意去记这个词，就是当这个词根出现的时候，我大概知道会想到它在什么意义范围之内。比如说像chronic这个词是“慢性的”意思，“慢性的”有很多，而它是表示时间序列，所以还有chronology等就都会联想到。

访谈者：对。你以前用过这种词根词缀的书吗？

受访者A：没有，我看到很多词根书，但是我觉得他们比较tricky。因为我觉得他们就像是在玩，只是大家不懂所以才会觉得他很厉害。其实并不这样，你给老外懂我们的偏旁部首，他会构词吗？他是不会的，所以我觉得词根词汇达到的就是当它出现了一定量的。

访谈者：自下而上的。

受访者A：是的。大概你知道它什么意思就好了。它会落到一个区域，这个区域就是这个词根的意思，但是你如果单独背词根的意思你肯定没那么敏感，对不对？所以我喜欢我这种方法。

访谈者：应该自下而上，不能自上而下。

受访者A：是的。

访谈者：这就是你不断地把自己脑海中的一些东西重新排列组合，给它变成一个网络。如果在App里面能给你机会让你去这么玩一玩呢？

受访者A：我在考虑就是我周围有人很喜欢用这个App。但是我一直在考虑App和书的区别到底是什么？可能我个人有纸版爱好。我是很喜欢纸质版的东西，我基本上所有的都能打印成纸质版的东西，因为很方便我去做。

访谈者：你身边的人都是什么风格呢？

受访者 A：有喜欢用纸质版的，有喜欢用 App 的。但其实我觉得用纸质版最好的就是你随时随地能把你想要的东西全部记在那里，而且你很方便去阅览到，这是我觉得最好的一个地方。

访谈者：现在有很多人在用电纸书 kindle。

受访者 A：我不喜欢看电纸书。

访谈者：因为你不能随时在 margins 做记录？

受访者 A：是的。所以我的单词书全是纸质的。我托福的那本单词书是从高中到现在也没有换过，那本书已经翻烂掉的。

访谈者：你喜欢用一些联想记忆方法，是吧？是那些单词书这么教你的吗？

受访者 A：我倒不知道就是，我知道单词每次会给你写什么派生词在这里，然后同义词词根，但其实我不喜欢，因为它不是按照我的逻辑，我有我自己的逻辑性，所以我就会以我的逻辑去做这个。

访谈者：但是他们只言片语已经被你吸收过了，然后自己重新整合过了。

受访者 A：对，然后就是按照我自己的一个认知，完了之后我写上这个词能让我想到的一些内容，因为要方便记忆嘛。当时我背了一个单词叫 bellwether。这个词意思是“领导”。后来我查了一下，我查到它是指“带头羊”，就是放羊的时候会有一个 head sheep，而后引申出了领导人的意思，这些就是我在 footnote 里面记录下来的。

访谈者：很有成就感，而且也是你特别喜欢的。你是什么专业的？

受访者 A：我是市场营销。

访谈者：市场营销的。那准备什么时候出去？

受访者 A：大概明年这个时候。

访谈者：已经联系好了吗？

受访者 A：明年这个时候做申请嘛。想去哥大的市场营销。

访谈者：能再总结下你认为的 App 的不足吗？

受访者 A：第一个就是不能记 footnotes，对吧。第二个就是手机会分散我的注意力。我的手机朋友圈都会关的，就很多很长时间我都会关着。我之前去图书馆活在教室自习时，我喜欢一个人，但经常看大家在旁边刷手机。我想你在自习室和在图书馆都刷手机，那你来图书馆的意义是什么？可能你说我就一个小时刷那么几分钟，但是我觉得还是不好。我看书的时候都是勿扰模式或者飞行模式。

访谈者：这就涉及自律的问题。因为他们自律性差，所以App里有一个打卡功能。

受访者A：我本来就是自律性差，所以我更不希望用手机App。打卡单词里面其实你一天学习下来的词数量非常少，我有看过他们那个扇贝对吧？你一天学习下来的词量好像非常少，基本都是重复、重复、重复。这样的重复我觉得很没有必要。就是我今天刚学明天就重复了，我觉得很浪费时间。我觉得大概过个两三天再去重复就好了。我有段时间背GRE的时候是最痛苦的。我会把白纸折四折，把所有单词写在上面，然后我就这样看，就不带任何中文释义。我今天背完之后，晚上可能我看一眼那些词发现我都忘了，我就给旁边画了两个勾。我第二天就直接对着白纸看，我觉得这比那些所谓的单词App会好，高效好多，对吧？所以跟手机有关的，我觉得其实效率不会太高。因为手机就是引起我们注意的、分散我们注意力的东西。

访谈者：是一个distraction，是吧？

受访者A：对。

访谈者：最后一个问题，什么情况下你最有成就感？

受访者A：成就感吗？我学英语倒没什么成就感，我觉得就是能帮到自己身边的朋友就很好。但是我觉得就是我的用法不一定适合每一个人。学英语就是很多过程其实，没有什么特别。

访谈者：那你为什么还那么坚持？苦中有乐？

受访者A：也没有乐，因为我想学好，就仅仅这样子。因为你想要出去，英语不能成为软肋。像我们（在美国）读研究生只有一年半的专业，那么一年半的专业能学到多少？你不能再花半年去适应一下他们的语言吧？我觉得就很浪费了，对吧？所以我想平常能学好一点，尽量少浪费时间，可以多学点东西，对吧？我有时候比较有意思，就是晚上我有时候回去晚。背GRE那段我有时候晚上会看到十一二点。我最晚的时候两点钟回去过。那是在军训那会。那个时候的记忆是最强的。我记得有一个词是ballad，就是“民谣”。

我当时怎么记也记不住。

访谈者：很正常。

受访者 A：然后我走路上突然想一下，到现在我就从来没有忘过了。这个 ballad 我就一直没有忘过。到现在有些词就是很无意间记住了。我觉得这个还是蛮有意思的，然后还有我记得有一个叫马术的词，equestrianism，也是无意中记住的。所以我建议我身边的同学无意间观察一些周围的东西，然后去看这个英语怎么说，这样就可能记忆很深刻。

访谈者：不错的建议。那么最后一个问题，如果有以下两种单词 App，你更愿意选择哪一个？（呈现如下表格）

	特征	优点	缺点
A 简单粗暴型	1. 单词仅呈现语音与基本的词意。 2. 单词反复呈现。 3. 侧重于扩大目标单词掌握的绝对数量。	1. 词形 – 词意匹配一目了然 2. 页面简约，一个单词的记忆仅需一两个页面搞定，不在一个单词上纠缠 3. 短期内识认的目标单词数量激增	1. 无法利用你的想象力与既有词汇知识进行联想记忆。 2. 因解决不了一词多义的问题，所以难以在真实的语境中有效识认与使用单词。
细 B 细致周全型	1. 尽可能提供一个单词较为全面的知识（如多个词义及其对应的相关例句、搭配、词根/词缀、派生词、正反义词、趣味联想）。 2. 要求学习者学习搭配、例句、词根/词缀等相关词汇知识后，有自主造句、相关词联想与归类的能力。 3. 侧重于目标词汇的深度学习。	1. 调动你的想象力、既有知识。 2. 多语境、多角度的学习，使语汇知识形成网络，得以举一反三，在真实语境下活学活用。	3. 围绕一个单词展开的学习量大，单纯从目标单词的掌握数量看没有太多成就感。 4. 需要学习的与目标单词相关的内容繁多，且要求你动脑搭建自己的语汇网络，产出自己的表达，对你的耐心是个挑战。

受访者 A：我觉得应该像 A、B 的结合。

访谈者：A、B 结合，就是全都包了，对吧？词汇量也要大，然后一些词的掌握也很透彻。

受访者 A：我应该是这个样子我觉得。然后我觉得最有效果的是词根词缀。词根我不建议，其实词缀这个东西，我每次跟他们讲 prefix、suffix 的时候都讲到也蛮有意思，我跟他们讲得比较多一个词叫 antibody，“抗体”对吧？那个词我就跟他们讲，我觉得有的时候词根词缀可以帮你记一些东西，但也必特意要去记这个词根到底什么意思。水到渠成会更好。

访谈者：对，像你说自下而上，你得有一些积累之后，然后自己能够下意识地在脑子里面去给它重新编网，这是很有意义的。

受访者 A：再有我觉得最重要的还是机械性的重复。没有机械性的重复你真的很难记住，天才除外了，我自认不是天才，我都是靠重复过来的。

访谈者：我们自己学汉语其实也是机械重复出现的。

受访者 A：所以我会。

访谈者：那个搭配和例句什么的对你来说呢？

受访者 A：搭配我会看，但我不会特别去记。例句我也不会特别记，因为我知道如果这样，要记的东西真的就会太繁多了。你想，一本单词书，如果例句加搭配，例句你可能最多扫一眼，我最多扫一眼，比如说我对这个词意思不理解，就是我当时背 subtle 那个词。我不太理解，我就赶快去看一下，但大部分情况下我就没有这个必要。

访谈者：你不看那些的话，如果想要自己造个句子什么的话，能直接就可以用吗？

受访者 A：不一定是直接用它。因为词汇量大了，所以就会有很多替代的。我不一定会用这个词，我可能会用别的词，最终想表达的意思也脱离不了多远，是不是？

访谈者：挺好的。

受访者 A：然后那个搭配我会扫一眼，但是我不会去记，因为没有时间做那么多事情。它每个上面给的派生词搭配这些都非常多，我没有时间记住每一个。除非我会特别有意思，比如说像 dig in。我当时也没有记，我就是看电视看的，就是假装我们现在正在说话，然后突然有一个人来打扰了我们。

访谈者：就是插话。

受访者 A：对，然后不是，他是这个意思，就比如说我在看书，然后老师来了，然后跟我说一会话然后你要走了，然后继续看书，就叫 dig in，然后就是这种无意间记住，这个就是我看美剧会记一些东西。

访谈者：很好。

受访者 A：再有我会看一些英文释义，有助理解。就像那个 cynicism，“愤世嫉俗”，可我们的翻译就有语义缺失。

访谈者：是的，这个词不能总这么翻译。

受访者 A：就是语义的一个丢失的部分，你需要去看英文的意思才能知道。

访谈者：是的。看一个 App 时，你喜欢看简约的，还是看特别细致的？

受访者 A：App 肯定是以简洁为主，我觉得 App 的根本目的就是为了让你去查漏补缺，大概知道我把什么意思漏掉了，然后去补足。

访谈者：所以说你主要的工作还是在纸质学习材料上。

受访者 A：对，我纸质的过程中去进行巩固，大概就是这样。

访谈者：太好了，信息量非常大，感谢你接受我的访谈。

受访者 A：不客气。

访谈二（受访者 B）

访谈者：你好。感谢你参与这次访谈。你现在是大几呢？

受访者 B：大三。

访谈者：参加过考级什么的吗？

受访者 B：六级考过了。

访谈者：六级了，不错。从上大学之后，现在每天大概花多少时间来记单词？

受访者 B：一个小时左右。

访谈者：你学单词最终想达到的目的是什么呢？

受访者 B：为了日常生活交际吧。很想学一口流利的英语，跟老外像说普通话这样流利地交流。现在跟老外谈话的话可以听懂他说的话，我也能表达我的意思，只是有时候突然就想不起来怎么说。

访谈者：你用过哪些背单词 App 呢？

受访者 B：乐词和百词斩。

访谈者：哪个用得多一些呢？

受访者B：百词斩。

访谈者：其他也用过吗？

受访者B：以前有用金山。

访谈者：金山和百词斩与乐词一样吗？

受访者B：都差不多，觉得百词斩比较好一点，有看那个单词TV，有视频。

访谈者：你还喜欢单词TV。TV那里有动画、MV，还有片段的一些歌，你都会看吗？

受访者B：就有时候在学校有无线网的话，都会看的。

访谈者：还有就是对话，那个对话你也看？

受访者B：对话也会看，我觉得那个对话也是很有趣的。

访谈者：那么对话你一般会看到什么程度呢？你会看一遍，还是说有些会看好几遍？

受访者B：有些人觉得有趣的，还有就是听不太懂的，我就可能会重复看一下。

访谈者：重复完之后要达到什么程度你才满意？

受访者B：能听懂才行，自己有时候就跟读一遍。

访谈者：它没有时间给你跟读吧？

受访者B：就跟它一起读。

访谈者：效果怎么样？

受访者B：真的还挺好的。

访谈者：跟老外聊天时候用上了？

受访者B：用是用得上，就是有的时候跟老外谈话的时候就想不起来。

访谈者：相对于纸质的单词书或教材，你认为现在的单词记忆的长处是什么？

受访者B：运用零碎的课余时间和有趣，也可以检测词汇量。

访谈者：那其他的？

受访者B：比如获得详细的单词讲解。

访谈者：那你在百词斩里面获得了详细的单词讲解了？

受访者 B：有的，对。

访谈者：那你所理解的详细要到什么程度？

受访者 B：就是单词释义然后词缀加讲解，下面还有解释。

访谈者：这个够了？搭配看得多吗？就是百词斩里面提供的搭配。

受访者 B：偶尔会看。

访谈者：那这个搭配你觉得算是详细的？接下来，你认为 App 有助于自我学习管理吗？

受访者 B：我觉得有帮助，每天打卡什么的。

访谈者：你在打卡？一直坚持？

受访者 B：对，我坚持了。

访谈者：多少天？

受访者 B：100 多天。

访谈者：100 多天，一天也没有中断？

受访者 B：偶尔有事情的话会中断，但是过一天我还会自己收回来。

访谈者：收回来，就是说任务量没完成的话，第二天再补回来。

受访者 B：对，必须把你自己定的任务学好了才能打卡。

访谈者：那你每天大概定多少个词？

受访者 B：就 30 多个。

访谈者：这个还是每天记录的？

受访者 B：对，每天记录是自动设计的，30 多个新词加上前一天的旧词复习，总共 70 多个吧。

访谈者：70 多个，对自我管理挺好的。你觉得百词斩能够提供及时反馈吗？比如你不断地背，然后像是你在百度里面搜了一个词或者搜了一个东西，结果发现后来再次打开百度时，它就给你一些你上次搜过的相关内容。你觉得百词斩能做到这一点？你可能你学了一些词，然后下次就给你这个词相类似的字，它能做到这一点吗？

受访者 B：有的有。

访谈者：举个例子？

受访者 B：突然想不起来。

访谈者：就是说我今天学完的词如果还有不会的，下次它会突然就把这个词给我呈现出来了。

受访者B：对，有这种的。它会有自测。测了之后如果有错误，它会放到纠错的地方，下次还会把那个单词给我弄出来。

访谈者：好的。使用百词斩能保证学过的单词可以真正拿来灵活运用吗？

受访者B：我觉得还差一点点。

访谈者：差一点点？怎么解释？

受访者B：有时候没法活用。

访谈者：就是你真正想在口语中想说的时候，这些词就没提取出来？

受访者B：对。

访谈者：给出这个词后，才知道应该能用。但是当时就没想起来用？

受访者B：对。

访谈者：那么你觉得单词有效记忆应该指什么？

受访者B：就是可以在不同的语境中认出单词的具体意思吧，还有就是看到一个单词然后想到它的这个基本意思。

访谈者：那你觉得百词斩能够做到这些吧？

受访者B：可以，它都把各种意思都写出来，然后讲解的时候也会讲出来。

访谈者：那么百词斩的一个词可能会附上好几个意思，而这几个意思你是不是都记住了？

受访者B：有时候都记不住。

访谈者：百词斩我也简单使用过。据我了解它会主要考你一个词义，而下面配一些其他词义。可是例句好像也不能涉及那些意思。然后每次考的时候仍然还是给那个基本的。

受访者B：百词斩的确不太能做到有效记忆。

访谈者：乐词可能会好一点？

受访者B：对。

访谈者：那么能够让你满意的词汇安排应该什么样？

受访者B：就是有趣的吸引人的，然后讲解得全面的。

访谈者：讲解全面？你指哪个方面讲解全面？你能给我举个例子吗？

受访者 B：就是它的意思和用处。

访谈者：那用处是指什么？

受访者 B：就是生活中能用到的，几个方面都能够讲解清楚的。

访谈者：是说你的立足点和着眼点在于日常生活交际，你需要能够贴近你的生活的讲解？

受访者 B：是的。他们举例子的时候，也可以举日常生活中我们能用到的句子来讲解这样比较好。

访谈者：好的，这是用处了，意思有了，用处有了，还有其他的吗？

受访者 B：就是能吸引我，能让我坚持每天打卡。

访谈者：百词斩你能够坚持卡，你觉得百词斩吸引你的地方在哪里？

受访者 B：就打卡，还有它的那个视频，那个 MV 和那个单词听力。

访谈者：单词听力是一种什么形式？

受访者 B：这里面有时候是 MV 里面剪辑出来的，然后有的是两个人对话，扮演那个角色来对话，讲解单词。有的时候是动画，有的时候是 MV，有的时候是两个人扮演角色讲解当时的意思。

访谈者：（打开手机上的百词斩软件）你点下我看看好吗？

受访者 B：（点选了 poor 一词）比如“贫穷的”这个词吧。

访谈者：就是这个词吗，在讲这个词吗？

受访者 B：对。它先讲一遍那个词的意思，然后扮演那个角色。

访谈者：那么它这个词汇能够覆盖多少？

受访者 B：这个我不知道，我背的时候它都会有这种。

访谈者：那可以直接点进 MV 来吗？

受访者 B：可以，我刚刚就是。

访谈者：任何一个词都有 MV 吗？

受访者 B：也不是都有的。

访谈者：可以在 MV 里搜我的目标词吗？

受访者 B：我就自己在背单词里面的那个地方看着，好像不能搜。

访谈者：不能搜，那是它有什么你就看什么？

受访者 B：有这个缺点。

访谈者：有什么看什么？

受访者B：对，有什么看什么。

访谈者：好的。刚才你谈到了吸引人。打卡吸引人吗？

受访者B：每天打卡就感觉有个成就感，可以让自己有个动力去坚持做这件事情。

访谈者：还有其他吗？

受访者B：还有就是提醒功能。

访谈者：提醒，是提醒我要开始背单词了？

受访者B：是啊。我自己定哪段时间开始，什么时候提醒，然后它就每天给我提醒。

访谈者：你会在那个时间点马上放下手头事来做这个吗？

受访者B：没什么事的话就做，有事的话可能会推迟一点。

访谈者：一般你会定在什么时间？

受访者B：我定到中午12点半，因为那个时候我中午吃完饭回学校，到上课有差不多半个小时时间。

访谈者：就可以利用起来？

受访者B：我就可以利用起来。

访谈者：学不完的晚上再接着补上？

受访者B：是的。那个时候要是有什么事，比如跟朋友聊天什么的话，就可以下午再练。

访谈者：你觉得有必要把学过的词汇串起来、系统化吗？

受访者B：有这个必要。现在在App上的学习好像是给我一个我学一个。没有让我感到学习内容之间的联系。

访谈者：那App的互动效果呢？就是说我给它一个操作，它这边就有一个反馈，给人操控感。比如说在百词斩中我点击这个或者我斩了一下，就感觉我还是在主导这样的一个学习过程，会有这样的体验吗？

受访者B：有的。有时候听到音效，看到自己的点击什么的有回应，就觉得很有感觉。

访谈者：那百词斩上也提供学习者相互学习的平台吗？

受访者B：有的，但是我没进去过。

访谈者：你不太喜欢这个吗？

受访者 B：我就自己学习。

访谈者：感觉好像你还是比较喜欢跟大家交朋友聊天的。但是在网络平台上好像不那么活跃？

受访者 B：网上我有时候因为定的时间什么的就不一致，觉得不太好，所以就没进过这种平台。

访谈者：明白了。通过词汇 App 学习你希望达到什么目的呢？

受访者 B：我希望在使用中能判断出单词的具体意思，再有就是活学活用。

访谈者：这个就是说在不同语境里判断出单词的含义。背的时候往往只背一个基本语义。假如说在具体语境里面换了另一个意思，还按照原来的意思去理解的话，可能会出现问题的。

受访者 B：可以按照那个句子的意思猜一猜吧。

访谈者：可以。不过有些时候可能是这几个意思你都知道，但是具体哪个意思在哪个语境里面可能性更高，这好像也没有在原来学习的时候去专门锻炼过。你觉得词汇 App 能不能帮你做到这一点？

受访者 B：它会弄出不同的含义，把各种含义都记住了，才能实现这个。

访谈者：问题就是如果实现。词汇 App 能不能告诉你们一些方法，把那些意思也都记住了？

受访者 B：它都会讲解不同意思的。

访谈者：就是在 TV 里面，是吧？好，那么讲解都是音频，它有没有变成一种文本？把它那个讲解像讲义一样呈现出来。

受访者 B：也有。单词下面有词汇、词根什么的；不同的意思都标出来。

访谈者：效果怎么样？像你刚才说的好像还是判断不了，有没有什么改进方法，能够让你更好地记忆与使用？

受访者 B：要是更有趣的话。每个含义都讲解得很有趣的话，可能我会被吸引到，然后就把每个意思都记住了，这样就能判断出来了。

访谈者：讲解有趣，你觉得什么样的讲解有趣，能举几个例子？

受访者 B：就是长得有区别。

访谈者：怎么有区别？

受访者 B：像刚才那个里面就是两个人，可以说一些日常生活中用到的，然后比较有趣的句子来，然后可能会这样，印象可能会更深刻。

访谈者：比较夸张，比较醒目，是吧？

受访者B：是的。

访谈者：好的。请问你怎么衡量一个词汇App是否有用？你的评判标准是？

受访者B：就是阅读水平、听力水平、口语水平。

访谈者：如果只说一个呢？

受访者B：那我认为口语水平提高的话才算有用。

访谈者：就是说你更侧重的还是口语。不过口语对应的是听力。毕竟跟人聊天时，一来一往地也需要听力。

受访者B：听力是很重要的。

访谈者：平常写作练习得多吗？憧憬一下你以后的工作，你觉得写和说哪个对你来说更珍贵？你觉得以后你会倾向于哪种？文案类的？还是说口头交际类的？

受访者B：我很想做交际类的。

访谈者：交际类的，那好。那现在你觉得目前使用的词汇App能从多大程度上满足你的学习目的？

受访者B：基本满足，就词汇的话就基本满足。自己每天都能坚持跟读的话，口语水平也可以基本上提高了。

访谈者：好的。下一个问题：纸质版的词汇书和App有什么区别？

受访者B：我觉得与纸质版的相比，App比较方便、详细。

访谈者：是哪个详细？纸质版的详细？还是App的详细？

受访者B：App详细。

访谈者：App又详细又便捷？

受访者B：对，方便。

访谈者：那是不是纸质的就没有用啦？

受访者B：纸的也有用，因为纸质版的话可以边写边记。但是觉得现在我们都用手机，整天都拿在手上，这样比较方便一点。

访谈者：你提到一个很重要的一个方面。就是说App上学习只能是它给我信息，而其实我自己也需要有写和记，来对接我以后真正的使用环境。

受访者 B：对。

访谈者：再有，在纸上写和记的时候很有可能记的和写的还不光是这个词，也许我可能把脑子里面想到的其他的词也一并记录下来，进行整合。

受访者 B：对。

访谈者：所以说纸质版像你说的好像详细度也不高，便捷度也不好，但是至少它给我这样一个平台机会梳理我的思想，这是一个很重要的一个方面。对了，你经常用有道吗？

受访者 B：有道我没怎么用。

访谈者：那如果想要查一个词，查得很彻底的话，用百词斩就够了吗？

受访者 B：没有。

访谈者：那用什么？

受访者 B：我用词典。

访谈者：你带着词典，是吧？

受访者 B：对。

访谈者：百词斩跟它还是有差距的，是吧？

受访者 B：对，有些单词还是用词典查的话比较好一点，有些句子什么的。特别是句子的话，百词斩查不到，就翻译什么的，查不到。

访谈者：句子翻译？哪个方面句子翻译？

受访者 B：就是翻译个句子的话，百词斩是翻译不了。百词斩只能查单词。而查句子的话，就要用词典。

访谈者：查句子怎么用词典查？你举个例子，就是一句话里面，查这句话里的单词吗？

受访者 B：就有时候我们想翻译一个句子的话。

访谈者：翻译一个句子？

受访者 B：对。

访谈者：一个句子你怎么翻译？

受访者 B：用词典。有时候可以翻译其中的几个单词，但有时候你要想知道整个句子意思的话，也可以用词典查一下。

访谈者：你能把整个句子往词典里输入吗？

受访者 B：对，但是基本上这个它们翻译得不好，所以我也不怎么用。

访谈者：你是用的电子词典？

受访者B：对，电子词典。

访谈者：就是把一个句子给输进去？

受访者B：对。

访谈者：百度上有道翻译还可以。

受访者B：对百度，我以前经常用百度翻译句子。

访谈者：现在我看有些长句，它翻译得还不错。

受访者B：但是好多都是那种硬译的，觉得翻译得不好。

访谈者：的确，要想吃透一个词，还是需要提供比较丰富的语境和搭配。可如果百词斩真做到这个水平了，你觉得好吗？

受访者B：这样它就更全面了。

访谈者：更全面了。缺陷也很明显，就是那些意思你一页都翻不过来，但它考察的还是那个基本定义，对吧？

受访者B：对。

访谈者：假设一个词里面你希望掌握的词义都考察了一遍，但它还不断出现，会不会很烦？

受访者B：是的，不过你可以自己把它过掉。

访谈者：可以把它过掉？

受访者B：就把它 pass 掉。

访谈者：就是由自己掌握松紧。有些词的话实在记不清那么多意思就先放一放，但是至少要给我提供一个更丰富的语境，让我选择。

受访者B：是的，要把选择权给自己。

访谈者：好的。你觉得目前使用的词汇 App 无法满足哪一种英语技能需求？

受访者B：翻译吧。翻译单词的话可以满足，除了单词就没法满足了。

访谈者：App 里哪方面或哪些方面是你喜欢的？

受访者B：趣味性。

访谈者：趣味性？

受访者B：对，还有测评。

访谈者：测评。

受访者 B：还有打卡机制。

访谈者：打卡，还有吗？

受访者 B：利用了碎片化时间。

访谈者：那个 PK 呢？PK 用吗？

受访者 B：PK 我没用过。我之前用的还有一个 App，就是开心词场。那个 PK 我经常做的，但现在也懒得弄了。

访谈者：为什么不愿意弄呢？是跟自己学习目标之间没有太大相关性还是因为其他什么？

受访者 B：我就懒得弄，觉得太费时间。

访谈者：费时间。就是说你觉得你的时间放在那就不值了？

受访者 B：不是，不是不值。因为你一直做这件事，一直做的话也会烦的，就自己背完，然后测评什么的就差不多。就半个多小时，一个小时就差不多了，再多了就会觉得烦的。

访谈者：测评的话，什么形式比较好？

受访者 B：就是那种中文和英文来回切换着问的。

访谈者：中英，英中，来回地。这样的一个形式就够了吧？

受访者 B：那个乐词有一个就是意思弄完之后，它会出来意思给你，让你写单词，有这个也更好一点。

访谈者：自己打字进去。

受访者 B：对，打进去，把单词打进去。

访谈者：你觉得打进去，要比直接把词给你让你去选要好？

受访者 B：对。

访谈者：但是这个有点烦，就是让你不断的输是吧？但它输的话是输一个字母组合，还是一个个字母？

受访者 B：是输单个的字母。

访谈者：一个字母一个字母地输？

受访者 B：对。但是手机输入现在很自动，就输入前两个字母这个单词它就会出来。

访谈者：联想出来了。

受访者 B：对，出来了。

访谈者：那么从激励制度来说，你有没有觉得百词斩能够给你带来一种信心，给你鼓励？

受访者B：打卡的时候会出来那种“你很棒啊”什么的。觉得也没什么大的作用。

访谈者：有没有那种认出来词之后给你一些比如掌声或者其他激励的？

受访者B：有的。对了的话会有这样的鼓励，然后又到另一个。

访谈者：以前玩过水果忍者吗？你要连击几下的话，声音就很好听，这个可以加进去。

受访者B：对，可以加进去。

访谈者：好。

受访者B：这就让人有学的乐趣。

访谈者：这就是那种叫作互动。

受访者B：对。

访谈者：我给你一下的话，你给我一个哎哟的声音，我使劲一点，你哎哟声音大一点，对吧？

受访者B：对。可以。

访谈者：好，一般来说哪种功能是你比较喜欢的？就是像留言，测评什么的？

受访者B：测评、图片、解释、打卡。对了，还有英文解释。

访谈者：你平常用这个嘛？

受访者B：对，我会看的，我会看，然后读一遍。

访谈者：百词斩也有？

受访者B：有的。

访谈者：有的，例句呢？

受访者B：例句也喜欢。

访谈者：同义词、反义词百词斩好像少吧？

受访者B：我没注意过。很少会有。

访谈者：好，如果给一个学习小平台，设立一个讨论区，你愿意分享你的学习成果吗？

受访者B：愿意。

访谈者：十分愿意，还是比较愿意？

受访者 B：比较愿意。

访谈者：那么互相点赞呢？

受访者 B：可以。十分愿意。

访谈者：十分愿意。我了解到有个针对00 后的调查，说现在的小孩子们都喜欢相互点赞，等你们再下两届的话，他们 00 后上来的话很多都会喜欢互相点赞。还有一个就是 00 后很欢迎教师在线辅导的形式。假如说百词斩或其他 App 也推出教师在线辅导功能，你愿意付费吗？

受访者 B：要是很喜欢那个老师的话，那个老师讲得很有趣，我愿意付费。

访谈者：那么你希望他跟你讲什么呢？

受访者 B：他可以讲日常生活当中用到的，就是一个词在口语中的使用。口语方面可以讲，多讲一点。

访谈者：如果向他请教他的话，一般你会问什么样的问题给他？

受访者 B：怎么样能提高口语。这个问题太大了，太大了，呵呵。

访谈者：其实对在线辅导的激励还有一种形式，不必付费。比如提供辅导服务的人可以得积分，这个积分累加后可以升级。本身而言升级也是一种激励。那么可能有一些水平特别高的，已经是“大咖”了的，别人愿意“献上他们的膝盖”。如果他们有点时间能够答疑的话，你觉得看他们发的帖子不错，也可能会向他们求助的吧？

受访者 B：当然了。

访谈者：好，下面就是怎样衡量一个 App 有趣的问题。你谈到有吸引力、有趣，谈到打卡。打卡督促了你。通过打卡，自己有那种战胜自我的感觉？

受访者 B：对，有成就感。

访谈者：而后你还谈到 MV 和 TV，它是比较有吸引力的生活化的相关信息。还有其他觉得比较有趣的吗？

受访者 B：就是互动，然后激励。

访谈者：又回到互动了，互动你觉得什么样的才算是互动？

受访者 B：就是我输入一个单词，它会给我弄出来。测评时，错了它可以纠正，做对了它可以激励，就像刚才你说的那样，这样会比较好。有乐趣、有趣味。

访谈者：纠正是特别重要的，就是说有的时候你做得好，他给你鼓掌："太棒了！"做得不好，他皱皱眉："下次努力"。这样的激励虽说看似不错，但其实都没有到位。如果能告诉你好在哪、差在哪，并提供提高建议，这才是更有效的互动。好，除了互动，还有什么呢？

受访者B：还应该有代入感。

访谈者：代入感？怎么理解代入感？

受访者B：就是能把使用者带到那个里面，有那种身临其境的感觉，印象会很深刻的。

访谈者：好，那么你希望App能对你的听说读写译哪个方面最有帮助？

受访者B：听和说。

访谈者：你刚才就是很关注这一块。好。因为每个人的认知风格不一样，我感觉你比较外向，喜欢跟别人聊。而有些学生就喜欢在自我的世界里，徜徉在阅读体验里面，更偏好阅读。而有些人说我想写，特别想用学过的词语把自己的想法写出来。

受访者B：对我来说，App如果能够提高我的口语，比如通过跟读什么的，就会让自己更自信，口语更好一些。其实通过打卡我有了坚持，坚持了就会有成就感，自己觉得每天背，有一点进步，自己很开心，然后就有动力继续坚持这件事。

访谈者：除了听说，还有其他因素驱使你使用App吗？比如考试因素？使用App能有效提高你的考试成绩吗？

受访者B：可以啊，比如四、六级。

访谈者：那你都过了呀？

受访者B：是都已经过了，现在觉得不重要，但是我想刷分，又想考一遍。

访谈者：刷分？App对你刷分有多大帮助？

受访者B：还是有一点帮助的。

访谈者：到底多大呢？

受访者B：词汇量上帮助很大。

访谈者：你的词汇量是不是已经在六级要求之上了？

受访者 B：但是我还在背六级和考研的，两个都在背。

访谈者：也对，其实过了六级不代表六级词汇全都掌握。

受访者 B：是的。

访谈者：词汇需求能够通过这个 App 很快得到满足吧？

受访者 B：不是很快，需要一直坚持的。

访谈者：不是很快？一般背单词的时候碰到什么困惑，在这个 App 里面？

受访者 B：就是有时候重复出现得有点烦，而有的还记不住。

访谈者：记不住？

受访者 B：有的记不住，比如比较难的单词。

访谈者：那种的话，如果你在 App 上记不住，会不会考虑用一些词典类的工具弄透一点？

受访者 B：有时间的话我会做的，但是很多时候我就没下功夫。

访谈者：理解……另外，当你遇到困惑的时候，App 能够察觉吗？

受访者 B：不能够。

访谈者：不能，这个不能？

受访者 B：这种单词学习还是比较机械的。

访谈者：那就是它没办法给你提供解决困惑的一个方式了？

受访者 B：它根本就没察觉。

访谈者：好的，感谢你参与这次的访谈，我了解到了很多有价值的信息。谢谢！

受访者 B：不客气。

访谈三（受访者 C）

访谈者：你好。感谢你接受这次访谈。你现在大几？

受访者 C：我现在是大二了。

访谈者：英语水平应该够专四了吧？

受访者 C：可能还差一点。

访谈者：测过自己的词汇量吗？

受访者C：就是在百词斩上面有那种测词汇量的测过。

访谈者：那个测了多少？

受访者C：它显示的好像是不太记得，可能6000多。

访谈者：刚上大二的时候6000多也不错。大一的时候，一般来说每天能花多长时间来背单词？

受访者C：这个感觉不一定，因为有时候可能计划着每天，因为我好像用百词斩用得多一点，然后就计划每天一定要背多少个，有时候每天计划都要背这么多个，但是每天就可能会被其他事情占了时间，就没有时间去来背了。

访谈者：一般来说能有一个平均值吗？平均值，平均时间。

受访者C：如果说按照我坚持的话是天天来这样背，大概可能每天要20分钟。因为我背的话一次可能要背三、四十个，百词斩还会每天要复习前面的，然后有时候如果前面一天没有背，我第二天可能会再多背这一点。所以说第三天的复习的量又会增加了。还有一个就是百词斩上面一般是先说句子，然后选图片，之后它还会复习，也就是给你英语单词，然后下面有几个意思，然后让你选。此外你还可以增加题型。增加题型的话，时间就会用更长。

访谈者：更长。但是你的平均时间还是20分钟？

受访者C：那就可能要30分钟。因为之前有段时间我又重新开始背的时候，我会边背又边写，所以说它的时间可能就要30分钟。

访谈者：对，那你写是在上面去打字，还是在纸头上写？

受访者C：纸头上写。因为你背了可能只是说认识，但是写的时候脑子可能会有更深的印象，写下来之后确定。对。

访谈者：那现在你要学英语单词的话，一般都有哪些途径？当然App是一种，你除了词汇App的话，还有其他途径吗？比如说单词书或者是老师教的课文这些东西。

受访者C：就课文里面可以学一点，但是我觉得大学里课文中学的单词我一般都记不住几个。

访谈者：记不住原因是什么？

受访者C：我也说不清，反正考试或者是听写之前，去背然后去写，可是后面就忘记了。或者是说会有点印象，就是之后可能看到就有印象，但是可能还不是特别的熟。

访谈者：那么课文里面老师一般是不是可以给比较详细的讲解？他会把单词的例句什么的都加给你们吗？

受访者 C：每篇课文后面会有一些单词，一般是这样。

访谈者：也就是说课文里面单词就不太好记住？那跟百词斩相比，是百词斩这边单词记的效果更好吗？

受访者 C：反正我后面也发现，其实百词斩的话，我现在靠百词斩也只是想扩大一个对词汇量的基础记忆。就是它有图片，然后我想这样因为有时候考的话考文章，我觉得需要理解大概的意思，所以说我要先把这个词语大概的意思记住。所以我就是靠百词斩来扩大这个词汇量，并没有说想靠它来深入地背、记一些单词。

访谈者：那你尝试过比较深入地去记忆单词吗？

受访者 C：可能相对深入一点的就是那种词根词缀。

访谈者：词根词缀，是在哪些地方获得这个练习？

受访者 C：这个的话，像之前自己有想到老师推荐的书，就是关于词根词缀的，根据词根词缀然后来背单词。

访谈者：是的，那么这个效果怎么样？

受访者 C：效果嘛，我觉得还是要反复的去看才行。

访谈者：那就是说像这种单词书背词根词缀，你通过反复看，是不是得需要自己这边去主动地规划一下怎么反复，是不是？

受访者 C：对，之前也是看这些书，有老师推荐的，我就想着一天大概看它书上那种一个章节或者一个单元的，但是每天这样也要花不少时间。

访谈者：是的，那么你觉得词根词缀的方法会有什么效果呢？是说词汇的深度就可以实现吗？对深度的理解。

受访者 C：深度？

访谈者：对。比如说这个词大概有几个意思，或者这个词到底是有哪些搭配。这些东西能够从词根词缀里面获得吗？

受访者 C：我觉得好像不行，至少可能对我来说不可以。

访谈者：正常来说应该是不行的，因为词根词缀仍然还是对词的基本意义的扩展，就是把更多的基本意义记住，但是每个单词的深化理解，光靠词根词缀看来是不行。

受访者C：是这样的，像现在记了之后我只能说看到一个其他的单词，可能稍微知道一下它大概的意思，就是如果是生单词的话。

访谈者：就可以猜倒是吧？是的，那么你现在记单词以什么上的为主？以App为主，以单词书为主，还是以课文里的单词为主？

受访者C：差不多是课文里的单词吧，我觉得可能还是考试要求带来的压力。可能考试之前或者是平时的时候会多弄，但是后面就会忘记。

访谈者：属于突击性的学习，是吧？

受访者C：是的。不过如果时间充裕的话，我觉得选择去看词汇书。

访谈者：好的。那么词汇书里面除了词根词缀还有别的吗？

受访者C：还有后面对这个词的一些解释，比如说关于一个词的历史的，或者是用法上面要注意的地方，便于我理解，对后面的使用或者是看文章有帮助。

访谈者：所谓的用法是不是包括搭配什么的？

受访者C：对。里面有一些包含搭配的，比如说它和哪些介词连用之类的。

访谈者：它会举一些例子。

受访者C：对，有例句。有时还会提供使用时的情感倾向之类的。

访谈者：这个属于一种深度的学习了。你说有时间的话，你会花时间背这类书？

受访者C：对，我觉得这种书比较好，但是它相对而言要求会高一点。

访谈者：不好背，不像这个App立竿见影？

受访者C：对。

访谈者：你用过哪些单词App？百词？扇贝？

受访者C：我扇贝好像就用了一、两次，然后我就觉得我不太喜欢它那个模式，然后就没有用了。

访谈者：为什么不喜欢它的模式？

受访者C：我好像不太记得了。好像它就是给个例句，然后让你直接从例句判断意思。

访谈者：给你一个例句，让你先猜词，你不喜欢这种学习模式？

受访者 C：可能是有点忘记扇贝是怎么弄的了？反正当时就觉得不太好。还是百词斩比较好。不过百词斩当时好像中间也断过没有去背，因为觉得好像背了之后还是记不住。

访谈者：那为什么还要背？因为没有更好的？

受访者 C：对。现在在手机上这样背单词的速度要比看书要快。比如说我现在的目标是专四的词汇，那先把专四的所有词汇过一遍，然后它还会复习，所以说一般可能会过个一两遍。这样先前的就有个印象。而如果你慢慢地去啃书的话，就可能来不及。

访谈者：对。是先要有一个广度，然后再去做深化理解。

受访者 C：对。

访谈者：我注意到百词斩给例句的时候，例句里面目标词的具体含义与所给的这个词的基本词义不完全一致，你觉得这样的话就相对能够帮助你把各个意思顾及？

受访者 C：也不一定，因为你背的时候可能因为要有其他事，就会快一点，对其他意思看个一两眼，然后就过了。

访谈者：往往是例句那个意思更好记一些？

受访者 C：应该是会记得牢一点。

访谈者：那么也就说你平常还是比较看例句的，不光看它的基本意思是吧？

受访者 C：因为最开始你选单词的时候，其实也是要根据例句它整体的这个语言环境来选的。所以你还是会看一下那个例句的。

访谈者：对。那么除了看例句，它里面还有 mv，你也看吗？那种视频片段？

受访者 C：那个我后面就一直没有看。

访谈者：没有看，为什么？

受访者 C：因为网络吧，还有就是取决于你背单词的时候是处于什么情况。因为你看 MV 可能就需要用耳机，要听，但是有可能当时并不能满足这样的条件。

访谈者：明白了。那么百词斩里的对话呢？就是一个男和一个女有些时候很夸张地去进行对话。那个也看得少？

受访者C：这个对话也是在视频里面。

访谈者：对。所以说这个的话一般也不太看。尤其像网络糟糕的时候，是吧？

受访者C：一般有时候食堂排队的时候，我有想过背单词，但是食堂网络就不好，我自己流量也不多，所以就不看。

访谈者：对，这都是应该考虑的因素。刚才你说过了使用单词App的目的，就是先要把基本词汇量掌握到，是不是？

受访者C：对。

访谈者：那么背单词App的话，你希望能够通过背单词App来提高你的写作和口语能力吗？

受访者C：我觉得我不能通过这个来提高我的口语。因为你背的时候没有交流的环境，你也不能自己说话，所以你就不能锻炼自己的发音。然后你写作那可能就是一个例句就一个基本意思，对它的使用方法也不是特别理解。而且其实就那样子背的话，还是只能说你看到的是有个基本的印象。你看到它的时候就会知道有这么一个单词，然后它好像有这么一个意思。而你要自己用的时候是想不起来的。

访谈者：也就是说其实你要想自己回想的话不太容易，只能说认它的时候还比较能认得出来。

受访者C：对。我觉得我现在整体的学习都存在这个问题。我看的话可以的，但是让我听和说就会有些问题。

访谈者：是的。这就是因为学习的时候没办法深化。就像是你现在做的都属于选择题类型的，给你一个词迷迷糊糊、懵懵懂懂，但四个选项有一个你背过，那就选它了。而如果给你个填空题，这个词在旁边挖一个空，请你自己把意思填上去，这个就稍微难了一点。因为口语和写作是需要后者的，而且不光是这个词什么意思，还要知道这个词搭配语境什么的。这个看来好像App还达不到这个要求。那你觉得百词斩有没有用？你会拿什么标准来衡量它有没有用？

受访者C：我之前有把它卸载掉，一个原因是因为手机内存，还有一个原因就是觉得它没用。那个时候觉得它没用，我的标准就是我背了之后想不起来有这个单词；现在觉得它还有一点用，就是觉得通过它我的词汇量短时间快速地扩大了一下，这样浅层次地扩大了一下。

访谈者：浅层次的，这个浅层次能够达到你多大的需求？满足你多大的需求？可以概括个百分比吗？0%到100%？你觉得能满足你多大的需求，就是平常学习的需求？

受访者 C：这个的话我觉得只能帮助我阅读部分，可能40%左右吧。因为我觉得我主要还是看的多一点，背了百词斩之后单词意思懂得多一点了，对我看还是挺有帮助的。

访谈者：说得比较实际客观，因为你这个阶段的话现在还不需要太多的输出。口语可能你们有些时候会说，但不太会有特别多的写作任务。这个时候主要还是 input，通过阅读来吸取知识。而这一块的话百词斩这种词汇 App 能够满足你词汇的浅层理解，很多方面是能够完成任务的。那么，你觉得背词汇 App 和背传统单词书，或者在文章里面背单词区别有哪些？能简单说一下吗？

受访者 C：App 和读文章，特别是读一本书相比，区别可能主要在于它重复的这个量吧。因为 App 的话可能一般你背过一遍了，有的可能勤快点再去复习个一两遍，他可能量也上去了。但是一般的话可能就不会复习那么多。但是在一本书里的话，比如说我之前看那个《傲慢与偏见》的英文原著，很多生字不会的就一遍一遍地查，然后后面的话看到一定程度，你查了很多遍的话就会记住，就可能是在单词的重复的数量上会有区别。

访谈者：刚才我们谈到过单词书。如果单词书有词根词缀，同时介绍比较详细的用法，包括搭配例句。那么这样一本书和 App 会有什么区别？

受访者 C：我就在想一个问题是，其实现在大多数的单词书好像都是会给词根加词缀与联想。所以要说的话，我觉得就是 App 和词根词缀法的区别。

访谈者：我看百词斩也会介绍一点词根吧？

受访者 C：它上面会写就是这个词有什么，怎么组成的。

访谈者：那么现在请你做个选择，两个选项，单词书和 App 你会选哪个？在现阶段？

受访者 C：我觉得好像这个可能要先选书。第一个是因为我们这学期老师有要求要背一本词根词缀的，而且考试可能会考。第二点是我觉得词根词缀法可能比百词斩要深一点。用百词斩时学每个词我都没有特别经常去看下面的内容，因为可能赶时间、赶进度。

访谈者：也就是说像百词斩这种的 App 追求短平快。它带着你把节奏提上来之后，注意力往往就不在质量上的提高了？

受访者 C：质量应该还是会差一点的。

访谈者：你平常用有道、金山那种网络词典吗？

受访者 C：会用必应和有道。

访谈者：你觉得它们的优点和不足有哪些？

受访者 C：现在的电子词典主要优点可能就是快，特别是那种中文解释的。因为你一眼看了就知道意思，然后你查询也很快。而像传统的字典你要翻，而且它会写得很多，特别有时候自己可能看着看着，然后就看太多了，花的时间比较长。但是，词典的解释比较准确。因为我用网上词典查单词一般是先看音，然后就去看中文，可是它的解释翻译过来的话就不太准，我有时候自己就再查词典确认一下。

访谈者：是有道还是必应的？

受访者 C：两个应该都会存在这种问题，毕竟翻译多少可能会有些偏差。有的感觉就会差得有点多。

访谈者：网上词典和 App 相比有什么优缺点吗？

受访者 C：有道会有很多例句，但是例句的可信度会有点问题。

访谈者：这个怎么讲？你觉得不够权威？

受访者 C：因为它解释一个词的话，会先说这个词的词形，然后会写是什么意思，接着它下面一排可能会写个 WEB，代表是网络，再配一个意思。这些是说第一排是它本来字典里面可能有的意思，而下面一排就代表网上的实际使用，也就是说使用者又产生了新的用法，但可能是别人用错了，而我们现阶段比较正规的英语学习里面就还不能这样使用。照这个来学可能会有点问题。

访谈者：那么你觉得至少在 App 里面的话，一些例句它是经过筛选验证的？

受访者 C：因为 App 里面例句相对而言其实不算特别多。一个单词就一个句子或者是没有像网上词典那么多。

访谈者：是不是网上词典例句太多，反倒让你应接不暇，或者说拎不出来重点了。

受访者 C：其实网上词典如果用来查单词的话，你只看它的意思。再有网上词典查词组的时候会有点问题。

访谈者：是词组不好？

受访者 C：是词组搭配使用上有问题，我觉得它的例句可能问题大一点。

访谈者：这是你的学习体会，那就是说你不太会在上面去找词组？

受访者 C：查也会查，但会比较仔细地去看那个例句，而一般查单词时看例句看得少。

访谈者：那这个时候如果你想要理解词组的话，你就不通过网上词典？

受访者 C：也会，但是那种电子词典是以前老师给我们的。就像朗文这种英英解释的，或者是就是这种朗文、牛津这种电子版的词典，就是从纸质的转成电子版的，我觉得这个要可靠一点。

访谈者：那么百词斩这个 App 有哪些功能是你比较喜欢的？

受访者 C：有的可以，主要是在它配图，因为百词斩它是配图的。

访谈者：这个图配得怎么样？

受访者 C：有的图可能和那个单词的意思会紧密一点，而有的可能跟提供的例句紧密一点，所以说你在复习的时候选图，可能你知道单词的意思，但是你选的图是错的，因为它可能跟例句的意思更接近。

访谈者：那么这个对你的单词记忆效果是有好的影响还是不好的影响？

受访者 C：应该没有什么坏影响，如果记错了只是说明我记得一般。

访谈者：但是有些人只记意思和图片的匹配，可能就会有问题，如果他不看例句的话。

受访者 C：有时候是有点，比如说有时候我背得太快的话，可能就也是想着这一个就配哪个图了，就可能在选的时候没有想着说这个单词是什么意思，而是就直接想这个单词当时是这个图。

访谈者：那么对它这个倒是挺快的，一看的话就给单词，只不过很遗憾，平常真正使用的时候是没给你这个图片的。

受访者 C：就是，老师，你的意思是平时看的话就不会有图片来提醒你是吗？

访谈者：是的。

受访者C：对，如果就真的只记得那个图的话，没有了图单词是可能想不起来的。

访谈者：是的。那么现在背单词遇到的困难有哪些呢？

受访者C：可能是时间上的问题吧。有时候忙其他的事时间不够。然后第二个就是，背了就容易忘，那就是复习的问题了，重复的问题，然后重复的话又回到了时间问题上。

访谈者：容易忘，这个怎么能解决呢？你觉得怎么样记能够不太容易忘？

受访者C：不太容易忘……

访谈者：有两种方法。一种是一个单词的基本意义一遍一遍地背，今天背，明天背，后天再背。另一种方法是把一个单词挖得深一些，比如学习它的同义词、反义词、搭配、例句。你觉得哪一种方法更好记一点？

受访者C：一种是重复，一种是深挖，是吧？

访谈者：对。其实深挖也包含了重复，但是首先要保证一个词的全面性。因为你刚才也谈到过，你曾经看过《傲慢与偏见》的英文版。你觉得那个时候你背单词的效率怎么样？

受访者C：那个里面我觉得单词记得牢一个是归功于重复，不停地重复。还有一个就是，因为它有文本在那里，所以说对记忆和理解可能也有点帮助。

访谈者：是，那个时候效果要比单纯的百词斩要好一点？

受访者C：可能要好一点，毕竟自己就查了好几次，然后去不停地看了的。书里的单词我重复的次数要多一点。百词斩的要少一点。

访谈者：而且它的重复应该不是机械性的重复：看书时，同样的一个词在不同的页数里面，不可能是在同一个句子里吧？

受访者C：不是同一个句子。

访谈者：是吧？那么也就是说这个重复又不是那种机械性的重复，而百词斩的那个重复，有点机械，看来这个容易忘记的话，谁都会容易忘，如果不用的话就会忘。其实我们现在都认为容易忘是因为背得少，于是天天背。

重复性的背倒是记住了，但是却用不起来。好，还有下面一个问题，就是说你觉得这个 App 能帮助你整合你的词汇知识吗？我举个例子，比如说把你已有的词汇归归类，然后利用你原来的词汇来记忆新的词汇。百词斩能够做到这几点吗？

受访者 C：应该不能，因为从来没有要求我在背的时候给这个词归类。联想的话，可能偶尔我会想到一个词的词根词缀，还有就是它的派生词，比如说名词的形容词形式，偶尔我会想一想。

访谈者：但这是 App 里面主动提醒你想的，还是说你自己看到时自主想的？

受访者 C：我应该是会自己想。

访谈者：是的。如果 App 里给你提供这个平台，比如说它抛出来一两个词缀，前提是它知道你已经背过了 N 个词，而且你背过的词里面似乎有跟这两个词缀最相关联的一些词。它打乱一大堆词，让你从这些词里面找出跟词根词缀相关的词，让你拖拽一下。你觉得这算不算是一种它主动帮你整合知识？

受访者 C：那算的。应该是有帮助的。

访谈者：还有就是你愿意参加他们的小组讨论吗？你愿意在里面跟大家谈谈你自己的词汇学习体验、看看别人的帖子吗？

受访者 C：对，其实我因为使用这些电子产品比较晚，不太习惯参与这种线上的讨论。所以我如果有的话，我可能也不太会，因为一般来说不太会刷手机。我觉得参加讨论也相当于说你要经常去看一看，就是要刷朋友圈、刷动态。我没有这方面的习惯。我一般还是比较习惯有事要讨论就在线下讲。

访谈者：那么你玩游戏吗？网上的游戏玩吗？

受访者 C：玩过那种很简单的小游戏。

访谈者：对，我就想说你觉得在词汇 App 里面加点游戏可行吗？

受访者 C：加什么类的？

访谈者：你可以想象一下，你觉得加什么类的游戏可能会好？

受访者 C：我突然想起来以前是不是玩够了……那个游戏好像有点像苹果，上面有数字，会往下掉，你要去点那个苹果。好像是这样的，我不太记得。

访谈者：你会玩吗？如果有这样的游戏。

受访者C：要看他具体设计得怎么样，我要感觉它到底对学习有没有帮助？如果只是说单纯的添了游戏，我一般是不玩的。

访谈者：这是很有原则的一个回答。百词斩的学习轨迹跟踪功能你平常用吗？比如说告诉你哪天背了多少词？这样的一个线性的图，给你来了一个统计，你喜欢这样的记录吗？

受访者C：我一般都不看那个东西。

访谈者：不看，就是说这东西没有吸引力。

受访者C：对，它可能只是说你去看看，提醒你，督促一下。

访谈者：那打卡、每天计划这类对你的学习管理有帮助吗？你会因为打卡功能，或者学习计划而每天心里惦记单词App、鞭策自己去学吗？

受访者C：我不会用打卡鞭策自己。他们有的会把打卡发到朋友圈，给别人看，相当于这样来激励自己。如果今天不发，明天不发，别人就知道他没有背。

访谈者：你不太会？

受访者C：对，我一般不会。可能我只是觉得，我有个目标，但好像也不太坚定，反正就是要考专四了，想把专四的词最起码要过一遍才行。因为大家也都在背，所以说每天制定计划，也知道有这件事情，最主要还是自己内心的这种目标。我不是说要打卡才怎么样努力。

访谈者：也就是说App能够给你提供的就是便捷和重复性的学习机会，但是这种敦促学习、自我管理方面的功能对你来说意义倒不太大，是吧？

受访者C：对，这要看人的性格吧。

访谈者：是的，好的。谈谈成就感的话题。假设有两种状态。一种是记下了一大堆单词，比如说七八千个单词，不过记得都是基本意思，不大能活用。另一种是只掌握了四五千或五六千的单词，但是这其中可能有两三千个词汇可以用得非常灵活。你觉得哪种成就感更大一些？

受访者C：第二种。主要是因为老师你设的量。我觉得就是五六千，其中还有大概差不多快一半的词能够灵活使用。就目前来看，它的量应该够了，而且还有深入，所以说我觉得第二种要好一点。

访谈者：好的。事实上，水平高低不仅在于词汇量大小，更在于词汇掌握的透彻和熟练。如果要改进 App 的话，除了 App 的词汇宽度要得到保证外，还应着重看一看学习者能否通过一些比较方便的方法实现词汇的深度掌握。这样的话不光能让学习者通过 App 解决阅读问题，还能解决口语和写作问题。比如通过练些小句子，模仿一些句子，自己写一写。这样 App 的效果可能会更好。

受访者 C：是的。

访谈者：好了，我觉得今天聊得很有收获，感谢你参与这次访谈。

受访者 C：不客气。

访谈四（受访者 D）

访谈者：现在是二年级，那你们也都是相当于要考这种专业四级了？

受访者 D：对，专四、专八，但是是在大二下学期考试。

访谈者：对你们来说好像四、六级你们都不参加考试吧？考考玩过吗？

受访者 D：四、六级一般不参加，但是有一些人还是会去参加考试的。

访谈者：对，你们当时都可以考六级了，有空的话可以去考考六级，刷一刷分什么的，反正对你们来说倒是没什么压力。现在你这词汇量有多少？你这边估测过吗？词汇量。

受访者 D：我觉得百词斩是瞎讲。

访谈者：不，那你自己估算你自己的词汇量，不用百词斩的。

受访者 D：百词斩它给我估的，我觉得有点虚。

访谈者：是夸大夸小？

受访者 D：就是百词斩它有两个词汇量的那个，一个是阅读，一个听力的。阅读的话它给我是 16189，我觉得很假，听力是 12195，我觉得它做的有点假，我是加了百词斩他们 QQ 上有一个小班，他们那边都有很多大牛，然后说这个测最高也就 17000，他们都已经超过了这个，测出来还是 17000，感觉还是个。

访谈者：但是还是挺高兴的，是不是？至少给你打了这么高。

受访者 D：看到是很高兴，但是它有个曲线图，它是曲线图的，就比较恶心，就是有时候会看到一下子突然就下来了，那可能就是真实的情况。

访谈者：你觉得你自己估测你的词汇量多少?

受访者D：我不知道。

访谈者：过万肯定没问题吧？是吧？

受访者D：还好，我其实有一些基础的，我还是不是特别的那个。我现在发现就是用百词斩的话，一般好像它只增加了你看到的那个词，你知道它的意思，但是如果你不看那个词让你形容去讲的话，你很难想出来这个词。

访谈者：也就是说平常在阅读或者在其他的地方，那个词你知道背过，但是还是想不起来意思?

受访者D：不是，就是我知道它意思，就是这个词我一看到我就知道它是什么意思，就是你拿走那个词，我自己想我写作文，我想用点高级的词，这个我就已经想不起来那个意思。

访谈者：那你为什么想不起来呢？原因在哪里?

受访者D：主要就是让你加强。就是你看到那个字，就立刻就是反映出那个意思，但是你因为还没有很真正的内化它，你就只知道它那个意思，然后让你自己运用这个词汇的时候你会发现，写的时候就是比如说我想什么情况下，就比如说容光焕发，就是词汇比较好的，但是自己看书背的时候，小说里面，然后我就说原来是这个，然后我知道它意思，但是我自己出来就很难。

访谈者：这个看来你是没办法通过现有的这个App来实现要求的。

受访者D：对的。

访谈者：对，其实写和说都一样的，但是写比说能稍微简单一点，毕竟写的时间差还有，说的话你需要即时。

受访者D：说是最难的。

访谈者：但是你说的东西和写的东西又不一样，我们现在讲的东西，现在讲就挺自然的，但你把你今天和我聊天聊的东西给它写下来，你就会觉得好口语化。因为书面会有要求书面的这种词汇，和语体还是有不一样的，挺好的，你每天花在单词记忆上需要多长时间？每天平均来说。

受访者D：我现在百词斩就是可以订个计划，我之前是背专四，就是我暑假开始，我暑假7月份的时候开始背的，一直到现在，暑假的时候，我是背专四单词，一天是背100个，因为它其实里面有很多就是我们平时也有接触过，所以我很快就过了，所以花的时间大概也就是40分钟。

访谈者：40分钟？

受访者D：好像，但现在是背专八单词，我每天就背30个单词，一般快点十几分钟就过去了，就是这样，因为专八基本上都没有遇见过，所以就比较难。

访谈者：背这些词的时候，你关注的是哪些东西？关注的就是基本义？还是说它的例句？包括它那个mv？包括它那里面一个男，一个女的很夸张的对话你都关注？

受访者D：没看，我刚开始的时候我是有看男的、女的，我觉得他们很有戏，但是后来就说比较功利主义了，反正就是背多点还是，不看那个了，所以一般就是看，就是它会有一个我觉得还比较好的一点，就是它会有一个象形字，就是也很容易去联想字形和图形的，这两个挺好的。还有一个，其实我比较关注的是它词根的部分，因为它会把它读起来，现在增加单词就是这样，但是百词斩其实就是它有一些是没有特别标明的，尤其是专八，专八里面有好多就是没有标它们的词根，但是看是有的，所以就觉得有点不好。它会让你反复记忆，你看到英文的词你会想到什么？你看到中文的词，你要对应的去match一个词，它要反复地进行，还会听那个词，让你去选，我觉得就是反复记忆法帮助记忆，还是可以的。

访谈者：有的时候还要你自己去拼写。

受访者D：那拼写我从来没有用过它的那些叫什么？App有专项练习，我一般用里面的全拼练习。

访谈者：全拼练习？全拼练习怎么弄？

受访者D：对的，因为拼写组合，就是你重复那些东西太多了，你会自己感到很烦，我就想，要不就直接全部把它给复习一遍。

访谈者：我想如果要是对一个只有大学英语四级，或者不到四级的同学来讲，他的拼写本身就没有熟练化，因为你词汇量已经涨到这个程度，有些词基本你知道读音的话，差不多这个词的拼写也就出来了，除非是特别怪的一些拼读，否则让你一遍遍地去把那些你本来都直接可以写出来的东西，要一遍遍去练的话，就没有意义。

受访者D：对的，但是全拼练习它是没有给你读音的。

访谈者：其实有读音更好是吧？立体一点。好的，那你现在这边单词App的话，你除了用百词斩，别的也用过吗？

受访者D：我用过沪江的，沪江开心词场。

访谈者：现在还用吗？

受访者D：我不用了，有了百词斩，我就不用它了。

访谈者：为什么不用了？

受访者D：因为沪江真的好麻烦，你知道吗？

访谈者：怎么呢？

受访者D：就是我记得我那时候用的时候，就是你会那个单词，你是过不了那个单词，而且你每次要选它，就是它选择的就是有一些词你是已经熟知了，你想不要去重复它，但是操作的流程就比百词斩要麻烦很多。

访谈者：它不能斩？

受访者D：它是能斩，但就是你如果忘了去点，忘了去点，就比如说百词斩，其实百词斩也有，就是说你背什么单词，你是在过程中给它斩掉，那你之后永远不会见到它了，是这个意思，但是沪江让你去背一个单词，它会把单词表先罗列给你看，罗列看了之后，它就说你再去点你要不要选那个词，一个个去选，你又选得很烦，因为有时候一个单列就有50个或者30个，就是词，一个个去点，而且它不是直接跳出来学习的页面，而且是你在面对词汇列表里面，你首先点勾勾选，或者说你不确定，你先点单词，你点在单词上面，你就进去它的学习页面进去学习，我觉得麻烦。还不如百词斩里面，你看到下面会有例句什么的，你会了你直接给斩掉；如果你不会，那你就继续把它留着，你感觉差不多，我想起来是这个，我就觉得没什么学习的必要。我斩掉，这就可以了。沪江弄得很麻烦，每次学沪江，我学了15个单词我就觉得很累了，还不如百词斩就轻轻松松这样斩，就比较很有趣，我身边有很多人就是这样认为的。我那时候还没有用百词斩。我用沪江的时候，我就很开心地跟他们各种推荐沪江，有同学那时候在用百词斩，我那时候还鄙视他用百词斩，后来我接触了百词斩，我就觉得好。

访谈者：为什么鄙视他们用百词斩？

受访者D：我感觉就是你们都不懂这个产品的好，只有我知道，那种心情你知道吗？因为那时候初中还是高中的时候，他们觉得说什么百词斩就很容易刷什么，那时候不是有一些大考什么的，就比较背单词，就觉得这有什么意义？还不如开心斩。你看开心斩，又不是特别的那种很专注，它让你不断地提升自我，我那时候是这样想的，而且我自己有点小众的意识，就是自己挺小众，自己就觉得还挺好的。后来接触了百词斩，我就发现它流行是有一定意义的，这个过程真的就会让你轻松很多，不会像开心词场一样让你很累。

访谈者：那当初喜欢开心词场，那么喜欢，它总有它可取之处，它的可取之处现在对你来说也是一无是处了吗？

受访者 D：它可能就是让你记忆更久。因为像百词斩，它其实是要你反复去记忆的，它其实这种记忆不是很长久。

访谈者：机械的记忆。

受访者 D：你自己是很快地去斩。但是开心词场因为你背的过程很困难嘛，因为它会让你各种练习，它在过程中就让你去拼写了。它不会像那个百词斩一样，你是之后到复习的时候有全拼练习让你去听写的，有时候你还可以不做全拼练习。就是百词斩它会让你过程简单很多，但是简单很多的同时记忆的持久性不是特别强。我觉得百词斩主要方面就是简化了这个过程，然后重复。你只要单一的重复的话，你可能就会加深对它的印象。它其实是把力量都放在你的重复上面了。

访谈者：集中火力就盯着这个词和它的基本意义。

受访者 D：因为它比较能注重记忆的强化，就是你看到词你的反应就知道了，但是可能就不会像沪江那样子让你写的时候你就有感觉。就是说我想用一下某个词，我脑子里一下子一个词蹦出来了，但百词斩的话可能就给不了你那种有词蹦出来的感觉。

访谈者：那以后你还会再用开心词场吗？

受访者 D：不会了。

访谈者：不会，你不是说有些时候写作时候要用起来吗？你怎么就不想用开心词场了呢？

受访者 D：就是因为百词斩，现在我看上我也用了很久了，我现在我看我的坚持天数有 80 天了。

访谈者：80 天了。

受访者D：我每天基本上不怎么断的，断的话也就一两次已经有了，懂吗？我已经有了就是基本的就是我感觉还是一直用着这个，我就想一直用这个。

访谈者：已对它有认同感了。

受访者D：对，已经有点感情了。现在就是习惯性的每天必须要点开来这个App然后做一些东西什么的，然后打卡的话也在那个我们的QQ那个群里面打卡，这个我也觉得是比那个开心词场好一点，它会有线上监督。

访谈者：真监督吗？这个监督对你有捆绑了吗？

受访者D：你可以加一个QQ群。你在里面打卡。不打卡连续超过三天就把你踢出去。有那个什么斩护卫把你踢出去。如果你以后想继续进来，你还得又要找群号，然后加你。

访谈者：这个归属感太重要了，是不是？

受访者D：对，这个就很固执。而且我们那个群与其他几个群也是有区别的。我们那个群就属于比较友好的那种。就是里面大家会分享各种文学资料、各种词语资料。

访谈者：你很喜欢这个群是吧？

受访者D：那个群还好，因为我现在比较忙，所以我也不是特别经常用。

访谈者：大概多长时间能用一次呢？

受访者D：是说在里面发言的吗？我打卡都是每天都有分享到里面，但是在里面说话的话，就是看他们聊到一个点。里面就经常会聊那个怎么考专四，怎么考专八，然后说要不要来一个成语接龙什么的。

访谈者：那岂不是要刷屏了。

受访者D：对。里面很多大牛，词汇量超级高。

访谈者：那么他们就在群里面。

受访者D：对。他们在群里面有时候也会说说自己的想法什么的，然后有些人还会分享自己的生活，说自己考试又考砸了，有求安慰什么的。就感觉比较温馨。然后还有就是他们会分享很多的资料，pdf什么的，在那个群文件里面，很值得看。比如说有些讲美国文学的一些特点，打开来看挺有意思的，给大家分享。不是特别水，又有点专业性，很温馨，我就觉得挺好的。

访谈者：都是英文的吗？

受访者 D：有一些英文的。因为小班里面基本都是英语毕业的。还有一些是初中高中的。

访谈者：有趣，你当初是从什么时候就开始用这种单词 App 的？

受访者 D：应该说是高二的时候开始用。

访谈者：高二的时候用得开心词场？

受访者 D：对的，开心词场。

访谈者：百词斩什么时候开始的？

受访者 D：百词斩就这个暑假开始。可以看得出来就是我之前对就开心词场是有一定眷恋的，但是我最后还是放弃了的。

访谈者：百词斩那个班级大概多少人？

受访者 D：我看一下，1993 名成员。其实大部分都是像我这种默默打卡潜水的，然后有时候在里面参加一些说话。现在我们群里有人在 PK，@了一个大牛，有人组队跟他 PK。

访谈者：就说他一个人，其他人轮番上。

受访者 D：对。

访谈者：什么形式呢？就说这个词什么意思，就这样回答吗？

受访者 D：对。比如说我们现在都在想那个形容词，看谁出得多又不重复，就是这个意思。

访谈者：挺棒的，这就是一个小的学习群体了，是吧？一个很好的一个学习群体，我们叫作学习共同体。

受访者 D：而且活跃很高，我也不知道为什么，就是活跃度高。

访谈者：下一个问题。你现在学英语单词的途径主要有哪些？第一个是词汇 App，第二个是纸质的单词书，第三个就是你们平常上课的时候，老师平常读的一些文本。你现在学单词主要从哪里背？

受访者 D：啊？

访谈者：主要从哪里背，从词汇 App？还是从这个单词书，还是从你平常看的那些篇章文章什么的。

受访者 D：我是之前有那个新东方，那个绿宝书。我翻了几下，大概翻了三分之二吧，后来就转奔到百词斩了。我发现在 App 上背了这些词之后，精读上面很多词我都遇到过，都是在我背过的那个词库里出现过的，所以我就觉得还是App给我的感觉最为直观。

访谈者：那么有些时候你碰到的其他地方的生词可以加到百词斩里去吗?

受访者D：可以的。就是你搜索了之后打一个星号收藏，下次背词的时候，如果你背的那个词库里面有那个词，它会优先跳出来给你学习。我们最近学的一些单词就会跳出来，我也拒绝很多。好惊奇，它怎么知道我最近在学?而且它有个比较好的一点：百词斩增加了一个屏保背单词功能。你一开机它就让你先熟悉五个单词，最多五个单词。这五个单词就是最近学的，我就觉得挺好的。

访谈者：挺好的，比较懂你。

受访者D：对，比较懂我。

访谈者：听说读写，你觉得哪方面技能得到的提高最大?

受访者D：读，绝对是读。

访谈者：绝对是读。

受访者D：因为看到那个词我就知道它意思，所以看的时候我比较快，我就不需要像以前一样。就是以前看书中间都有很多生词不知道，你还必须用铅笔把它给画出来，然后看完一章之后，你再每个词每个词去找会很累。现在就感觉阅读的过程中轻松了很多。

访谈者：很多，确实很有帮助。

受访者D：对，其实真的很多。

访谈者：好，那么你怎样衡量一个单词App是不是有效?你的标准是什么?

受访者D：就是看我最近听老师的课，那些遇到的词我是不是都见过，是不是都知道，就是类似这种。就是我一听老师这个词我知道，但是别人不知道，我现在就很爽。

访谈者：就很有成就感。

受访者D：对。

访谈者：那它有没有办法满足你的口语和写作需求呢?

受访者D：口语还是有的，但是口语也不是经常说，因为那些我现在背的那些专四、专八，其实口语你现在跟同学交流的话，你说出那些词反而他们会听不懂。

访谈者：但你想说的话你能不能说得出来？

受访者 D：我是还可以，就是那些简单的词还是可以的。难的词里面偏简单的那些词我也还行，但是比较复杂的我肯定不会。

访谈者：能举个什么例子吗？比如说有些词你觉得在口语中可以说的。

受访者 D：这挺难讲的。比如说像老师上课，他不会说什么 warehouse。但这个词我在 App 里背过了。我就直接跟他讲了，然后念出来给同学，同学还不知道这个词的意思，我已经讲出来，就类似这种比较有成就感。

访谈者：有成就感，那么百词斩里面它是有发音的，也是有跟读的是吧？

受访者 D：对，它有发音。

访谈者：它有跟读？

受访者 D：对的，但是有时候很容易忽略。首先的话像我们这种已经经历过这么多词汇的人，就是读肯定是读出来，但是重音发的对不对就是有问题。

访谈者：现在拼写没问题，主要注意一个重音的问题。其他基本都差不太多，挺好的。那么你现在可以判断一下，比如说你现在有若干个需求，现在这个词汇 App 能够满足你需求的百分之多少？从 0% 100% 你打个分。

受访者 D：80%吧。

访谈者：80%。而且这个偏向于阅读，稍微有一点带点口语。

受访者 D：对。

访谈者：而且我觉得你的 App 满足口语中对名词的需要可能会更好一点。名词直接拿来就可以用了。往往形容词或者是动词是要麻烦些。

受访者 D：形容词和动词的确不大敢用。我们班精读老师有时嫌弃我们：你们太大胆了，什么词都敢用。就这个意思。动词真的很注重搭配的。

访谈者：百词斩好像还不太能够帮你们解决动词活用的问题。

受访者 D：对。对一个词它就放出来一句，但是你基本上也看不出来它里面有什么语法的道道，所以还是觉得不知怎么用。

访谈者：这个挺难过的。我举个简单的例子，“She tops the class in IQ”。

就这样一个小句子。假如说你在百词斩里面见到这样一个句子，自己能不能把它用在口语中？这需要学习者琢磨到 top 的基本用法。top 后面是不是直接什么都可以加？如果动脑筋观察思考，才会发现 top 后面接的名词应该表现为一个范围，而主语应该是这个范围中的一员。所以说如果你要是参透这个语义的话才敢用。但是现在因为你们背得太急了，因此有些时候看个例句，看懂就过去。只有领会一个词的语境，才能够创造性使用。

受访者 D：我们也是囫囵吞枣。

访谈者：慢慢就会消化，那你觉得什么时候自己能达到提升写作或者说得更漂亮的程度？

受访者 D：我觉得这个还是要加强阅读。

访谈者：加强阅读。

受访者 D：就是阅读的时候会发现那个词原来是这样搭配的。那就比如说像一些词的话，在阅读当中就会发现它其实有一些规律的。而有时候不是遇到那些自己比较熟知的词，就会想抄下那一段。这不是 App 能满足得了的。我觉得还是得自己干的。就是自己通过阅读去攫取这些渠道。这种是 App 现在做不到的。

访谈者：做不到，假如真做到了呢？

受访者 D：做到了当然好。

访谈者：做到会有什么缺点？

受访者 D：做到了，我就觉得很好，就没什么缺点，但是可能就是学习的过程会更痛苦。

访谈者：开心词场做到了吗？

受访者 D：开心词场也没做到，我觉得也没做到阐释词的用法。印象里它只是把你的记忆时间延长了。

访谈者：有一个理论很简单，叫作多元表征。所谓的多元表征其实说白了就是这个词在不同的语境里都给你呈现出来。从听觉、嗅觉，甚至触觉、视觉都可以给你呈现出来。那么你可以通过各个角度各个语境来认知它。因此在一个新的环境里，就更容易跟你原来学的某一个点产生共振，然后由那个点导出你这个词的意思。其实你的思路应该是跟多元表征有点挂钩的。

受访者 D：是的。他们说你现在学习得越痛苦，但是你的神经元连接的越多，你以后遇到一个点它直接触发的东西也就多，你很快就能达到你想要的。

访谈者：对。现在就存在一个问题，就是百词斩这样的 App 求短平快。它满足学习者对词形－词义联结的基本需求。但是学习者有些时候在口语中，或者在书写时，无法真正大胆自信的去使用。好像还差一口气。

受访者 D：但是很多词汇 App，比如说像之前我其实也有稍微用过扇贝单词，但也只是几天，就几天。我就觉得不好用，我直接就放弃了，然后回到沪江，又从沪江转到百词斩。我觉得这些 App 肯定是达不到刚才您说的要求的。它们是绝对达不到的。

访谈者：其实也不要求你对每个词这么吹毛求疵，但至少一些比较核心有价值的词，它可以给我们提供一些更丰富的选择，帮助我们能够更好地去驾驭和灵活使用，而不是把所有的单词都按照词形－基本词义的简单、机械匹配来组织记忆。比如说八级或者 GRE 的词是这么记的，而一个特别常用的、在核心 2000 词里面的词它也这么去呈现，就有点区分不开了。朗文英英词典里面用于释义的只有 2000 个词，就可以把所有任何其他词给解释出来。那如果我们把那样的一些词能够做出一些很漂亮的 App，让学习者通过各种各样的方法来锻炼，最后虽然词汇量没有特别大，但是至少可以灵活运用。

受访者 D：是的。虽然只是学了几个词，但是对那几个词掌握得很深，而且很自信。像现在的 App，它是直接把中文意思放到那边。你每次进那个词它直接出现中文意思。你看到的是中文意思。你要划动好几步才能看到下面它的英语意思是什么。但老师一直跟我们讲：你们看词一定要看它的英文注解，而不仅仅看中文。因为有时候中文一样的话，它其实用法都是不一样。不过对于学习者来说不是我们这种英语专业的人，他们可能更青睐于直接的中文解释。

访谈者：是的。好，那么那你觉得词汇 App 与传统的单词书在记忆方法上有哪些区别？

受访者 D：就是更快了，更便捷。单词书，比如说有一次我在 9 号线看了我的专四单词书。但太挤了，我只好打开手机。还有如果你在地铁上拿单词书，尤其是跟同学一起出去玩，你拿这个单词书，大家就会觉得你很没劲。像是在说你现在还在学习，搞得大家都很没劲。而拿手机的话，至少别人不知道你在学习，对吧？

访谈者：对，很有趣，而且刚才你也谈到其他一些功能，比如说打卡、学习小组。这些功能其实都是传统东西做不出来的。

受访者D：对的。因为我觉得这给我带来了更多的信息。它有时候会在群里分享一些，比如说《时间简史》什么的PDF。有人会说我觉得这本书蛮好的，然后写一下自己的观点，说我推荐你们去看一下，然后它是全英的。还会有一些美国文学。上传的人也能够写几个相关特点。这些都是你在一个App之外还能获得的信息。

访谈者：很起劲的是吧？

受访者D：很起劲，就感觉有一群人都跟我一样在英语的深渊里面挣扎，我就觉得很舒服，痛并快乐。

访谈者：挺好的。百词斩的功能里，打卡功能你喜欢，它这种简单重复的学习模式你也喜欢。那刚才提到的MV或对话也是你很喜欢的吗？

受访者D：我是比较累的时候会听一下，但是近来比较功利性的话，其实不是特别喜欢听。但是我觉得对于那些不喜欢学英语的孩子，但是又被家长逼着学英语，他们应该会比较enjoy这个过程。

访谈者：好的。那么现在背单词遇到的困难是什么？有些时候记不住还是有些东西用不起来？

受访者D：都有。

访谈者：都有。

受访者D：记不住的话，我就反复地重温，也就是重新去复习。

访谈者：是。

受访者D：百词斩有这个功能。你背过的词在一个列表中可以看到：点击那个列表，然后它这边是加强你的意思理解的，左边全都是英文。单词后面有个盖住的条。如果你不确定记得这个词，你就点一下那个条，它后面的意思就会闪现出来。这还是比较好的，是检验你有没有记得这个基本意思的一个渠道，然后你背完所有的之后，你还可以继续重复地进行反复的背。

访谈者：斩掉的词也还能够再现吗？

受访者D：斩掉后它有一个叫已斩单词，里面有被斩掉的词。虽然你不会在你背的过程中遇到，但是如果你想去找，你会找到，它有收藏。你收藏过的单词、你斩过的单词、你学习过的单词……它会有好多类别，你就挺容易去找到。

访谈者：好，你可以做百词斩的代言人了，是吧？

受访者 D：主要是觉得它很好。

访谈者：好，好，那有些时候比如说用不起来这个词的话，一般你都怎么去解决这个问题呢？

受访者 D：其实一般用不起来我就不用了。

访谈者：看来现在还没有太多的要求，对，如果你要身边有几个老外，你要经常上一些英文课，看一些英文的原版的教材什么的，我估计你可能要求会更高。是吧？那现在你可能还没有那么高的需求。假如说真要有这个需求的话怎么办呢？你通过什么办法来解决困难？如果真有这种需求，比如说突然有些“狠”词你想用在英文演讲，你想用一些比较高大上的词。这时百词斩是不好使了，你觉得该用什么？

受访者 D：我用有道呀。

访谈者：那你觉得有道起什么作用？

受访者 D：就是找那些词是怎么用的，反复地看一些例句，记一下它的用法，大概是跟什么搭配的，要看它那个使用程度，才能确定它的用法。再比如去看语料库里面这个词重复率最高的搭配，那个就是它最地道的一个搭配。

访谈者：对，这个时候需要通过语境和搭配来解决问题。好，现在我还有几个小问题，就是说百词斩这边能帮你整合自己的词汇知识吗？首先，你怎么理解“词汇知识整合”这几个字？

受访者 D：我不是特别清楚。

访谈者：整合，比如说你原来对词汇有没有做过一些归类。你肯定自己做过归类的，但是 App 能不能帮你做归类？

受访者 D：我觉得没有。

访谈者：那你是怎么归类的呢？

受访者 D：我一般都是看它们什么词根。我记得开心词场里有分类的高频词汇，比如足球类词汇、铁人三项专用词汇等等。它有专门一个语库放在那边。然后比如说像什么救援，就是比如救生抢险，就是暴雨洪灾类词汇，它也会有一个分类，这是开心词场。但是百词斩上我没看到。

访谈者：那种学习模式你需要吗？如果你想学的话？

受访者D：对于想要考试的人当然很棒，是吧？

访谈者：口语呢？

受访者D：口语应该不会，所以我抛弃了开心词场，我到百词斩了。我是觉得因为我现在目前还没有那么大的需要，所以只要它满足基本的要求，然后我自己玩得开心就行。主要是如果在学的过程中一直觉得很累的话，也是坚持不了太久的。我现在觉得之前我用那个开心词场的时候，我就顶多坚持三天，就最多三天热度，我就消沉了一段时间，后来再捡起来。所以即使高二开始一直到那个暑假，我中间其实基本上都是用那个开心词场。但说实话，我根本就没有用它记太多词，但是我反而就是每天能这样子一点一点地记，坚持下去。不是说有个21天养成一个习惯，我就默默地就把它当成一个习惯。因为它好坚持，而且我觉得还挺开心的，对。

访谈者：好，很好。这个再有就是，看来百词斩小组讨论这些东西你还挺喜欢的？

受访者D：对。

访谈者：你高中的时候用过学习帮之类的在线学习平台吗？

受访者D：没有。

访谈者：听说过这种在线平台吗？

受访者D：没有。

访谈者：以前有没有数学题什么的到网上去搜，然后去看看答案什么的？

受访者D：没有，我们浙江的那个高考数学比较难，所以我们的数学老师都非常尽责，每天晚上都刷题，每天晚上都在解题，所以不需要那个。

访谈者：不需要那个，老师就够了？

受访者D：所以一个老师就够了。

访谈者：百词斩里面学习轨迹记录什么的，你觉得怎么样？就是说动态词汇量等功能有意思吗？

受访者D：刚开始的话，就多记了一点点，词汇量曲线突然就升到很高，你会觉得特别开心。当你之前只有那么一点差距的时候，它不会显得特别高，但是你反而从高的下降了一点，它就会特别明显。

访谈者：幅度特别大。

受访者D：对，就让人感觉有心理落差，就是你从高的地方落的时候。

访谈者：特别不好接受。

受访者D：就很不好接受，让你有一种负罪感，通过你的愧疚感，让你去进行学习，也相当于一种激励的。

访谈者：那如果从一个低位突然一下上到高位的时候，你有什么感觉？

受访者D：挺开心的，就感觉我应该算是一个正面的，就是我学习了这么多，我居然升这么多，那就代表我继续学下去，我还可以升更多，这个意思。

访谈者：你总是能够很乐观地看待一个事情？

受访者D：有时候会拖一点，但是还好。

访谈者：好的，我最后就问一个小问题，你觉得百词斩里面还有什么缺陷吗？

受访者D：就是我之前说的，它主要注重一般性记忆。对于英语专业学习者的需求，它给我展现的不应单单的就是中文的几个基本意思。我更希望它展现英英释义，让我加强理解。像我们精读老师说一个单词，他也会用英语上课，还会用一遍英文解释它的意思，我就觉得特别好。目前的百词斩还满足不了，但是我觉得对大众来说，应该已经可以了。

访谈者：没有别的缺点了？

受访者D：还有一点就是，它那个全拼练习给你限制只有20个，它会有单词给你的，你最多也只能复习20个，如果你想继续下去，我不知道为什么，有时候老是会重复我之前已经写过的单词，我也觉得很奇怪。

访谈者：多余。

受访者D：对，就多余了，就重复了。

访谈者：就这点，没有别的了？

受访者D：其他我觉得还挺好的。

访谈者：好的，感谢你接受我的采访。我的收获很大。

受访者D：不客气。

访谈者：好，再见。

受访者D：再见。

附录 3：基于移动端的英语词汇学习效果调查问卷

同学你好。我们在做一项有关移动端（包括手机、平板电脑、笔记本电脑）单词学习软件使用体验的研究，希望你能够抽出宝贵的 4 分钟左右时间，表达你的使用感受，谢谢你的配合。

1. 性别 [单选题] *

○男　　○女

2. 年级 [单选题] *

○大一　　○大二　　○大三　　○大四

3. 专业 [单选题] *

○英语

○非英语专业的文史类

○其他类

4. 目前的英语水平 [单选题] *

○四级以下　　○四级　　○专业四级　　○pets 5

○专业八级　　○其他　　○六级

5. 请预估你的词汇量 [单选题] *

○4000 以下　　○4000 – 7000　　○7001 – 10000

○10000 以上

6. 你学习英语单词最终想达到的目的是：[单选题] *

○通过国内各类等级考试

○通过托福、雅思等海外考试

○阅读英文书籍

○日常生活交际

○听、看懂英美影视作品

○其他________________

7. 自上大学以来，你每天花在单词记忆上的平均时间是多少？［单选题］*

○15 分钟以下　　○15—30 分钟

○31—60 分钟　　○60 分钟以上

8. 你使用过的移动端单词学习软件是________［多选题］*

□百词斩　　□扇贝

□墨墨　　□我爱背单词

□沪江开心词场　　□知米背单词

□不背单词　　□拓词

□乐词　　□轻轻松松背单词

□迈西英语　　□vocabulary. com

□Wordflex　　□有道词典

□金山词典　　□百度词典

□必应词典　　□海词词典

□其他____________________

9. 你最常使用的移动端单词学习软件是________［多选题］*

□百词斩　　□扇贝

□墨墨　　□我爱背单词

□沪江开心词场　　□知米背单词

□不背单词　　□拓词

□乐词　　□轻轻松松背单词

□迈西英语　　□vocabulary. com

□Wordflex　　□有道词典

□金山词典　　□百度词典

□必应词典　　□海词词典

□其他 ____________________

10. 自上大学以来，你每天使用移动端单词学习软件的平均时间是多少？［单选题］＊

○15 分钟以下　　○15—30 分钟

○31—60 分钟　　○60 分钟以上

11. 使用移动端单词学习软件在你英语单词学习总时间中占多大比重？［输入 0 到 100 的数字］＊

____

12. 相较于纸质单词书、教材或词典，你认为现有移动端单词学习软件的长处有哪些？［多选题］＊

□有助于自我学习管理　　□提供及时反馈

□利用零碎的课余时间　　□获得详细的单词讲解

□检测词汇量　　□应付考试

□有趣　　□学过之后就能真正拿来灵活使用

□帮助我整合自己的词汇知识　　□使用便捷

□其他________________

13. 通过使用现有移动端单词学习软件，你最希望能够达到什么目的？［单选题］＊

○看到单词想到基本意思就可以

○在不同的语境中判断出单词的具体含义（解决对一词多义的理解）

○在口语、写作中较为灵活地使用单词

○其他________________

你觉得你所使用的移动端单词学习软件能够从多大程度上达到以下目的？

请使用 0 分 -4 分的评级，“0”代表“完全未达到”，“4”代表“完全达到”。

14. 使我掌握了单词的发音、拼写与基本意思。［单选题］＊

完全未达到　○0　○1　○2　○3　○4　完全达到

15. 使我解决了一词多义的理解问题。［单选题］＊

完全未达到　○0　○1　○2　○3　○4　完全达到

16. 使我掌握了一个单词在不同语境下的不同用法。［单选题］＊

完全未达到 ○0 ○1 ○2 ○3 ○4 完全达到

17. 使我掌握了一个单词的搭配、用法、词根/词缀、派生词等多方面知识。[单选题] *

完全未达到 ○0 ○1 ○2 ○3 ○4 完全达到

18. 使我清楚地知道了掌握一个单词需要学习哪些方面知识。[单选题] *

完全未达到 ○0 ○1 ○2 ○3 ○4 完全达到

19. 使我学习单词时能够自觉给单词归类，如从拼写、发音、搭配、构词法、词根/词缀、派生词等角度。[单选题] *

完全未达到 ○0 ○1 ○2 ○3 ○4 完全达到

20. 使我把学过的单词知识串起来，整合我的词汇知识。[单选题] *

完全未达到 ○0 ○1 ○2 ○3 ○4 完全达到

21. 借助我已有的词汇知识来帮助我学习新单词。[单选题] *

完全未达到 ○0 ○1 ○2 ○3 ○4 完全达到

22. 使我很容易把学到的单词用到阅读与听力中。[单选题] *

完全未达到 ○0 ○1 ○2 ○3 ○4 完全达到

23. 通过例句学习，使我有造出新短语或句子的能力。[单选题] *

完全未达到 ○0 ○1 ○2 ○3 ○4 完全达到

24. 通过汉英对比，使我知道一个英文单词的含义与用法不能完全参照与之相对应的汉语词（例如 can 与“会”并不完全同义）。[单选题] *

完全未达到 ○0 ○1 ○2 ○3 ○4 完全达到

25. 通过讲解或对比，使我知道有些英语词虽然经常翻译成同样的汉语（如 question 和 problem 都翻译成“问题”），但实际上它们的意思和用法并不相同。[单选题] *

完全未达到 ○0 ○1 ○2 ○3 ○4 完全达到

26. 使单词学习变得不那么枯燥。[单选题] *

完全未达到 ○0 ○1 ○2 ○3 ○4 完全达到

27. 通过点击、划屏等操作给我一种对单词学习的操控感。[单选题] *

完全未达到 ○0 ○1 ○2 ○3 ○4 完全达到

28. 帮我分析我在单词的哪些方面需要提高。[单选题] *

完全未达到　○0　○1　○2　○3　○4　完全达到

29. 督促、鼓励我学习。[单选题] *

完全未达到　○0　○1　○2　○3　○4　完全达到

30. 利用我取得的过往成绩激励我继续前进。[单选题] *

完全未达到　○0　○1　○2　○3　○4　完全达到

31. 在我学习遇到困难时给予有针对性的提示或引导。[单选题] *

完全未达到　○0　○1　○2　○3　○4　完全达到

32. 通过图片、视频等非文字学习材料加深我的记忆。[单选题] *

完全未达到　○0　○1　○2　○3　○4　完全达到

33. 所给例子很好理解，有助于掌握单词的具体含义。[单选题] *

完全未达到　○0　○1　○2　○3　○4　完全达到

34. 所给例子很好理解，足以让我知道如何在口语或写作中使用单词。[单选题] *

完全未达到　○0　○1　○2　○3　○4　完全达到

35. 单词讲解贴近生活，很实用。

[单选题] *

完全未达到　○0　○1　○2　○3　○4　完全达到

36. 复习时，不只是一味地重复，而是通过不同方式让我全面掌握单词。[单选题] *

完全未达到　○0　○1　○2　○3　○4　完全达到

37. 给我自己准确地组词、造句的机会。[单选题] *

完全未达到　○0　○1　○2　○3　○4　完全达到

38. 使我能够寻找所学单词与新单词在构词、拼写、用法等方面的联系。[单选题] *

完全未达到　○0　○1　○2　○3　○4　完全达到

39. 使我能够经常对所学的单词进行比较、归类。[单选题] *

完全未达到　○0　○1　○2　○3　○4　完全达到

40. 就所提供的单词资料（如释义、例句、搭配、图片、视频等）恰当与否或方便记忆与否，自己经常给出评判。[单选题] *

完全未达到　○0　○1　○2　○3　○4　完全达到

41. 使我除了打卡、完成指定进度，也对自己的词汇学习有一定的规划（如该背多少单词、该学习哪些单词、该怎样复习）。[单选题] *

完全未达到 ○0 ○1 ○2 ○3 ○4 完全达到

42. 使我获得与其他学习者相互学习、相互激励的平台。[单选题] *

完全未达到 ○0 ○1 ○2 ○3 ○4 完全达到

43. 让我能够发挥我的创造力，将看似不相干的单词联系在一起。[单选题] *

完全未达到 ○0 ○1 ○2 ○3 ○4 完全达到

44. 背单词软件能够从多大程度上满足你对于阅读理解的需要？[输入0（不满足）到100（满足）的数字] *

____

45. 背单词软件能够从多大程度上满足你对于听力理解的需要？[输入0（不满足）到100（满足）的数字] *

____

46. 背单词软件能够从多大程度上满足你对于口语的需要？[输入0（不满足）到100（满足）的数字] *

____

47. 背单词软件能够从多大程度上满足你对于写作的需要？[输入0（不满足）到100（满足）的数字] *

____

再次感谢你的配合！如果可以的话，请留下你的联系方式，以便我们能够与你进一步沟通：

____

48. 你的手机号码［填空题］

____